Hannah Breece – Expedition im Rock

Jane Jacobs

Hannah Breece – Expedition im Rock

Als Lehrerin im alten Alaska

Aus dem Englischen von
Anne Ruth Frank-Strauss

Scherz

Bild auf Seite 3: Hannah Breece und ihre einheimischen Führer vor einer Fahrt in ein weitentferntes Fischerdorf in Alaska.
Hannah Breece collection

Die Originalausgabe erschien 1995 unter dem Titel
«A Schoolteacher in Old Alaska» bei Random House, New York.

Erste Auflage 1999

Inhalt

Die Aufzeichnungen

Die Geschichte von Hannah Breece' Aufzeichnungen

Nur selten bot sich Frauen früherer Generationen die Gelegenheit, wagemutig ein abenteuerliches Leben zu führen, ohne dabei die Regeln des Anstands und der Schicklichkeit zu verletzen. Zu den wenigen, die dieses Kunststück fertigbrachten, ohne reich oder von Adel zu sein, gehörten amerikanische Pionierfrauen. Eine dieser Frauen war Hannah Breece.

In den Augen von uns Großnichten und Großneffen hatte sie den Nimbus einer Romanheldin. Sie lebte in einem Zeltlager bei den Indianern! Sie hielt ganz allein hundert wilde Hunde in Schach! Sie unternahm eine Flußfahrt in einem Kajak, eingehüllt in Bärendärme! Ein Bär hätte sie um ein Haar aus ihrem Bett heraus verspeist, doch diesmal waren es die Hunde, die ihr das Leben retteten!

Als Hannah Breece sich diesen exotischen Gefahren aussetzte, war sie kein unbesonnenes, munteres junges Ding in Gesellschaft anderer munterer junger Dinger. Sie war eine Frau in mittleren Jahren, die im Grunde genommen ganz auf sich allein gestellt war. Ihre Arbeit war schwierig und verantwortungsvoll: Von 1904 bis 1918 unterrichtete sie in Alaska Aleuten, Kenai, Athabasken, Eskimos[1] und Menschen, die teils europäischen und teils indigenen Blutes waren. Sie war fünfundvierzig Jahre alt, als sie nach Alaska ging, und neunundfünfzig, als sie dort ihre Arbeit beendete. Das müssen wir uns vergegenwärtigen, wenn wir sie in ihren Erinnerungen an jene Jahre begleiten, in denen sie Felsen erklimmt, ins Eis einbricht oder mit einem Waldbrand um die Wette läuft. Das war das Abenteuer. Und das alles tat sie, behindert von langen und umfangreichen Röcken und Unterröcken. Denn die zu tragen gebot die Schicklichkeit! In ihrer Mischung aus Privatem und Beruflichem, aus öffentlichen Ereignissen und Zufallsbegegnungen sind ihre Aufzeichnungen wie eine Art Tagebuch. Zu der Zeit, über die sie schreibt, hatte ganz Alaska weniger als 65 000 Einwohner, und eine Zeitlang waren es nur gut 55 000, Ureinwohner und Weiße. Doch diese kleine Bevölkerung war erstaunlich reich an exzentrischen oder auf andere Weise ungewöhnlichen Charakteren, die in Hannah Breece' Geschichten ganz selbstverständlich auftauchen: Goldsucher und Pelzhändler, Dorfälteste und weise Männer, Damen in schwarzer Seide und eleganten Hüten, die sich zwischen Baumstümpfen und Dornensträuchern des primitiven Städtchens Seward hindurchschlängeln; Schurken, die sich in Booten davonmachten, nachdem sie Kinder gezeugt hatten; russisch-orthodoxe Priester, Erzähler phantastischer Geschichten.

Das Selbstporträt, das ihre Aufzeichnungen uns vermitteln, stimmt genau mit meiner Erinnerung an sie, als sie schon alt war, überein. Sie war recht unverblümt und spontan und verfügte gleichzeitig über ein erstaunliches Maß an Selbstkontrolle; sie scheute sich nicht, ihre Meinung zu sagen, doch tat sie das in den meisten Fällen so einfühlsam, daß ihr Urteil ihr nicht übelgenommen wurde. Sie war stets interessiert an den gewöhnlichen – oder besser noch ungewöhnlichen – Kleinigkeiten des täglichen Lebens. Obwohl sie ihren Charme nicht bewußt einsetzte, um etwas zu erreichen, waren die Menschen gerne in ihrer Gesellschaft, denn sie galt als einfallsreich und verläßlich und als eine angenehme und unterhaltende Gesprächspartnerin. Mit ihren sanft gerundeten Wangen, ihren regelmäßigen Gesichtszügen und den intelligenten, sprechenden Augen ähnelte sie äußerlich irgendwie Angela Lansbury in *Mord war ihr Hobby*. Elegant war sie nicht, doch hätte sie es sicher sein können, wenn sie Wert darauf gelegt hätte.

Einige ihrer Geschichten rufen in uns ein Echo hervor, von

dem sie nichts ahnen konnte. Die Geschichte von Gregorys Grab mit den Schlangen von Besuchern, die auf den einbalsamierten Leichnam starren, erinnert an Lenins Mausoleum. Der russische Bischof, der zu liberal war, und Miss Vonderfour, die bei der Zarin in Ungnade fiel, erinnern an die Schicksale anderer Dissidenten unter anderen Regimen. Gelegentlich erzählt sie kleine unvollständige Geschichten, die zu ergänzen der Phantasie des Lesers überlassen bleibt. Wie in aller Welt kam die mittellose Mrs. Miller aus Wales zum Klondike, und wie kam sie dazu, diesen schrecklichen Mann zu heiraten? Hannah verrät es nicht, entweder weil sie es nicht wußte, oder, wahrscheinlicher, weil die Tatsachen ein schlechtes Licht auf Mrs. Miller geworfen hätten. Was soll man von dem unglückseligen «Rentiermann» halten? Ich stellte ihn mir als einen entwurzelten Burschen vor, nicht allzu helle, der von einer reizvollen Frau träumte, die nach seiner Pfeife tanzte. Vielleicht hatte er durch irgendwelche Schwindeleien die Bürokraten, die weit vom Schuß waren, überredet, ihm eine solche Traumfrau zu schikken. Man muß sich sein Entsetzen vorstellen, als statt dessen die handfeste Miss Breece, eine Frau in mittleren Jahren, in der Wildnis auftauchte und (so wie er es sah) unverschämt alle Männer in Sichtweite herumkommandierte.

In mancher Hinsicht – das gehörte wiederum zur Schicklichkeit – war Hannah Breece förmlich und hielt sich an die Etikette ihrer Zeit. Zum Beispiel redete sie auch alte und gute Freunde nicht mit ihren Vornamen an, und auch für diese war sie nicht Hannah, sondern Miss Breece. Ihre Schüler in Alaska und deren Eltern und die anderen Dorfbewohner sprachen sie mit «Teacher» an, so wie wir «Professor» oder «Doktor» sagen. Ihre Briefe, die sich in Regierungsarchiven befinden, sind oft mit Bleistift auf liniiertem Schulheftpapier geschrieben, doch trotzdem nicht informell. Sie beginnen mit «Sir, ich habe die Ehre, mich an Sie zu wenden . . .», und in den an sie gerichteten Briefen lautete die Anrede «Gnädige Frau».

In anderer Hinsicht jedoch war sie radikal – das gehörte zu ihrem Wagemut. Sie war erfinderisch in ihren Unterrichtsmethoden und Projekten. Das mußte sie auch sein; oft genug hatten sie und ihre Schüler, wenn sie anfangs zum Unterricht kamen, keine gemeinsame Sprache. Manchmal hatten ihre Schüler nur kurz Gelegenheit, die Schule zu besuchen, so daß Hannah ihnen während des Unterrichts beibrachte, sich gegenseitig zu unterrichten, damit sie später weiterlernen konnten. Bereits 1911 nahm sie in kleinem Umfang das Arbeitsbeschaffungsprogramm des New Deal der dreißiger Jahre vorweg, indem sie gewisse Arbeitsleistungen mit Lebensmitteln entlohnte. So löste sie auf eigene Verantwortung das schwierige Problem, Notvorräte auszuteilen, ohne die Empfänger damit zu kränken.

Ihre Aufzeichnungen zeigen einen stets gleichbleibenden Einsatz für die Dinge, die ihr am Herzen lagen: für die Frauen, die sie in Schutz nahm und auf deren Leistungen sie stolz war, doch ebenso für den unschätzbaren Wert von gutem hausgebackenen Brot. Sie zeigen ihre Liebe zur natürlichen Umwelt und die Sorge um ihre Erhaltung und nicht zuletzt ihre Verachtung des Aberglaubens. Sie selbst war tief religiös und respektierte die Frömmigkeit anderer. Doch zog sie eine scharfe Grenze zwischen religiösem Glauben und dem, was sie für Aberglauben hielt, und das stimmte nicht immer unbedingt mit dem überein, was andere für die Grenze hielten.

Zwar arbeitete sie an verschiedenen Orten ihrer Lehrtätigkeit und bei unterschiedlichen Initiativen eng mit Missionaren zusammen, doch unterschied sie sich in mancher Hinsicht von deren Einstellung. So hatte Hannah Breece durchaus Sinn für prächtige Aufmachungen und Freude an kunstvollen Handarbeiten, seien es alte Trachten aus Federn und Fischhäuten oder das gestickte Ornat eines Bischofs, seien es perlenbestickte Gürtel und Mokassins, der Faltenwurf von Hochzeitsschleiern oder ihre eigenen hübschen, mit Biberpelz verbrämten Stiefel. Die festlichen Kleider aus Seide und Satin, die die Athabaskenfrauen sich nähten, wären zweifellos, vom missionarischen Standpunkt aus gesehen, in die Kategorie des «Glitzertands» gefallen, wie der episkopalische Erzdiakon am Yukon sich auszudrücken pflegte. Doch Miss Breece bewunderte sie als Beweis für das ausgezeichnete Stilgefühl und «ein angeborenes Schneidertalent» dieser Frauen.

Doch in einer Sache, für die sie sich engagierte, kann man sie mit Recht als fanatisch bezeichnen: Sie war eine erbitterte, unermüdliche Verfechterin des Alkoholverbots. Sie sagte mir einmal, daß sie so geworden sei, weil sie während ihrer früheren Tätigkeit als Lehrerin in Indianerreservationen in den Rocky Mountains die Auswirkungen des Alkohols auf Familien und ganze Gemeinden beobachtet hatte. Sie bezeichnete Alkohol als «den Fluch des Nordens», und an einer Stelle ihrer Aufzeichnungen werden wir Zeuge, wie sie höchstpersönlich ein Faß Hausgebrautes in den Fluß kippt.

Ihre Herkunft und Erziehung hätten kaum konventioneller sein können. 1859 wurde sie in Catawissa, Pennsylvania, geboren[2], einem winzigen Städtchen am Susquehanna River, und dort und in der hübschen ruhigen Kreisstadt Bloomsburg wuchs sie auf. Sie war das elfte von zwölf Kindern von Mary Ann Case und Daniel Breece[3], einem kleinen Geschäftsmann und Farmer. Ihr zweiter Vorname, von dem sie nur den Anfangsbuchstaben benutzte, war Elizabeth. Als sie älter wurde, rühmte sie sich, entfernt mit Samuel Finley Breese Morse, dem Erfinder des Telegrafen, verwandt zu sein, eine Verbindung, von der er mit Sicherheit nichts wußte. Sonst gibt es keinen Hinweis auf irgend etwas Ungewöhnliches in ihrer Familie und gewiß nicht in ihrer Erziehung.

Wie zwei ihrer Schwestern, deren eine meine Großmutter war, besuchte sie das Lehrerseminar in Bloomsburg, und im Alter von zwanzig Jahren begann sie zu unterrichten, wie es von ihr erwartet wurde, zuerst in Catawissa und dann an verschiedenen Grundschulen in Bloomsburg. Doch im Unterschied zu ihren Schwestern beendete sie nicht nach etwa zehn Jahren ihre Laufbahn als Lehrerin mit einer Heirat. Im Laufe der Zeit wurde sie Rektorin einer Grundschule und begann, an der University of Chicago Sommerkurse für Lehrer in Anthropologie zu belegen. Danach wurde sie vom US-Innenministerium als

Lehrerin in verschiedene Reservationen in den Rocky Mountains berufen. Später besuchte sie im Planwagen verschiedene Indianersiedlungen des Südwestens, um sie über die Bildungsmöglichkeiten zu informieren, die ihnen offenstanden. Nachdem sie vier Jahre Navajo, Ute, Hopi und Sioux unterrichtet hatte, wurde sie vom Innenministerium zusammen mit einer kleinen Gruppe von Lehrern ausgewählt, nach Alaska zu gehen. 1904 schickte man sie an eine Schule im Kodiak-Archipel, die mit Problemen zu kämpfen hatte. Von da an wählte sie sich praktisch ihre eigenen Lehrerstellen, je abgelegener oder auf andere Weise schwieriger sie waren, um so besser.

Als sie ihre erste Stelle in Alaska antrat, mit vierundzwanzig Jahren Unterrichtserfahrung, betrug ihr Gehalt sechshundert Dollar jährlich. Nach fünf Jahren trat sie einen Posten mit einem Monatsgehalt von neunzig Dollar an, wodurch sie – da ein Jahr drei Monate unbezahlter Ferien einschloß – auf ein Jahresgehalt von achthundertzehn Dollar kam. Das Durchschnittsgehalt eines Lehrers in Alaska betrug 1993/94 47390 Dollar und für eine Spitzenlehrkraft, die Hannah Breece sowohl altersmäßig als ihrer Verantwortung nach war, durchschnittlich 57677 Dollar. Doch wir können ihr Einkommen nicht auf moderne Verhältnisse übertragen. Die Mittel für Erziehung in Alaska waren chronisch unzulänglich. Sie bekam genug bezahlt, um damit auszukommen, wenn sie vernünftig mit ihrem Geld umging. Zu den ganz wenigen Luxusausgaben, die sie sich leistete, gehörten in erster Linie Geschenke für andere.

Wenn sie schreibt, daß Fuchsfelle zwischen einem Dollar fünfzig und sieben Dollar kosteten, entsprach das ungefähr dem Gehalt eines halben Tages beziehungsweise einer halben Woche. Wenn sie sagt, daß ein eingefahrenes Hundegespann sechshundert Dollar kostete, und hinzufügt, «eine enorme Summe», dann übertrieb sie nicht. Hochgerechnet war das wesentlich mehr, als heute ein neuer Kleintransporter kostet. Die reiche Frau aus Seattle, die fünfzigtausend Dollar besaß, wäre nach heutigen Begriffen mehrfache Millionärin. Deshalb hätte sie sich ohne weiteres das Geschenk einer Krankenstation leisten können oder sogar – wenn man berücksichtigt, wie technisch einfach ein Krankenhaus zur damaligen Zeit ausgestattet war – eines kleinen Krankenhauses.

Hannah Breece war im allgemeinen in ihrer Begeisterung und ihren Standpunkten nicht zu erschüttern. Doch macht sich mit der Zeit eine immer größere Beunruhigung bemerkbar, die zwar selten unumwunden ausgesprochen wird, aber zwischen den Zeilen steht.

Als Hannah Breece in Alaska ankam, glaubte sie fest daran, daß die amerikanische Zivilisation den Schlüssel zur Überwindung von Unwissenheit, Armut, Krankheit und Aberglauben besaß. Von diesen vier Feinden hoffte sie, «Uncle Sams weniger glückliche Kinder» befreien zu helfen. Wenn man die Zeit berücksichtigt, in der Hannah Breece lebte, war ihr grenzenloses Vertrauen gerechtfertigt, oder zumindest schien es so. Die große Krise ihrer frühen Kindheit, der Bürgerkrieg, war von «ihrer» Seite gewonnen worden, von Soldaten aus den Kreisen ihrer Familie und Freunde; die Union war gerettet, die Sklaverei war abgeschafft, Schulbildung stand breiteren Bevölkerungsschichten offen, Seuchen, die seit Menschengedenken existierten, wurden allmählich überwunden oder gelindert, Wunder wie die Telegrafie purzelten aus erfinderischen Köpfen, die allgemeine Lebensqualität in Städten wie Bloomsburg und Großstädten wie Chicago verbesserte sich erstaunlich, die Armen und Unterdrückten aus vielen anderen Teilen der Welt fanden Hoffnung und ein besseres Leben für ihre Kinder in Amerika. Natürlich gab es Probleme, das wußte sie. Doch angesichts der Realität von so viel unvorhergesehenem Fortschritt, welche großartigen Ziele gab es noch, die man nicht erreichen konnte? Eine der patriotischen Hymnen, die Hannah Breece liebte, war «America the Beautiful», besonders die Zeilen:

«Oh beautiful for patriot dream
That sees beyond the years,
Thine alabaster cities gleam

Undimmed by human tears,
America, America,
God mend thine every flaw,
Confirm thy soul
With self control
Thy liberty with law.»[4]

Hannah glaubte an das, was sie da sang.

Andererseits konnte sie nicht umhin zu sehen, daß die Zivilisation unkontrollierbare Störungen, Versuchungen und Ausbeutungen mit sich brachte. In der gesetzlosen Siedlung Fort Yukon, wo Hannah ihre vierte Stelle innehatte, war sie zum ersten Mal mit der grausamen Realität konfrontiert, daß die schlechten Aspekte einer importierten Zivilisation durchaus die guten überwiegen können. Und was derartige Widersprüche zwischen dem, wofür sie sich einsetzte, und dem, was tatsächlich geschah, verschärfte, war ihre wachsende Wertschätzung der Fähigkeiten und Eigenschaften von Menschen, die man sie gelehrt hatte, als minderwertig zu betrachten, weil ihre Lebensumstände arm und primitiv waren. Dies erklärt meiner Meinung nach die seltsame Art und Weise, in der ihre Aufzeichnungen enden. Denn nach Fort Yukon verlieren sie an Überschwang – irgendwie scheint sie nicht mehr mit dem Herzen dabeizusein. Doch am Schluß, allen Enttäuschungen und Befürchtungen zum Trotz, rafft sie sich dazu auf, zu beteuern, doch, ja, der schöne patriotische Traum muß am Ende triumphieren.

Nachdem sie Alaska verlassen hatte, unterrichtete Hannah Breece noch einige Jahre in einer staatlichen Grundschule in McMinnville, Oregon, einer Stadt, die sie 1915 zum ersten Mal besucht und damals zum idealen Ort für ihren späteren Ruhestand erkoren hatte. Während ihres Ruhestands dort, und nach 1932 im Haus ihres Schwagers und ihrer jüngeren Schwester in Bloomsburg, hielt sie gelegentlich Vorträge über ihre Erfahrungen in Alaska. Auf wiederholtes Drängen ihrer Zuhörer entschloß sie sich, ihre Erlebnisse niederzuschreiben.[5] Sie ließ sich ihre Briefe an die Familie und an Freunde wieder geben, und aus diesen stellte sie ein Manuskript zusammen.

Es glich jedoch eher einem Kasten mit Puzzleteilen. Seine Fragmente waren faszinierend, doch zum Verzweifeln unzusammenhängend. Nachdem das Manuskript abgelehnt worden war, jedesmal mit freundlichen Worten über das interessante Material, bat sie mich, ihr bei der Überarbeitung des Manuskripts zu helfen. Damals war ich einundzwanzig und hatte als Qualifikation für diese Aufgabe nichts vorzuweisen als ein paar kurze Artikel in Zeitschriften und Zeitungen.

Ich sagte ihr, meiner Meinung nach müsse das Manuskript umgestaltet und neu geschrieben werden. Sie stimmte zu, doch im Alter von siebenundsiebzig Jahren fühlte sie sich dieser Aufgabe nicht mehr gewachsen, und sie bat mich, es für sie zu tun. Ich brachte eine überarbeitete Rohfassung zustande, die sie an einige Bewunderer verschickte, denen sie gefiel, und an Verleger, denen sie nicht gefiel.

Auch mir gefiel sie nicht. Einmal fehlte es mir damals an handwerklichem Können, und zum anderen befand ich mich in einem tiefgehenden Zwiespalt, über den ich nicht mit ihr sprechen konnte. Einige ihrer Ansichten und Behauptungen waren meiner Meinung nach imperialistisch, chauvinistisch und rassistisch – im Sinne von «die Bürde des weißen Mannes» (dabei machte sie sich gar nichts aus Kipling). Diese Stellen gingen mir gegen den Strich. Es wäre nicht ehrlich gewesen, sie auszulassen, denn es waren schließlich ihre Aufzeichnungen, aber ich mußte mich überwinden, sie aufzunehmen.

Nach ihrem Tod 1940 im Alter von achtzig Jahren – geistig lebendig bis zuletzt – legte ich das Manuskript und meine mißglückte Rohfassung beiseite. Doch auch ohne daß meine Mutter mich von Zeit zu Zeit ermahnte, mich wieder damit zu befassen, konnte ich das Manuskript nie völlig aus meinen Gedanken verdrängen. Es ließ mich nicht los, und ich hatte das Gefühl, daß ich ihm irgendwann einmal gerecht werden müsse. Einen Plan auszuführen, der einem nicht aus dem Kopf geht, ist gut. Doch ihn mehr als fünfzig Jahre vor sich herzuschieben, das ist mehr Spielraum, als man sich genehmigen sollte.

Die Ansichten und die Behauptungen, die mich vor langer Zeit so gestört hatten, gehen mir noch immer gegen den Strich. Doch heute sehe ich sie als wesentlichen Bestandteil ihrer Geschichte. Sie waren typisch für die damalige Zeit. Ohne diese überheblichen «Bürde-des-weißen-Mannes»-Ideen kann man nicht verstehen, weshalb Hannah Breece nach Alaska geschickt wurde oder was sie bewog, dorthin zu gehen.

Doch wenn auch meine alten Bedenken mir nicht länger im Wege standen, als ich mich derart verspätet wieder mit dem Manuskript beschäftigte, so stieß ich auf neue Hindernisse. Diese waren hauptsächlich unerklärliche Lücken in Hannah Breece' Geschichte. Zum Beispiel beschrieb sie eine gefährliche Dienstreise über Meer und Fluß zu einer Siedlung am Beringmeer, wobei der Grund dieser Reise nur äußerst vage angedeutet wird. Später berichtete sie über eine Tausendmeilen-Rundreise auf einem Yukon-Dampfer, gefolgt von einer beschwerlichen Hundeschlittenfahrt im tiefsten Winter, und gibt nichts weiter als Erklärung, als daß sie «im Interesse der Eingeborenen» vor Gericht erscheinen müsse. Worum ging es? (Die unerfreulichen Einzelheiten sind unter «Die Probleme in Fort Yukon», S. 259, nachzulesen.)

Im Sommer 1994 fuhr ich zusammen mit drei anderen Verwandten von Hannah Breece nach Alaska. Wir wollten sehen, wie die Gemeinden, die sie beschrieben hatte, heute aussehen, und bei dieser Gelegenheit versuchen, die Lücken in ihrer Geschichte zu füllen, die wir nicht mit dem in Bibliotheken erhältlichen Material hatten ergänzen können. Wir erhielten großzügige Hilfe von vielen Menschen in Alaska, insbesondere von John Branson, dem Historiker des Naturschutzgebietes Lake Clark National Park, von Marian Johnson, der Direktorin, und Alice Ryser, der Archivarin des Baranov-Museums der Kodiak Historical Society, und dem

Personal der Consortium Library der University of Alaska in Anchorage.

Wie nach einer Zeitspanne von achtzig bis neunzig Jahren nicht anders zu erwarten, hatten sich Hannah Breece' Gemeinden seither außerordentlich verändert, doch gab es auch noch manche Ähnlichkeiten. Unsere gemeinsamen Beobachtungen werden im Epilog skizziert.

Als größte Überraschung erwies sich Material, das ich noch nicht einmal als fehlend vermutet hatte. Der «Rentiermann» war nicht einfach ein einsamer Bursche, der sich eine liebenswürdige Dame herbeiwünschte: Er war ein Rädchen (und ein Gauner) in einem riesigen Fiasko – einem großangelegten sozialen und ökonomischen Entwicklungsprojekt, das die Regierung und die Missionen finanzierten. Sheldon Jackson, der Mann, der Hannah Breece als Lehrerin nach Alaska geschickt hatte, war viel mächtiger, sonderbarer und umstrittener, als man aus ihren schmeichelhaften Erwähnungen erraten kann. Die Bürokratie, unter der sie arbeitete, war weit davon entfernt, so verläßlich, effizient und flexibel zu sein, wie es in ihrer Erzählung den Anschein hat, sondern war im Gegenteil imstande, sie in Angst und Verzweiflung zu stürzen. Hier und da könnte das, was sie nur vom Hörensagen wußte und wiedererzählte, die einzige Dokumentation kleiner, doch rätselhafter Einzelheiten der Geschichte sein.

Warum ließ Hannah Breece aus, was sie ausließ? Ein paar lückenhafte Notizen, die ich von meiner letzten Unterhaltung mit ihr aufgehoben hatte, werfen etwas Licht auf diese Frage sowie auf die moralischen Maßstäbe, die sie sich gesetzt hatte.

Hannah Breece war keine Klatschbase. Das war mir von Kind an bewußt. Es war einer der Gründe, weshalb man ihr Geheimnisse anvertrauen konnte, und auch der Grund, weshalb sie Kinder oder auch Erwachsene davon abhielt, andere Menschen hinter deren Rücken schlechtzumachen. In unserem letzten Gespräch erzählte sie mir auf mein Drängen hin, daß, wenn in dem Dorf Iliamna eine Geburt stattfand, die Mutter sich auf Stroh und Moos in einen Trog legte und «alle sich um sie herum versammelten, um gemeinsam mit der Mutter die Schmerzen zu erleiden». Ich fragte sie, weshalb sie das nicht in ihren Berichten aufgenommen habe. Ach, sagte sie, das hätte doch durchaus nicht dem Anstand entsprochen, und außerdem hätten die Leute nicht gedemütigt oder der Lächerlichkeit preisgegeben werden wollen. Man kann das als einen Fall von kulturellem Eurozentrismus interpretieren, doch für Hannah Breece bedeutete es, die Würde anderer Menschen zu wahren.

In demselben Gespräch gestand sie, daß sie in jenem Dorf über ihr Alter gelogen habe. Sie war fünfzig, aber wenn sie gefragt wurde, sagte sie vierzig. Die Frauen dort sahen, wenn sie vierzig waren, so alt und faltig aus, daß sie ihr kaum ihr wahres Alter geglaubt hätten; wenn sie es aber geglaubt hätten, dann hätte es sie traurig gemacht, oder sie hätten sich ihres eigenen Aussehens geschämt. Nur Epheme, der blinde Weise – dem wir in den Aufzeichnungen begegnen werden – ließ sich nicht täuschen. Er sagte, sie sei an zu vielen Orten gewesen, um nur vierzig Jahre alt sein zu können. Als Achtzigjährige fühlte sie sich immer noch etwas unbehaglich, wenn sie sich an diese alte Lüge erinnerte, und sie war immer noch amüsiert und erleichtert, daß zumindest *ein* Mensch sie durchschaut hatte.

Hannah Breece war eine Wahrheitsfanatikerin. Wenn man ihre Aufzeichnungen liest, kann man sich darauf verlassen, daß alles wahr ist, soweit sie es selbst wußte. Doch sie sagte nicht die *ganze* Wahrheit. Sie hatte nicht die Absicht, ihre Erinnerungen dazu zu benutzen, gewisse Personen grundlos zu verunglimpfen. Wenn sie irgend jemanden hart beurteilt, dann geschieht es aus Empörung, die niemals unbegründet ist.

Ich habe keine Skrupel, eine Klatschbase zu sein, wenn es darum geht, ihre Geschichte und deren Hintergrund zu ergänzen, doch ich habe alle Ergänzungen deutlich von ihrem Bericht getrennt. In meiner Bearbeitung habe ich getan, was sie von mir erwartete: Ich habe den Aufbau verbessert, Wiederholungen und Abschweifungen, die den Fluß der Erzählung beeinträchtigten, gestrichen, ich habe Entfernungen, Namen, Rechtschreibung, Vegetation geprüft und korrigiert – die übliche Hilfe, die ein Redakteur einem unerfahrenen Schriftsteller geben kann. Doch die Geschichte selbst, die Frische und Lebendigkeit, mit der Hannah sie zu Papier brachte, ist ihre Geschichte geblieben.

Jane Jacobs
Toronto, Januar 1995

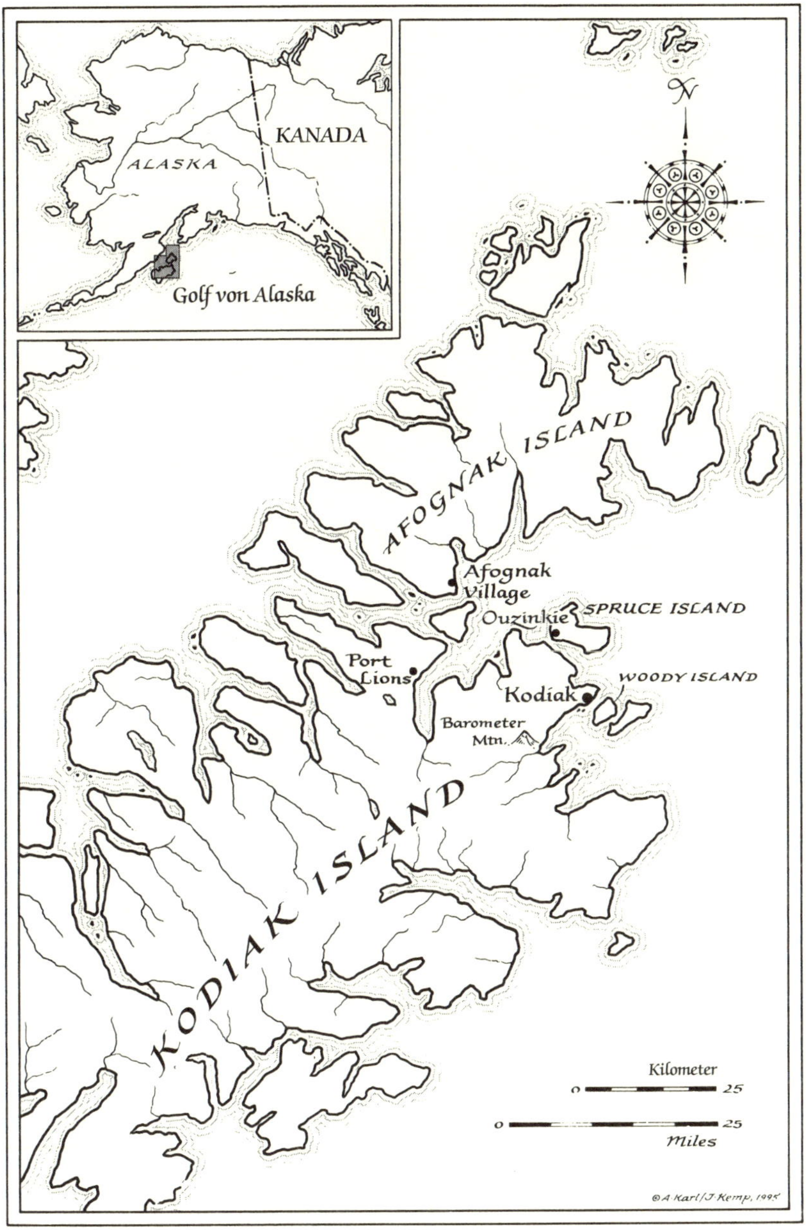
KANADA
ALASKA
Golf von Alaska
N
AFOGNAK ISLAND
Afognak Village
SPRUCE ISLAND
Ouzinkie
Port Lions
Kodiak
WOODY ISLAND
Barometer Mtn.
KODIAK ISLAND
Kilometer
0
25
0
25
Miles
©A.Karl/J.Kemp, 1995

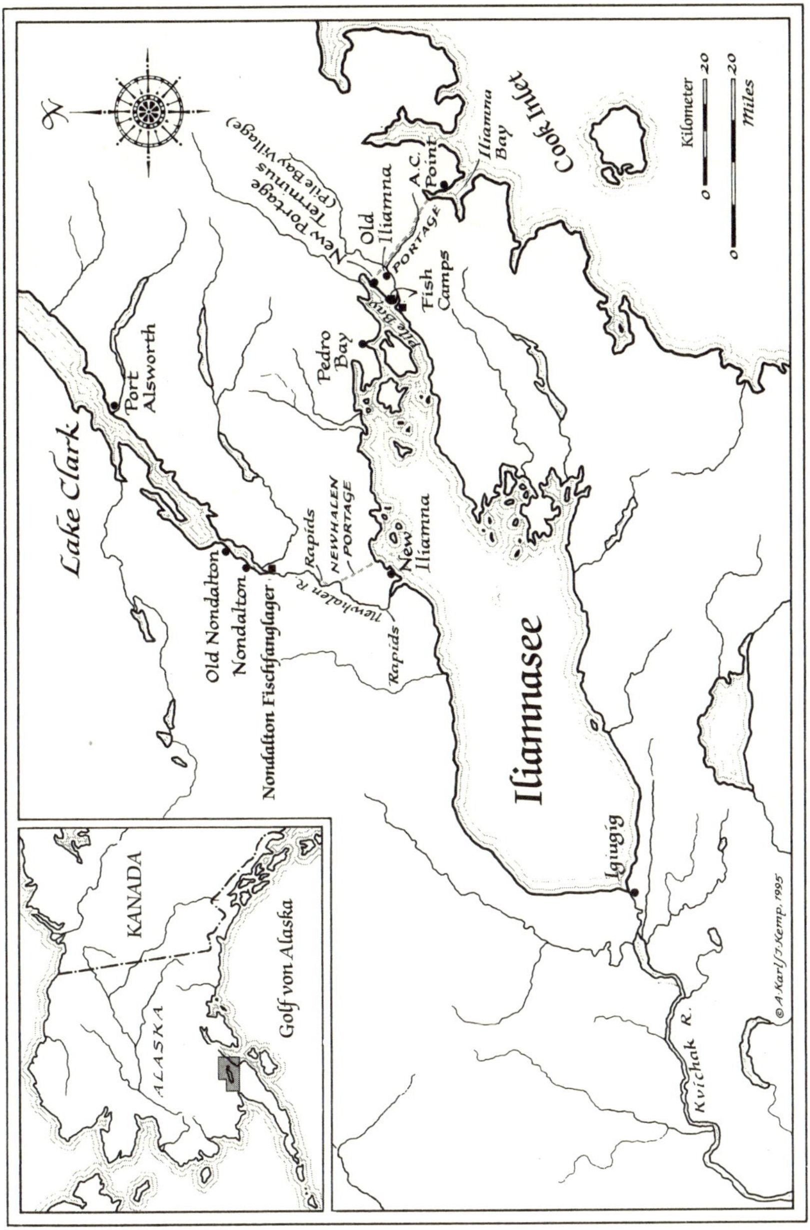

N
Lake Clark
Port Alsworth
Old Nondalton
Nondalton
Nondalton Fischfanglager
Newhalen R.
Rapids
NEWHALEN PORTAGE
Rapids
New Iliamna
Iliamnasee
Igiugig
Kvichak R.
Pedro Bay
Pile Bay
Fish Camps
PORTAGE
Old Iliamna
New Portage Terminus (Pile Bay Village)
A.C. Point
Iliamna Bay
Cook Inlet
0 Kilometer 20
0 Miles 20
KANADA
ALASKA
Golf von Alaska
© A. Karl/J. Kemp, 1995

Die Aufzeichnungen

I

Vorgeschichte meiner Berufung

Als Uncle Sam mich 1904 nach Alaska schickte, war das Land, in dem ich dann die nächsten vierzehn Jahre verbrachte, in vieler Hinsicht fast ebenso russisch wie amerikanisch, obwohl es uns bereits seit 1867 gehörte. Doch es war auch ein Land, das, wenn es je ein solches auf Erden gab, dem amerikanischen Ideal nahekam, daß alle Menschen gleich sind. In seiner vielsprachigen Bevölkerung, hervorgegangen aus Dutzenden von Nationen, soll der Prozentsatz von Akademikern höher gewesen sein als in jedem anderen Land. Dort gab es Männer und auch Frauen, für die Buchwissen noch lebenswichtig war, doch auch Menschen, die seit langem ihre einst so hoch geschätzten Diplome vergessen hatten, und viele, die nicht einmal ihre eigene Muttersprache entziffern konnten. Empfehlungen, Zeugnisse und Diplome gehörten der Vergangenheit an und waren unwichtig für die Bedeutung einer Person. Welche Ausdauer, welche Erfindungsgabe, welche Kenntnisse oder technischen Fähigkeiten besitzt du hier und jetzt? Das war es, was zählte. Alaska war wahrhaftig das Land, von dem es heißt: «Der ist ein Mann, der alles kann.»

Auch war es eine Gesellschaft, in der wahre Ritterlichkeit herrschte. Ich konnte mich darauf verlassen, als Frau Respekt und Schutz zu genießen, und als Lehrerin wurde mir sogar Hochachtung entgegengebracht. Dieses Sittengesetz, das ganz Alaska im Blut lag, machte es mir möglich, weite Reisen auf dem Hundeschlitten, auf Flußschiffen und Fußpfaden zu abgelegenen Gegenden zu unternehmen, in die keine Frau europäischer Abstammung jemals zuvor einen Fuß gesetzt hatte. Ich konnte mich überall aufhalten, ganz gleich, wie weit entfernt von der Zivilisation. Uncle Sam war diese Situation bekannt, sonst hätte er keine Frau dorthin zur Arbeit geschickt.

Der Beamte in Washington, der mich für die Tätigkeit in Alaska auswählte und der während der ersten Jahre mein Vorgesetzter war, war Sheldon Jackson. Sein Titel war U. S. General Agent of Education in Alaska, das heißt, er stand an der Spitze des Erziehungswesens in Alaska, einer Unterabteilung des Innenministeriums. Dr. Jackson hatte mehrere Jahre lang Alaska erforscht, noch bevor die Vereinigten Staaten einen Gouverneur dorthin beriefen. Er hatte sich eingehend dem Studium der Bevölkerungsgruppen gewidmet, die mit unserem Erwerb des russischen Amerika hinzugekommen waren. Der neue amerikanische Name des Gebiets, Alaska, der nach vielen Debatten im Kongreß gewählt worden war, kommt von einem indianischen Wort und bedeutet «großes Land».

Als ich meine Arbeit dort aufnahm, hatte ich bereits zwanzig Jahre in meinem Geburtsstaat Pennsylvania unterrichtet und vier Jahre in Indianerreservationen in den Rocky Mountains. In Sommerkursen der Universität hatte ich mich durch das Studium primitiver Rassen so gut wie möglich vorbereitet. Doch wahrscheinlich lernte ich mehr, das mir zu denken gab, während des einen Tages, an dem wir auf meiner Dampferreise von Seattle in den Norden in Sitka einen Zwischenaufenthalt hatten.

Sitka war die alte, idyllische russische Hauptstadt, und damals war sie auch noch die amerikanische. Die meisten der großen Bestände des russischen Archivs waren noch nicht übersetzt worden. In einem alten russischen Gebäude war das Sheldon-Jackson-Museum eingerichtet worden, angefüllt mit Schätzen, die Dr. Jackson während seiner Forschungsreisen gesammelt hatte. Zu einer Zeit, als man in den Vereinigten Staaten noch sehr wenig über Alaska wußte, besaß er den

Weitblick, den Wert von Exponaten zu erkennen, die bis in prähistorische Zeiten zurückreichten.[1]

Beim Anblick dieser Schätze dachte ich, wie doch hinter unseren heutigen Erfindern die gesamte Zivilisation steht, wenn sie etwas Greifbares schaffen, das ursprünglich nur in ihren Köpfen existiert. Sie haben gewissermaßen bereits Teile gesehen, die sie dann dazu verwenden, etwas Neues zu erschaffen. Ihnen stehen mathematische Kenntnisse und subtile Meßgeräte aller Art zur Verfügung. Doch den Menschen primitiver Rassen fehlten alle diese Bezugspunkte für ihre Erfindungen. Ich war beeindruckt von der Art und Weise, wie diese Erfindungen entstanden, um harte Lebensbedingungen zu überwinden, und auch von den Werten, die sie ausdrückten. Da gab es große und kleine Boote ganz verschiedener genialer Entwürfe und diverser Materialien. Einige glichen den Booten, in welchen ich später selbst reiste. Kleidungsstücke waren zum Teil aus Federn gemacht, die zu schönen Mustern zusammengefügt waren und in den prächtigsten Farbnuancen schimmerten. Andere Gewänder waren aus goldenen Fischhäuten gearbeitet, aus prachtvollen Pelzen und feingegerbtem Leder. Häute, mit glitzernden Perlen bestickt, waren zu Decken und Kleidern verarbeitet. Glänzende Matten hatte man aus Borken hergestellt, die von Fichten- und Zedernwurzeln abgeschält worden waren. Viele, viele Geräte waren erhalten aus unbekannter Zeit, zum Kochen und Bauen, zum Fischen und Jagen, zum Krieg und zum Vergnügen, und natürlich die geschnitzten Totempfähle, die ihre stummen, erhabenen Geschichten von legendären Familienstammbäumen erzählten.

Es schoß mir durch den Kopf, daß diese Wunder Schlüssel zu der verborgenen Macht des Geistes der Menschen waren, zu denen ich gesandt wurde, um ihnen zu helfen, Unwissenheit, Armut, Krankheit und Aberglauben zu überwinden. Meine Aufgabe war, ihnen die Segnungen der Zivilisation zu bringen, die Uncle Sam seinen weniger glücklichen Kindern nun zukommen ließ.

2

Willkommen in Afognak

Valdez, am oberen Ende des Prince William Sound, war 1904 das Zentrum für Goldgräber und Arbeiter in den Kupferminen von Alaska.[1] Dort war die Endstation des Ausflugsdampfers, den ich in Seattle bestiegen hatte. Von hier aus ging meine Reise gen Westen auf einem viel kleineren Dampfer weiter, der *Dora*. Dieses brave kleine Schiff sollte während fast all meiner Jahre in Alaska meine zuverlässige Verbindung zur Außenwelt sein. Die *Dora* segelte einen einsamen Kurs Tausende von Meilen über den Ozean. In manchen Jahreszeiten fuhr kein Schwesternschiff auf ihrem Kurs. Sie glitt zwischen den Inseln und Halbinseln ein und aus wie ein Phantom aus einer anderen Welt.[2]

Auf unserer Fahrt hielt sie bei winzigen Dörfern, um Fracht, Post und gelegentliche Passagiere abzuladen. Bauholz zu entladen war langwierig, doch uns gab es Zeit, an Land zu gehen. Ich hätte nie geglaubt, daß eine Siedlung praktisch auf nichts gebaut sein könnte, wie zum Beispiel Ellamar, eine kleine Bergarbeiterstadt am Copper River. Vor jeder Hütte wurde etwa ein Quadratmeter nutzbar gemacht, indem man Flaschen umgekehrt in die weiche Erde stieß. Über sie wurden Bretter gelegt, denn die moosbedeckte Erde war trügerisch. Wenn man auf sie trat, kostete es große Mühe, sicheren Tritt zu behalten. In eines der vielen Schlucklöcher zu treten konnte den Tod bedeuten. Es war geplant, den Boden der Stadt zu entwässern und mit Bohlen zu belegen, falls das Kupfer lange genug reichte, um das zu rechtfertigen. Ich nahm mir etwas Rentiermoos, Muscheln, Blumen und Seetang mit auf das Schiff. Der Gouverneur von Alaska, John G. Brady[3], der ebenfalls an Bord war, fragte mich, ob ich von der Küste von Ellamar noch etwas übriggelassen hätte.

In Seattle hatte ich viel über die bedeutende Stadt Seward gehört, die am Ende einer der schmalen Buchten lag, durch die wir kamen. Doch wir fuhren vorüber, ohne auch nur anzuhalten, und zu meinem Erstaunen schien Seward lediglich aus

Die *Dora*, die Hannah Breece als «die zuverlässige Verbindung zur Außenwelt während fast all meiner Jahre in Alaska» bezeichnete. *John Newland, Kodiak Historical Society*

zwei Häusern zu bestehen. Es war noch immer eine Stadt der Träume, deren Gründer hofften, das Kapital für eine Eisenbahn aufzutreiben, die die Stadt mit dem Polarkreis verbinden sollte.

Schließlich, nachdem ich seit der Abreise in Seattle sechzehn Tage auf Schiffen verbracht hatte, näherten wir uns meinem Bestimmungsort Afognak, auf der gleichnamigen Insel, nördlich von Kodiak. Die *Dora* hatte keine Fracht oder andere Passagiere nach Afognak zu bringen und hatte ursprünglich nicht geplant, dort anzulegen, bis sie Anweisungen von Dr. Jackson aus Washington erhielt. Ein Sturm zog herauf, und die Bucht war felsig und tückisch, deshalb ging die *Dora* viele Meilen von der Küste entfernt vor Anker.

Eine Strickleiter wurde über die schlingernde, rollende Seite des Dampfers geworfen, die sollte ich hinunterklettern und in ein Ruderboot springen. Ich erklärte der Crew, daß ich das schlicht und einfach nicht tun würde. Gouverneur Brady fragte mich, was ich denn tun wolle, denn es gebe keine andere Möglichkeit, Afognak zu erreichen. Bevor ich an Bord der *Dora* gegangen war, hatte ich ein wenig die Routen und Transportmöglichkeiten studiert, und ich erwiderte, daß ich bis zur nächsten Stadt mit einem Landeplatz auf der *Dora* bleiben würde. Von dort aus würde ich auf einem kleineren Schoner weiterfahren, der die Küste von Afognak erreichen konnte. Gouverneur Brady und der Kapitän berieten sich und beschlossen, ein Ruderboot mit mir und meinem Gepäck hinunterzulassen. In späteren Jahren bin ich noch viele Male die glitschige, schwankende Leiter hinauf- und hinuntergeklettert, doch in diesem Moment fürchtete ich mich zu sehr. Tatsächlich hatte ich panische Angst, selbst in dem kleinen Boot, das auf dem Wasser hin und her schwankte. Es war das erste Mal, daß ich auf stürmischer See in einem kleinen Boot saß. Auch war ich nicht genügend vorbereitet auf das, was mich erwartete, um dafür richtig angezogen zu sein. Ich trug einen Hut und ein Reisekostüm. Mr. Inglis, der Zahlmeister, gab mir einen Ölmantel und einen Südwester. Das war auch gut so, denn es kam Sturm auf, die Wellen türmten sich, und bald regnete es in Strömen. Nachdem das kleine Boot aufs Wasser aufgeschlagen war, kamen Mr. Inglis, der aussah wie ein schmächtiger, kleiner Junge, und ein lustiger irischer Matrose namens Pat über die Leiter zu mir ins Boot. Der Kapitän rief ihnen zu, sie sollten keine Zeit verlieren und schnell zurückkommen. Alle Passagiere, etwa dreißig, standen an Deck und riefen mir gute Wünsche zu und sangen. Die letzten Klänge, die über das Wasser kamen, waren «Pull for the Shore».

Wir fuhren auf ein Kliff zu, das hoch über die Küste ragte. Auf seiner Höhe konnte ich ein großes weißes Gebäude erkennen. Es war, wie Mr. Inglis mich informierte, das Schulhaus der US-Regierung und die Wohnung der Lehrerin. Daneben stand ein niedliches weißes Häuschen. Mr. Inglis fragte, wo ich über Nacht bleiben würde, und ich sagte, Mr. Jackson habe mir geschrieben, ich solle zu Mrs. Pajoman gehen.

Dann wurde ich auf eine Reihe von weißen Männern aufmerksam, die vor dem Schulhaus standen. Ich bildete mir ein, sie seien gekommen, um mich willkommen zu heißen, und das in diesem Regen! Wir hatten große Schwierigkeiten, das Ruderboot inmitten der Brecher zu landen und uns zum Kliff hinaufzukämpfen. Mein Gepäck ließen wir mit einer Plane bedeckt zurück. Ich fragte mich, weshalb das Begrüßungskomitee uns nicht zu Hilfe kam. Es war verschwunden. Niemand war zu sehen.

Dann erschien ein kleiner Junge auf der Bildfläche. Der Himmel segne kleine Jungen! Wann oder wo taucht nicht in einer ungewöhnlichen Situation ein Junge auf! Später erfuhr ich, daß die Männer keine Nachricht erhalten hatten, daß eine Lehrerin kommen würde, und als sie eine fremde Frau aus unerklärlichen Gründen ankommen sahen, machten sie sich davon und schickten den Jungen, Albert Petellin, um zu hören, was das zu bedeuten habe. Er sollte den Gastgeber spielen. «Klar, Teacher», sagte er lächelnd, «ich werde jemand holen, der Ihnen hilft, wir werden Ihre Sachen ins Trockene bringen.»

Mr. Inglis sagte, er habe nicht die Absicht, mich schon zu

verlassen. Er kenne Mrs. Pajoman, und er hielte es für besser, mich bei ihr einzuführen. Also stiegen wir den steilen Pfad zu dem schmucken weißen Häuschen hinauf. Ich erhaschte einen Blick auf das Gesicht einer Frau, die hinter einem Vorhang hervorlugte. Mr. Inglis sah es offensichtlich auch, denn er meinte darauf, daß Mrs. Pajoman zu Hause sei. Doch als er an die Tür klopfte, rührte sich nichts. Wieder und wieder klopfte er, und nach etwa fünfzehn Minuten drängte ich ihn, zum Boot zurückzukehren, doch er versicherte mir, er würde mich nicht verlassen, ehe er wisse, daß ich eine gute Unterkunft für die Nacht habe.

Nach einer halben Stunde gab die Dame schließlich nach und öffnete die Tür einen Spalt, dann erlaubte sie uns zögernd einzutreten. Sie war eine sehr kleine, rundliche Frau mit schwarzem Haar und glänzenden schwarzen Augen und der dunklen Hautfarbe der Aleuten. Wenn sie nicht so verstört ausgesehen hätte, hätte man sie für eine freundliche Person halten können. Ihr Wohnzimmer machte jedenfalls einen freundlichen Eindruck. Es enthielt ein hübsch bezogenes Bett, ein Klavier, einige Bücher und ein paar bequeme Stühle. Daß sie einen kultivierten Geschmack in bezug auf Bücher und Musik hatte, war offensichtlich. Sie sprach ausgezeichnet Englisch mit einem nur leichten Akzent.

Ich war eindeutig kein willkommener Gast. Ich konnte es mir nicht erklären, doch dann dämmerte es in meinem müden Gehirn. Ich fragte: «Mrs. Pajoman, haben Sie letztes Jahr in dieser Schule unterrichtet?»

Sie antwortete, daß sie hier während der letzten acht Jahre die Lehrerin gewesen sei. Das Rätsel war gelöst. Sie hatte wohl gedacht, ich würde zum Dampfer zurückkehren, wenn ich keine Übernachtungsmöglichkeit fände. Ich drückte mein Bedauern über ihre Enttäuschung aus und erklärte ihr, ich wisse nur, daß ich hierher geschickt worden sei. Sie sagte, sie selbst habe eigentlich nichts dagegen, daß sie abgelöst würde. Ihr selbst läge nicht viel an der Schule, doch ihr Mann wäre böse, wenn sie ihr Gehalt verlöre.

Mr. Inglis bat sie, uns zum Schulhaus zu bringen, das nur wenige Meter entfernt lag. Das Gebäude machte von außen einen guten Eindruck, doch innen war es in einem schrecklichen Zustand. Die acht großen Fenster, vier auf jeder Seite, waren mit verblichenen, zerlumpten, schmutzigen, fadenscheinigen alten Vorhängen verhangen. Wie man an einigen versteckten Ecken sehen konnte, hatten die Wände einmal einen grauen Anstrich gehabt. Doch nun waren sie und die Decke rauchgeschwärzt und mit dem Staub vieler Jahre überzogen. Der Fußboden war noch schlimmer, die Dielen alle zersplittert und abgenutzt. Als Möbel gab es zwei Holzbänke ohne Rückenlehnen. Eine einzige Holzplatte, ganz verzogen und voller Kerben, schien als Schreibfläche zu dienen, doch sie war zu hoch, um sie von den Bänken aus benutzen zu können, und hatte kein Fach, in dem man ein Buch oder einen Bleistift verstauen konnte. Der Ofen sah gut aus, doch sein Rohr war wackelig und voller Rost. Ich dachte, es macht einem großen Land wie dem unseren keine Ehre, eine derart miserabel aussehende Institution zu dulden. Die Unterkunft für die Lehrerin war nicht viel besser, aber ich konnte mir vorstellen, daß beide Trakte des Gebäudes durchaus verschönert werden könnten. Die Aussicht aus meinem künftigen Wohnzimmer war herrlich, und ich beschloß, das Haus nicht zu sehen, wie es war, sondern wie es sein könnte.

Mr. Inglis blickte besorgt drein, als er die Wohnräume für die Lehrerin begutachtete. Er bemerkte, ich könne dort nicht bleiben, es gäbe keine Möbel und es sei zu schmutzig. Dann wandte er sich an Mrs. Pajoman und sagte, ich müsse für die Nacht bei ihr bleiben. Sie meinte, das sei wohl möglich, und erst dann verließ mich Mr. Inglis.

Als wir wieder in ihrem Häuschen waren, erzählte mir Mrs. Pajoman, daß ihr Mann ein Geschäft und einen Schoner besaß, die *Mattie*, nach ihr benannt. Ihr ganzer Verdienst floß in sein Geschäft. Sie hatte kaum Schüler an der Schule, sagte sie. Die ersten beiden Jahre sei der Schulbesuch recht gut gewesen, doch während der letzten sechs Jahre seien die Kinder zu faul gewesen zu kommen.

Endlich fragte ich sie, ob ich meinen Hut abnehmen und über Nacht bleiben dürfe. Sie wiederholte, ihr Mann würde sehr böse sein, aber es gäbe keine andere Möglichkeit der Unterkunft für mich. Dann kochte sie Kartoffeln und briet Lachs, und wir genossen gemeinsam eine gute Abendmahlzeit. Ich nahm an, Mr. Jackson erwartete, daß ich mir selbst ein Urteil bilden würde, und tröstete mich mit dem Gedanken, daß, wenn alles in Ordnung wäre, jede beliebige Lehrerin hier zurechtgekommen wäre. Anstatt Mrs. Pajoman zu bedauern, verhärtete ich mein Herz und bedauerte statt dessen die Kinder, die hier verwilderten. Mrs. Pajomans Vater war ein Aleute, der russischer Priester geworden war, ihre Mutter war eine Russin aus Sibirien. Sie selbst war in den Vereinigten Staaten zur Schule gegangen und war dort ausgebildet worden mit dem Ziel zurückzukehren, um ihren Leuten zu helfen. Sie spielte gut Klavier und hatte, wie ich mich später überzeugen konnte, eine ungewöhnlich schöne Singstimme.

Diese Nacht schlief ich erschöpft in dem hübschen weißen Bett neben dem Klavier. Am frühen Morgen wurde ich von einem lauten Klopfen geweckt. Durch das Glas in der Tür sah ich die Umrisse eines großen, zottigen Kopfes mit einer Pfeife im Mund. Ein Menschenfresser! Ich rief nach Mrs. Pajoman. Der Menschenfresser hörte mich und ging zur anderen Tür.

Er war durchaus nicht das Ungeheuer, das ich mir vorgestellt hatte. Beim Frühstück war er nett und höflich. Er sah slawisch aus, mit weißem Haar, blauen Augen und heller Haut. Er berichtete mir in aller Ruhe, daß in etwa drei Wochen der Dampfer vom Westen wiederkommen würde, mit dem ich dann zurückfahren könnte. Andere Lehrer seien gekommen, sagte er, und als sie hörten, was das für eine Gemeinde war, seien sie wieder nach Hause gefahren, und seine Frau habe weiterhin Schule gehalten.

Ich lächelte freundlich und gab keine Antwort. Aber ich dachte, wenn du erwartest, daß du rufen kannst: «Hier kommt die Lehrerin, sie will zurück!», dann wirst du eine Enttäuschung erleben.

3

Die Schule beginnt

Am nächsten Morgen um acht machte ich mich auf den Weg, um die Kinder aufzutreiben. Ich nahm Albert Petellin, den Jungen vom Kliff, als meinen Dolmetscher mit.

Das Dorf Afognak bestand eigentlich aus zwei Dörfern, vier Kilometer voneinander entfernt, jedes an einer flachen Bucht und getrennt durch eine bewaldete Landzunge, die eine Siedlung vor der anderen verbarg. Zwischen beiden Siedlungen lag ein Sumpf, und man mußte auf einem Plankenpfad gehen, denn Treibsand, Schlucklöcher und das dichte Moos waren trügerisch. Als wir den Sumpf überquerten, stiegen acht riesige Adler empor und flogen so dicht über uns, daß ich an einem von ihnen weiße Federn erkennen konnte. Albert sagte, das sei ein junger. Ein plätscherndes Flüßchen, überspannt von einer roh gezimmerten Brücke, trennte die beiden Siedlungen zusätzlich. Die eine war von Aleuten bewohnt, die andere galt als russisch.

An einem kurzen Stück Straße, das gepflastert war, lagen in unregelmäßigen Abständen die russisch-orthodoxe Kirche, die Schule, ein Ladengeschäft und das Haus des Priesters. Halbwegs zwischen der Kirche und der Schule, die gesetzliche Entfernung von jeder einhaltend, lag ein protziger Saloon. Als ich vorüberging, dachte ich: Da bist du also, bereit, alles zunichte zu machen, was diese Institutionen zum Wohl der Menschen tun können.

Meine Anweisungen aus Washington lauteten, mich besonders um die Aleutenkinder zu bemühen, denn die Schule wurde hauptsächlich ihretwegen finanziert. Ich hatte mir für diesen Morgen vorgenommen, in beiden Dörfern jedes Haus zu besuchen. Albert und ich mußten ein paar Häuser im Dorf der Aleuten auslassen, weil diese Familien noch im Sommerlager am Fischfangplatz waren. Die Insel, etwa fünfundachtzig mal fünfzig Kilometer groß, mit vielen tiefen, kleinen Buchten, stieg an zu Hügeln und steilen Bergen, daher waren ihre vielen Flüsse kurz, doch reich an Lachsgründen.

Überall wo die Leute zu Hause waren, wurde ich begrüßt und höflich eingeladen. Die Eltern und jedes Kind gaben mir die Hand und boten mir den besten Stuhl oder eine Kiste an. Die Häuser der Aleuten waren durchweg spärlich und primitiv möbliert, doch sie hatten viel Bettzeug, das alles tagsüber auf einem Bett aufgestapelt wurde. In einigen Häusern reichte der

Teil des Aleutendorfes auf Afognak. *Special Collections Division, University of Washington Libraries*

Häuser und Gartengrundstücke im russischen Dorf auf Afognak. Das Schulhaus und die Lehrerwohnung sind nicht zu sehen. *Special Collections Division, University of Washington Libraries*

Stapel fast bis zur Decke. Jahrhunderte bevor die Russen ankamen, hatten die Aleuten schon auf dieser Insel gelebt.[1]

Aleuten sind weder Eskimos noch Indianer. Körperlich ähneln sie den Japanern, doch sind sie dunkler, kleiner und stämmiger, mit der schützenden Fettschicht, die allen Bewohnern des hohen Nordens eigentümlich ist.

Albert konnte nicht Russisch sprechen, daher waren drei junge Mütter, die die zweite Klasse absolviert hatten und Englisch sprachen, meine Dolmetscher im russischen Dorf. Die Häuser dort standen in krassem Gegensatz zu denen der Aleuten. Einige prunkten mit plüschbezogenen Stühlen und kleinen Zweisitzersofas in Pfauenblau oder Dunkelrot. Die Wände der Blockhäuser waren zwar nicht verputzt, aber ordentlich tapeziert auf einer Beschichtung aus Mull. Wo immer ich die gute Stube betrat, war Weiß der alles beherrschende Eindruck: Die Fußböden waren geschmirgelt und weißgescheuert, Teppiche bestanden aus Bahnen von rein weißem Segeltuch, die Gardinen waren aus weißer Spitze mit aufgesteckten Papierblumen. Noch nie im Leben hatte ich so viele Häkelarbeiten gesehen; sie zierten jedes vorhandene Möbelstück, und auch die weißen Bettüberwürfe waren gehäkelt oder gestrickt. Eine typische gute Stube enthielt ein Bett, einen Tisch, ein paar Stühle (einschließlich eines Schaukelstuhls), eine Nähmaschine, eine Art Spieldose und mindestens ein Akkordeon. In der Mitte des Hauses, damit er alle Zimmer warm hielt, stand ein russischer Holzofen mit dicken Lehmwänden. Wenn er aufgeheizt war, hielt die Hitze, die er speicherte, das Haus die ganze Nacht über warm, weshalb die Zimmerpflanzen, die die russischen Dorfbewohner liebten, nicht erfroren.

Jedes Haus hatte eine heilige Ecke, wie sie es nannten, mit einem religiösen Druck, einem Gemälde oder Messingrelief, das entweder die Jungfrau Maria oder einen Apostel darstellte, und ein kleines Regal mit einer Räucherlampe und einer Flasche mit Weihwasser. Diese Ecke, erklärten sie mir, wurde niemals angetastet. Wenn ein Haus verlassen wurde oder das letzte Mitglied eines Haushalts gestorben war, blieb die heilige Ecke so lange bestehen, bis das Haus zusammenfiel oder abgerissen wurde; dann nahm der nächste Verwandte die heiligen Gegenstände in seine Obhut.

In der guten Stube jeden Hauses hing ein lebensgroßes Porträt des Zaren und fast immer auch eins der Zarin. Die einzigen anderen Bilder waren aus den Etiketten von Obst- und Gemüsedosen ausgeschnitten. Mr. Sheratine, der Vorleser der Kirche, der im Rang gleich nach dem Priester kam, hatte ein Zimmer, dessen Decke völlig mit Etiketten von Lachsdosen beklebt war: Hunderte von Fischen, sie kamen einem vor wie Tausende, die oben an der Zimmerdecke schwammen.

Die «Russen» waren von russischer oder auch sonstiger europäischer Abstammung, die sich mit Aleuten vermischt hatten. Sie hielten sich selbst für die höhere soziale Klasse und wurden auch von den Aleuten offenbar so betrachtet. Man hielt sie auch für reicher, doch schien es mir, daß die Boote, Wadenetze und Jagdausrüstungen, die ich im Dorf der Aleuten gesehen hatte, einen mindestens ebenso großen Vermögenswert darstellten wie die russischen Häuser und Einrichtungen.

Nachdem ich die Runde gemacht hatte, halfen mir die drei jungen russischen Frauen, eine Liste der Kinder aus beiden Dörfern zusammenzustellen. Mit dieser in der Hand ging ich zurück ins Dorf der Aleuten, um mit dem Dorfältesten zu sprechen. Auf meinem Weg kam ich wieder an dem Geschäft vorbei, und ich bat den dänischen Ladenbesitzer, mein Haus mit Möbeln auszustatten, und sagte ihm, was ich mir vorstellte. Er versprach, alles noch am selben Nachmittag zu liefern, damit ich am Abend einziehen konnte.

Als nächstes bat ich den Dorfältesten, eine Versammlung seiner Leute einzuberufen und ihnen zu erklären, weshalb die Kinder zur Schule gehen sollten. Ich schlug ihm mehrere Gründe vor, die er ihnen darlegen konnte. Der wichtigste war, daß die russischen Kinder die Aleutenkinder überholten. Warum sollten andere Kinder ihre eigenen beschämen? Dann führte ich ihm die praktische Seite vor Augen. Es war töricht, nicht Gelegenheiten zu ergreifen, die einem im Leben nützlich sein konnten. Daraufhin besuchte ich Alberts Onkel, Pater Petellin, den Priester, der selbst Aleute war, und bat ihn, der Versammlung des Dorfes beizuwohnen.

Inzwischen war es zwei Uhr nachmittags. Die Leute erwarteten, daß die Schule am nächsten Tag eröffnet würde, doch die Schüler konnten nicht in dieses schmutzige Klassenzimmer kommen. Nachdem ich eine Kleinigkeit gegessen hatte, trommelte ich sechs große Mädchen und ebenso viele Jungen zusammen, die nicht nur bereit, sondern sogar froh waren, das Schulzimmer zu putzen. Als die zerrissenen Vorhänge heruntergenommen worden waren und die großen Glasfenster sauber glänzten, sah es schon wesentlich besser aus. An den Wänden und der Decke konnten wir nur wenig tun, doch wir schrubbten den Fußboden und die Bänke. Ich war zufrieden. Nun brauchten sich nur noch die Bänke mit Jungen und Mädchen zu füllen, und die Schule würde fröhlich aussehen, denn in einer Schule sind die Schüler sowieso die Hauptsache.

Die Schüler kamen aus beiden Dörfern. Doch die Aleutenkinder waren ein zerlumpter, vernachlässigter Haufen, und die Kinder aus dem russischen Dorf behandelten sie schändlich. Während der ersten Woche, als ich den kleinen Kindern in der Pause ein Spiel beibrachte, trieben die russischen Kinder jedes einzelne der zwanzig Aleutenkinder, groß und klein, zusammen, und bevor ich wußte, was geschah, flohen die Aleuten, verfolgt von den Russen, in ihr Dorf zurück. Danach kamen die russischen Kinder triumphierend zurück. Jetzt hatten sie die Schule für sich allein.

Ich forderte die russischen Kinder auf, mir die Situation zu erklären, und hörte mir ihren Hohn und ihre Beschwerden an. Ich lachte mit ihnen und meinte, es wundere mich nicht, daß sie die Aleuten fortgejagt hätten, weil sie so zerlumpt und schmutzig wären. Ich erinnerte sie daran, daß ich sie ja nicht neben die Aleutenkinder, sondern so weit wie möglich von ihnen weggesetzt hätte.

Dann aber fragte ich sie, wie viele von ihnen eine Großmutter oder einen Großvater hätten, der im Dorf der Aleuten lebte. Während ich sehen konnte, daß sie darüber nachdachten, schlug ich ihnen einen Pakt vor. Wenn ich versuchte, geduldig zu sein und bereit, derartig zerlumpte Schüler zu unterrichten, würden sie mir dann helfen, sie zu zivilisieren und ihnen etwas beizubringen? Wenn wir alle zusammenarbeiteten, sagte ich, dann gäbe es bald keine schmutzige Aleutengruppe in unserer ordentlichen Schule mehr. Ich schilderte ihnen, wie es sein könnte, wenn die Aleuten sauber und ordentlich wären und englisch sprechen könnten und wir alle wie eine große Schulfamilie wären. Wie viele von ihnen wären bereit, die Aleuten zu erziehen?

Alle boten sich an zu helfen. Also schickte ich sofort drei

oder vier der Anführer aus, um die Kinder zurückzuholen, die sie gerade erst vertrieben hatten. Sehr zu meiner Verwunderung war jedes Aleutenkind bereit zurückzukommen.

Am selben Abend schrieb ich an Freunde in Seattle und gab ihnen eine Beschreibung jedes einzelnen Aleutenkindes, Namen, Alter und welche Kleidung es brauchte. Ich wußte sehr gut, daß man Kinder nicht «verwöhnen» soll. Aber das darf nicht so weit gehen, daß man aus Angst, jemanden zu verwöhnen, ihm nicht hilft. Diese Kinder fühlten sich wie Niemande, weil die anderen sie so verächtlich behandelten. Ich war entschlossen zu riskieren, sie zu verwöhnen. Ich war sicher, daß die Eltern, wenn sie einmal feststellten, wie ihre Kinder aussehen konnten, wenn sie sauber und nett angezogen waren, darauf achten würden, daß sie nicht mehr rückfällig wurden. Es war mir schon aufgefallen, wie stolz die Eltern aus beiden Dörfern auf ihre Kinder waren und wieviel ihnen daran gelegen war, daß sie etwas lernten.

Nach etwa sechs Wochen kamen die Kisten aus Seattle auf der *Dora* an. Ich hatte befürchtet, daß die Kleider zu elegant und unpassend sein würden, doch meine Freunde waren vernünftige Menschen, und ich hatte mir unnötig Sorgen gemacht. Die Kisten waren herrlich: eine vollständige Garderobe für jedes Kind, Unterwäsche und Schuhe und Strümpfe, Kleider aus Serge und anderem strapazierfähigen Material, sogar Haarbänder hatte man nicht vergessen. Für die Jungen gab es dicke Cordanzüge für sonntags und Overalls für die Schule. Ich glaube, manche Kinder hatten das erste Mal saubere, warme Unterwäsche. Ich teilte die Kleider nicht aus, bevor ich sicher war, daß die Kinder alle zur *banya*, dem russischen Dampfbad, gebracht worden waren, das von beiden Dörfern benutzt wurde.

Von dieser Zeit an konnte man kaum noch unterscheiden, zu welchem Dorf ein Kind gehörte. Das Beste daran war: Die russischen Kinder waren nicht neidisch, denn sie betrachteten diese Veränderung als ihr eigenes Verdienst und waren stolz darauf. Natürlich saßen inzwischen alle Kinder zusammen und spielten auch nicht mehr getrennt.

Ich hatte auch dringende Briefe nach Washington geschrieben, mit einer Liste der Dinge, die wir benötigten: Schulpulte und Tafeln, Bücher und Schreibmaterialien, Bücherregale und Schränke, weißes Vorhangmaterial, um das Blenden der Sonne, die das Wasser reflektierte, abzuschirmen, und besonders bat ich um Liederbücher und ein Harmonium. Mit derselben Fracht, die die Kisten aus Seattle geliefert hatte, kam alles außer dem Harmonium, das abgelehnt worden war. Ich würde es mir auf anderem Wege beschaffen müssen. Mit der Post kam eine Genehmigung für einen neuen Fußboden und einen neuen Anstrich.

In meinem eigenen Gepäck hatte ich eine Kiste mit Spielsachen mitgebracht: Stofftiere, Spielzeugwagen, einen kleinen Herd, Spielzeuggeschirr, eine kleine Wanne, ein Waschbrett und einen Besen. Wir trennten einen ziemlich großen Bereich auf einer Seite des Raumes für die Spielsachen ab, und obwohl ich es nicht als «Projekt» bezeichnete, war es ein solches. Wenn die Kleinen mit ihren Aufgaben fertig waren, gingen sie in diese Ecke und spielten Haushalt. Das war eine Möglichkeit, sie zu beschäftigen, und es gab mir Zeit, die älteren Schüler zu unterrichten.

An einem Abend der Woche gab es für die älteren Jungen eine Art Klub, wo sie sich für eine oder zwei Stunden Bücher und Zeitschriften ansahen und Spiele spielten. Sie hatten noch nie Popcorn gesehen. Eines Abends, als zwei russische Jungen, Emil und Fedotia, und Johnnie Tawnashak, der Sohn des Dorfältesten der Aleuten, zum ersten Mal Popcorn machten, weigerte sich Johnnie, es zu essen. Er sagte, der Teufel müsse darin sein, denn nur der Teufel könne erreichen, daß das Maiskorn sein Inneres nach außen kehre.

Johnnie war vierzehn, und seit seine Mutter vor vier Jahren gestorben war, hatte er für die Familie kochen und die beiden jüngeren Geschwister versorgen müssen. Er war nie zur Schule gegangen, und es hatte große Überredungskünste erfordert, ihn dazu zu bringen, es wenigstens einmal auszuprobieren. Ganz plötzlich, während einer Abendklasse, dämmerte ihm die Verbindung zwischen einem Gegenstand und dem geschriebenen Wort. Er sprang auf, schlug mit der Hand auf sein Pult und rief: «Ich kann lernen! Ich verstehe! Jetzt gehe ich immer in die Schule!»

Johnnie hatte zu spät mit der Schule angefangen, um von der Kleiderkiste aus Seattle zu profitieren. Eines Tages bemerkte ich, wie er intensiv die russischen Jungen anstarrte. Am nächsten Tag kam er nicht zur Schule und auch an den folgenden Tagen nicht, und ich fürchtete, er würde nicht mehr wiederkommen. Er war ein gutaussehender Junge, groß und von aufrechter Haltung, und er hatte viele gute Eigenschaften. Mir war klar, daß Schulbildung seine Züge beleben würde, und dann würde er einmal ein gutaussehender Mann werden. Als er wiederkam, waren seine Haare geschnitten und so gebürstet, daß sie glänzten, und er trug einen neuen Overall, neue Schuhe, eine neue Mütze. Er strahlte. Als ich ihn fragte, wo er gewesen sei, sagte er, er habe gearbeitet, weil er nicht genug Geld hatte, um sich alles zu kaufen, was er brauchte. Er war in den Wald gegangen und hatte einen Fuchs in einer Falle gefangen.

Samstag morgens gab ich Unterricht im Brotbacken für die älteren Mädchen. Und in der Folge begannen viele Familien, Brotlaibe statt des harten Schiffszwiebacks zu backen. Jeden Samstagnachmittag hatten die Mädchen ein Nähkränzchen. Nachdem die Wände und die Decke weiß gestrichen worden waren, nähten sie neue Gardinen für die Fenster mit Rüschen in der Mitte von oben bis unten und mit Bändern, um sie zurückzubinden. Reihum bereitete jedes Mädchen einfache, aber schmackhafte Erfrischungen für diese Kränzchen. Die Schule war immer offen, und sie war selten leer, weil sie der einzige öffentliche Raum in der Gemeinde war, mit Ausnahme des Saloons.

Am Thanksgiving Day hatten alle Dorfbewohner Gelegenheit, zu kommen und die Kinder Gedichte aufsagen zu hören und die frisch renovierte Schule zu bewundern. Mrs. MacDonald vom russischen Dorf, die in San Francisco zur Schule gegangen und eine gute Freundin von mir geworden war, vermietete der Schule zu besonderen Gelegenheiten wie dieser ihr Harmonium, und Mrs. Pajoman spielte und sang zu jedermanns Freude wunderschön, was ich sehr großzügig von ihr fand.

Das ganze Leben und die Stimmung des Dorfes schien sich zum Besseren zu verändern. Die Männer errichteten eine große Fahnenstange und zogen Flaggen für stürmisches oder schönes Wetter auf, und zum allerersten Mal flatterten die Stars and Stripes über Afognak. Als die Tage dunkel wurden, verwandelte der große, runde Mond, der aus dem Ozean aufstieg, unsere langen Nächte in einen Marmorpalast, alles schien mit Silber bestäubt.

Im November kamen die Schüler bereits in Scharen, oder ich sollte besser sagen in Strömen, weil viele aus den abgelegenen Orten Boote benutzten. Als ihre Zahl auf über hundert angestiegen war, mußte ich die Schule in zwei Unterrichtsperioden aufteilen: morgens für kleine Kinder, nachmittags für die älteren. Manchmal standen die jüngeren am Nachmittag draußen und heulten, doch wenn ich versucht hätte, so viele auf einmal zu unterrichten, dann hätte keiner etwas gelernt. Ich schrieb nach Washington, daß hier vier Lehrerinnen nötig wären, und sie reagierten prompt mit genügend zusätzlichen Pulten, Büchern und anderen Lehrmaterialien, doch sie schickten nicht eine einzige zusätzliche Lehrkraft, weder zu diesem Zeitpunkt noch im nächsten Jahr.

Im großen und ganzen ging alles gut, doch es entstanden auch Probleme. Als der Winter sich hinzog, schien mir, daß die Aleutenkinder blaß aussahen, und sie wurden leicht unruhig und lustlos. Eines Tages fanden ein paar von ihnen einen Rest Wäschestärke, die ich benutzt hatte und wegwerfen wollte. Sie aßen sie heißhungrig. Da kaufte ich einen Sack Mehl und kochte einen dicken Brei, mischte einheimische Moosbeeren darunter, die klein, dunkelrot und sehr schmackhaft waren, und fügte etwas Zucker hinzu. Die Kinder liebten dieses neue Gericht, und jeden Morgen kamen die Aleutenschüler früher und aßen soviel Brei, wie sie wollten. Ihr Hauptnahrungsmittel war Fisch, von dem sie reichlich bekamen, doch offensichtlich brauchten sie eine Ergänzung. Kinder lernen selten gut, wenn sie unterernährt sind. Mit dem täglichen Brei verschwand ihre Unruhe, und mir schien, als lernten sie doppelt so schnell wie vorher. Sie waren aufgeweckt und lernbegierig.

Selbst wenn Kinder eifrig lernen, ist es schwer für sie, Dinge wieder zu vergessen, die sich ihnen seit ihrer frühesten Kindheit eingeprägt haben. Ich war stolz darauf, daß sie gelernt hatten, die Regierung der Vereinigten Staaten sei ihre Regierung, an deren Spitze der Präsident stand, der vom Volk gewählt wurde. Von Zeit zu Zeit ließ ich in der Schule abstimmen, was getan werden sollte, um ihnen eine Vorstellung zu geben, was Wahlen bedeuteten.

Eines Tages formulierte ich meine Frage etwas anders: «Wer sagt, welcher Mann der Präsident der Vereinigten Staaten sein soll?» Wie aus einem Munde riefen sie im Chor: «Der Zar!»

4

Die Sonntagsschulkrise

Afognak war einst eine russische Sträflingsinsel gewesen, hauptsächlich für Leute, die ihre Schulden nicht bezahlten. Die Exilierten mußten selbst für ihren Lebensunterhalt sorgen, und sie suchten sich auch ihre Frauen selbst. In jüngerer Zeit, erst ungefähr zwölf Jahre vor meiner Ankunft, kam eine Gruppe von etwa dreißig Männern europäischer und amerikanischer Abstammung auf die Insel, und sie heirateten Frauen, die entweder Aleuten oder teils aleutisch und teils russisch waren. Diese Männer siedelten sich in dem russischen Dorf an und zogen dort ihre Kinder groß. Sie waren es, die so unzufrieden mit Mrs. Pajomans Schule gewesen waren, daß sie sich in Washington beschwert hatten. Nun drängten mich einige von ihnen, eine Sonntagsschule zu beginnen, was ich ohnehin zu tun gehofft hatte. Auf Afognak hatte es noch nie eine gegeben.

Ich ging zum Gottesdienst der russischen Kirche, weil es die einzige war, die es gab. Sie praktizierte noch immer einige der uralten Bräuche, die inzwischen von anderen orthodoxen Kirchen abgelegt worden waren. Die Gottesdienste wurden in einer Sprache abgehalten, die so archaisch war, daß sogar Pater Petellin sie nicht verstand. Den ganzen Sonntagmorgen mußten die Kinder vollkommen still stehen. Wenn sie sich auch nur rührten, kam ein alter Mann zu ihnen und zog sie verstohlen, aber kräftig am Ohrläppchen. Deshalb standen die Kinder lieber still und hörten zu, ohne ein Wort zu verstehen. Das war vielleicht eine gute Disziplinübung, aber es war gewiß keine fröhliche Angelegenheit. Jeden Sonntagabend gab es einen Tanz im Saloon, der meiner Ansicht nach kein guter Einfluß war.

Die skandinavischen und andere nichtrussische Väter im russischen Dorf hatten nichts für die Kirche übrig, obwohl sie nichts gegen die Religion ihrer Frauen hatten und sich nicht einmischten, denn bei der Hochzeit hatten sie einen entsprechenden Vertrag unterzeichnet.

An den Sonntagnachmittagen gab es nichts für die Kinder zu tun, und obwohl ich nicht die Absicht hatte, sie zu bekehren, war es mir ein Bedürfnis, sie zu lehren, die Bibel zu lieben und ihre fundamentalen Wahrheiten zu verstehen. Als also einige Väter um eine Sonntagsschule baten, schrieb ich einen Brief an eine presbyterianische Zeitschrift in den Vereinigten Staaten, in dem ich die Situation erklärte und bat, uns zu schicken, was wir brauchten, von Kärtchen mit Bibelversen bis zu einem Harmonium. Ich hob hervor, wie sehr die Kinder Bilder liebten. Mein Brief wurde gedruckt, und die Reaktion war phantastisch: Alles, was die Schule zu einem Erfolg machen konnte, wurde uns geschickt, viele Bilder und sogar ein Harmonium! Ich mußte eine Menge Dankesbriefe schreiben, aber es war eine Freude zu entdecken, wie freundlich fremde Menschen sein können. Sie schickten uns sogar Geschenke für den Weihnachtsbaum, die ich einstweilen verwahrte.

In einem Versteck hatte ich bereits hundert Exemplare des Neuen Testaments entdeckt. Mrs. Pajoman sagte, daß sie schon vor langer Zeit aus Washington geschickt worden waren, doch sie hatte Angst, den Priester zu verärgern, und hatte sie deshalb versteckt. Doch weit entfernt davon, sich zu ärgern, freute sich Pater Petellin, als seine Kinder eines mit nach Hause brachten.

Die Mütter kamen mit ihren Kindern zur Sonntagsschule, und recht oft kamen auch die Väter mit. Die Männer waren gute Sänger, und Mrs. Pajoman nahm regelmäßig teil, um beim Singen zu helfen. Alle zogen sich fein an, und die Eltern schienen sich ebenso über ihre Bibelspruchkärtchen und die Sonntagsschulblättchen mit den Geschichten darin zu freuen wie die Kinder. Die Sonntagsschulbilder schmückten so manches Heim, ja, einige Zimmer wurden frisch tapeziert, damit sie besser zur Geltung kamen.

Ich nahm mich in acht, die Kirche nicht zu verärgern. Es wäre ohnehin nicht richtig gewesen, aber ich wußte auch, daß ich ohne den guten Willen der Kirche nichts für die Leute tun konnte. Der alte Peter Chichenoff nahm seine beiden Töchter aus der Sonntagsschule, und ich ging in seinen Laden und fragte ihn nach dem Grund. Er erwiderte, der russische Gott sei in Ordnung, aber der amerikanische Gott tauge nichts. Ich erklärte ihm, daß es nur einen Gott gäbe. Er sagte: «Ist das wahr?» Ich versicherte ihm, daß es wahr sei, und daraufhin entschied er, daß sie wiederkommen durften.

Nachdem sie einmal begonnen hatte, florierte die Sonntagsschule für den Rest des Winters bis in den Frühling hinein. Doch dann, an einem Sommertag, besuchte mich Pater Petellin. Er war sehr aufgeregt. Er bat mich, die Sonntagsschule zu schließen, und versprach, wenn ich einwilligte, mir jede andere Hilfe zu gewähren, um die ich ihn bäte. Ich war erstaunt, da ja auch seine eigenen Kinder zur Sonntagsschule kamen. Er versicherte mir, an der Schule sei nichts auszusetzen, aber sie müsse aufhören.

Als ich ihn drängte, mir zu sagen, was der eigentliche Grund sei, meinte er, ich hätte zu viel Einfluß auf seine Leute. Das sei vielleicht in Ordnung, solange ich da sei, aber es wäre schlecht, wenn eine andere Lehrerin käme, die nicht so freundlich sei. Dann fügte er hinzu, daß die Kinder lieber in meine Sonntagsschule gingen als in seinen Gottesdienst.

Pater Petellin war leicht zu beeinflussen, und ich hatte bemerkt, daß er, unmittelbar bevor er zu mir gekommen war, Mrs. Pajoman besucht hatte. Aber ich wußte, daß es ihm ernst damit war, sein Bestes für die Leute zu tun oder zumindest sein Bestes, um dem Zaren zu gefallen, von dem er ein nettes Sümmchen von fünfzehnhundert Dollar im Jahr erhielt. Es ging ihm einfach um sein eigenes Geschäft, oder zumindest vermutete ich das.

Doch schließlich kam das wahre Problem zum Vorschein. Bischof Innocent, der Bischof für ganz Alaska und die pazifischen Küstenstaaten, würde in einem Monat nach Afognak kommen. Pater Petellin meinte aufgeregt, daß der Zar Bischof Innocent dreizehntausend Dollar im Jahr zahlte!

Während er weitersprach, stellte ich meine eigenen Überlegungen an. Ich kannte dreißig Väter in dem russischen Dorf, auf die ich zählen konnte. Würde er, Petellin, einwilligen, fragte ich ihn, jede Entscheidung zu vertagen, bis der Bischof nach Afognak kam, und würde er einwilligen, sich an die Entscheidung des Bischofs zu halten, wenn ich das gleiche täte? In der Zwischenzeit würde ich keine Sonntagsschule mehr abhalten.

Der rundliche kleine Pater Petellin floß fast über vor Freude. Das war gut! Sehr gut!

Die Väter, die die Schule gewünscht hatten, verlangten, daß ich des Priesters Forderung ignorieren und weiterhin die Glocke läuten sollte, wie gewöhnlich an jedem Sonntag. Doch eine Sonntagsschule in einem Kriegszustand war meiner Meinung nach schlimmer als überhaupt keine Sonntagsschule. Ich redete ihnen gut zu, und sie waren schließlich einverstanden, sich ruhig zu verhalten und abzuwarten.

Bei ihrem nächsten Besuch brachte die *Dora* mit ihrer Fracht fünfzig wunderschön angezogene Puppen als Weihnachtsgeschenke für die Mädchen. Ich hatte im Frühjahr Freunde in den Vereinigten Staaten um sie gebeten und erklärt, es sei das beste, sie im Sommer abzuschicken. Zugleich mit den Geschenken kam der Weihnachtsschmuck. Jetzt mag der Ozean toben, dachte ich, alle Weihnachtssachen liegen wohl verwahrt in der Fensterbanktruhe meines Wohnzimmers.

Die *Dora* brachte auf dieser Fahrt auch den Bischof mit. Die Bewohner von allen Nachbarinseln versammelten sich zu mehreren Hunderten an unserem Strand, alle in ihrem besten Sonntagsstaat. Als das Ruderboot mit dem Bischof in Sicht kam, donnerten die Kanonen, die Gewehre knallten, und die Kirchenglocken läuteten. Ansonsten vernahm man keinen Laut. Als der Bischof landete, zogen die Menschen in einer Reihe an ihm vorüber, verbeugten sich tief und küßten seine behandschuhte Hand.[1]

Er wurde begleitet von einem Gefolge von Mönchen, Priestern und Vorlesern, die eine Prozession bildeten, angeführt vom Bischof und gefolgt von der Menge, die sich zerstreute, als die Besucher das Haus des Priesters betraten.

Früh am Abend läuteten die Kirchenglocken. Ich ging mit den anderen, um zu sehen, was sie taten, wenn ein Bischof da war. Sie hatten in der Mitte der Kirche eine Plattform gebaut, etwa zweieinhalb Meter hoch. Ganz oben auf diesem Gerüst befand sich ein Stuhl, und darauf saß der Bischof. An beiden Seiten standen zwei Männer auf einem Vorsprung, gerade hoch genug, daß ihre erhobenen Hände über des Bischofs Scheitel reichten. Sie hielten zwischen sich eine riesige Krone aus Metall, die seinen Kopf nicht berührte, sondern direkt über ihm schwebte. Da standen diese beiden stundenlang, ohne auch nur einen Muskel zu rühren. Ich blieb bis zehn Uhr, und da standen sie immer noch in dieser Stellung. Der Bischof war in eine überaus prächtige bestickte Satinrobe gekleidet.

Bevor der Gottesdienst begann, ging ein Mönch umher mit einem Wedel und einem Wasserbecken und besprengte die Bilder, Wände und Menschen mit Weihwasser. Er fragte mich freundlich, ob ich auch mit Wasser besprengt werden wolle. Ich sagte nein, aber ich würde ihm Platz machen. Er sagte, ich solle bleiben, dann sprach er auf russisch mit den Leuten neben mir, und sie wichen zur Seite, bis sie besprengt worden waren, und kehrten dann wieder auf ihre Plätze zurück.

Nach einer langen Zeremonie, die vom Priester gelesen wurde, segnete der Bischof jede einzelne Person, ohne ein Wort zu sagen. Ein Geistlicher hielt eine Schale mit Wasser vor ihn, und alle übrigen Geistlichen, angefangen bei den Mönchen bis herab zu den Vorlesern, stellten sich in einer Reihe vor ihm auf und erklommen die Stufen zu seinem Thron. Der

Bischof tauchte seinen Finger ins Wasser und zeichnete jedem ein Kreuz auf die Stirn. Als er dann allen anderen Leuten das Kreuz aufzeichnete, benutzte er einen Pinsel statt seines Fingers. Während dieser langen Prozedur verließ ich die Kirche.

Ich hatte den Bischof von ferne sehr aufmerksam beobachtet. Wenn er auch wie ein kleiner Gott dort oben unter der Decke thronte und mir auch vieles neu und fremd war, kam ich zu dem Schluß, daß er ein gutes Gesicht hatte. Ich würde nicht auf die Mönche zählen, ihren Gesichtern nach zu schließen, aber auf den Bischof würde ich zählen.

Am nächsten Morgen kam Pater Petellin, um mir zu sagen, der Bischof wolle mich um zehn Uhr in seinem Haus sehen. Ich war pünktlich dort, aber kein Bischof erschien. So hatte ich die Gelegenheit, seine exquisit bestickten Gewänder zu betrachten, denn sie lagen im Wohnzimmer ausgebreitet. Um Mittag kam Pater Petellin herein und sagte, der Bischof würde mich nicht empfangen, er habe keine Zeit. Um mich zu trösten, fügte er hinzu, wahrscheinlich würde der Bischof wieder nach mir schicken und mir dann sagen, ob ich eine Sonntagsschule haben dürfe.

Ich mußte mich kneifen, um mich zu vergewissern, daß ich wirklich nicht in Rußland war, sondern in den guten alten Vereinigten Staaten. Ich stellte fest, daß ich nicht in Rußland war, und damit fand ich meinen Mumm wieder. Pater Petellin teilte ich mit, daß es mir nicht passe, noch einmal zu kommen. Er solle dem Bischof ausrichten, wenn er mit mir sprechen wolle, könne er zur staatlichen Schule kommen. Wenn er nicht käme, sagte ich, hätte ich die Absicht, mit der Sonntagsschule weiterzumachen.

Pater Petellin meinte sehr aufgeregt, jeder müsse zum Bischof kommen, er würde nicht zu mir kommen. Ich antwortete, es stehe ihm frei, bei seiner Gewohnheit zu bleiben, und ich würde bei der meinen bleiben. Wenn der Bischof es für das beste hielte, nicht zu kommen, würde ich das tun, was ich für richtig hielte. Dann ging ich nach Hause.

Am späten Nachmittag wurde der Vorleser als Bote geschickt, um den Bischof anzukündigen. Die ganze Prozession von Geistlichen, in Talare gekleidet, kam die Straße entlang. Mein Haus hatte zwei Eingänge, von denen ich einen nicht benutzte. Natürlich kamen sie zur falschen Tür und marschierten dort herein, wo ich fünf Hühner sicher für die Nacht in einer Kiste verstaut hatte, um sie vor einem Wiesel zu schützen. Die verängstigten Hühner begannen ein gräßliches Gegacker und Getrappel.

Ich konnte mir das Lachen nicht verbeißen über diesen Klamauk inmitten all dem Pomp und Gepränge. Auch der Bischof hatte seinen Spaß daran und lachte, als ich sagte, die armen Hühner hielten sich für verdammt, weil so viele Prediger zu ihnen hereingekommen seien. Er antwortete in der gleichen Tonart, doch die Mönche und Priester in seinem Gefolge blieben ernst.

Ich trug ihm die Angelegenheit der Sonntagsschule vor, und der Bischof bat mich, ihm zu erzählen, was wir taten. Ich zeigte ihm die Lesungen und Liederbücher und gab ihm eine Übersicht über unsere Arbeit. Er wandte sich an Pater Petellin, der auf seinem Stuhl herumrutschte, und fragte ihn, warum er die Sonntagsschule ablehne. Alles, was Pater Petellin antworten konnte, war, daß die Leute lieber zur Sonntagsschule kämen als zur Kirche, und er wolle sie jedenfalls nicht im Dorf haben.

Der Bischof meinte, sie sollten doch froh sein, daß jemand bereit sei, die Kinder zu unterrichten, und daß er selbst das für eine wunderbare Möglichkeit hielte. Er könne nicht verstehen, warum es Einwände dagegen gegeben habe. Er wandte sich an den Vorleser und fragte, ob er zur Sonntagsschule gekommen sei und versucht habe, mir zu helfen. Mr. Sheratine saß in der Klemme, denn der arme Kerl hatte Angst gehabt zu kommen. Er antwortete: «Ich war einmal dort.»

«Einmal!» wiederholte der Bischof. In der Art, wie er das Wort aussprach, war eine ganze Predigt enthalten.

Er sagte zu Pater Petellin, er solle zur Sonntagsschule kommen und die Methode beobachten und dann versuchen, sie zu übernehmen. Wenn die Kinder sie so gerne mochten, würden sie dann auch seine Kirche mögen. Damit war entschieden, daß ich die Sonntagsschule fortführen konnte. Ich freute mich um der Kinder willen, doch ich beschloß, Pater Petellins Stolz nicht zu verletzen. Er tat mir leid, und ich nahm mir vor, die Kinder anzuhalten, regelmäßig zur Kirche zu gehen.

Der Bischof wollte gern von unseren Vorbereitungen für die Weihnachtsfeierlichkeiten hören. Ich erzählte ihm, was wir vorhatten, und dann öffnete ich die Truhe und zeigte ihm den Christbaumschmuck und die Geschenke. Er konnte fast nicht glauben, daß Menschen in der Ferne so wunderbare Geschenke für Kinder schickten, die sie nie gesehen hatten. Er fand das eine sehr selbstlose Art zu schenken. Besonders entzückt war er über die Puppen. Wie ein Kind nahm er sie alle in die Arme und versuchte, die hübscheste herauszusuchen, aber sie waren alle so hübsch, daß es ihm unmöglich war. Er scherzte: «Fast wünschte ich, ein Kind zu sein, um eine zu bekommen.»

Doch den Mönchen und Priestern gefiel es gar nicht, ihn in dieser heiteren Laune zu sehen. Ich machte mir Sorgen um den Bischof. Ich hatte das Gefühl, er würde in seinem Heimatland in Schwierigkeiten geraten. Auch war er dagegen, daß Pater Petellin weiterhin Russisch unterrichtete. Er sagte, dies sei Amerika, und die Kinder sollten die Sprache ihres Landes lernen. Ich erfuhr, daß er das gleiche in der russischen Mädchenschule in Kodiak gesagt hatte, die von der Zarin unterstützt wurde und wo keine andere Sprache als Russisch erlaubt war.

Fast ein Jahr nach diesem Besuch fragte ich Pater Petellin, was er vom Bischof gehört habe. Er sei nach Rußland zurückberufen worden, das war alles, was Pater Petellin wußte.

5

Die Jahreszeiten

Die unterschiedliche Ernährungsweise der Russen und der Aleuten hing mit dem Gartenbau zusammen. Die russischen Sträflinge hatten ihn auf der Insel eingeführt, und die Russen erzählten mir, einige der Gärten wären hundert Jahre alt. Sie zogen verschiedene Gemüse, hauptsächlich aber Kartoffeln, die sie nach einer uralten und umständlichen Methode anbauten. Etwa fünfunddreißig Zentimeter des Mutterbodens wurden vom Beet abgetragen und beiseite getan, dann wurde eine dicke Schicht Seetang hineingelegt, den die Familien in *dorys*[1] sammelten. Darauf kamen die Saatkartoffeln, und diese wurden mit dem Mutterboden bedeckt. Die Kartoffeln vermehrten sich reichlich, und wenn die Frauen sie im Herbst ausgruben, waren sie glatt und tadellos. Viele russische Familien hielten auch eine Kuh aus alter russischer Zucht: kurzbeinig und kräftig gebaut, mit gelblichbraunem Fell und Haarbüscheln, die ihnen üppig über das ganze Gesicht und die Augen wuchsen. Wer eine Kuh hatte, säte Gras für Heu auf den kleinen Plätzen zwischen Felsen, Bäumen und Baumstümpfen.

Die Bewohner des Aleutendorfes hatten keine Gärten, denn im Sommer gingen sie zum Fischfanglager und blieben dort bis zum Herbst. Das bedeutete nicht, daß sie überhaupt kein Gemüse aßen. Im Frühjahr sammelten sie wildwachsenden Sellerie und zarte, milde Zwiebeln, die in sumpfigen Hainen gediehen; sie aßen den ganzen Sommer über wilden Rhabarber, wilde Petersilie und wilden Reis. Doch sie mochten keine wildwachsenden Kartoffeln, und im Winter fehlte es ihnen an Gemüse.

Als der Sommer kam, legte ich einen großen Schulgarten mit breiten Blumenrabatten an den Rändern und Reihen von Gemüse in der Mitte an. Die Landwirtschaftliche Forschungsstation in Sitka schickte uns Samen und Pflanzen. Ich brachte den Kindern bei, wie man bei uns anpflanzt, denn ich dachte, daß sie vielleicht mehr Gartenbau betreiben würden, wenn die Arbeit leichter wäre: kein Abtragen und Wiederaufschichten der Erde.

Wir pflanzten rote Bete, weiße Rüben, Karotten, Pastinaken, Kohl, Rettich, Zwiebeln, Blattsalat und natürlich Kartoffeln. Es gab fast jeden Tag Regen, und die Sommersonne schien hier im Norden so viele Stunden, daß alles schnell wuchs, so daß das Gemüse außerordentlich zart und wohlschmeckend gedieh. Da hatten die Schüler in den Pausen immer etwas zum Knabbern. Die weißen Rüben waren in diesem Klima so sämig und zart wie Äpfel, und die Kinder aßen sie auch wie Äpfel.

Ich hatte gehofft, daß Washington mir zum Schulbeginn im Herbst noch einen oder zwei Lehrer schicken würde. Jedoch das neu erlassene Nelson-Gesetz kam dazwischen. Im großen und ganzen war es ein gutes Gesetz; es erlaubte den Bürgern in nicht eingemeindeten Siedlungen, ihre eigenen Schulen zu verwalten und ihre eigenen Lehrer zu wählen genauso wie Bürger in eingemeindeten Siedlungen. Der Gouverneur von Alaska stellte geeigneten Bewerbern die Zulassung als Lehrer aus. Die Lehrer, die von den sogenannten Nelson-Schulen gewählt wurden, bezahlte der Gouverneur aus Mitteln des US-Finanzministeriums. Das Gesetz galt für Orte mit mindestens fünfzehn weißen Kindern, und nach dem Gesetz galt ein Kind als weiß, wenn der Vater weiß war.

Afognak fiel unter das neue Gesetz. Voraussetzung war jedoch, daß die Bürger für die Schule und die Einrichtung eine Bürgschaft übernommen hatten. Dies war in Afognak nicht geschehen, und nun war es zu spät, um in diesem Winter noch eine Nelson-Schule zu eröffnen.

Als ich zusätzliche Lehrkräfte anforderte, klärte ich Washington über die Verhältnisse auf. Daraufhin teilte man mir mit, ich dürfe nur Aleuten aufnehmen. Man stelle sich das vor! Alle anderen Kinder sollten einen ganzen Winter lang keinen Unterricht erhalten!

Das wollte ich mir nicht gefallen lassen. Ich schrieb zurück und verlangte, daß alle Kinder aufgenommen würden. Ich würde mein Bestes tun, ebenso wie im vorigen Jahr. Die Antwort kam, daß mir erlaubt sei, sie aufzunehmen, aber sie würden als Besucher betrachtet und ich dürfe sie in meinen Berichten nicht erwähnen.

Mehr als fünfzig Besucherkinder jeden Tag! Aber sie erfuhren nie, daß sie nur Besucher waren. Ich gab einfach bekannt, daß alle Kinder zur Schule kommen sollten, und teilte sie in Klassen ein und gab ihnen Noten. Dann schrieb ich zwei verschiedene Berichte und schickte beide nach Washington.

Wie hätte ich Ephram Derenoff sagen sollen, er sei nur ein Besucher? Seine Mutter kam, in Begleitung einer Freundin als Dolmetscherin, um sich nach dem Fortschritt ihres anderen Sohnes Elijah zu erkundigen. Ich versicherte ihr, sein Betragen sei gut und er lerne fleißig, und ich fragte, warum sein älterer Bruder nicht in der Schule sei. Ich machte ihr klar, daß keine Zeit zu verlieren sei, da er schon vierzehn war. Wenn er ein erwachsener Mann sei, würde er sich schämen, daß er nicht Englisch lesen und schreiben konnte.

Sie war erstaunt, daß ich Ephram kannte. Sie sagte, sie wüßten nicht, wie sie ihn entbehren könnten, aber sie würde mit seinem Vater sprechen, und wenn sie könnten, würden sie ihn zur Schule schicken. Ephram kam am nächsten Tag und jeden Tag danach. Glücklicherweise hatte er schon mit der Fibel angefangen und kannte die Aussprache der Buchstaben, was ihm viel Zeit ersparte. Er arbeitete früh und spät und las bald gut in dem Lesebuch für die dritte Stufe und dem zusätzlichen Lehrmaterial.

Was mein Herz rührte, war, wie seine Eltern ihm den Schulbesuch ermöglichten. Mrs. MacDonald erzählte mir, daß Ephram ganz allein auf einer kleinen Insel nahe der Küste lebte, um Heu zu mähen und das Vieh der Familie zu hüten. Er fütterte es, wenn es zu stürmisch war oder der Schnee zu tief, jagte Wild für sich selbst und wohnte in einer Hütte.

Was konnten sie tun? Ephrams Vater mußte Brennholz aus dem Wald holen und im Meer fischen. Er mußte von Zeit zu Zeit einen Bären schießen, wegen des Leders, um ihre Stiefel zu besohlen. Mrs. Derenoff konnte das alles nicht tun, aber sie konnte die Kühe füttern. Also verließ sie ihr Haus im russischen Dorf, um den ganzen Winter allein in der trostlosen Hütte zu verbringen. Konnten Eltern größere Opfer für die Erziehung eines Kindes bringen?

Ich hatte eine andere neue Schülerin aus einem einsamen Inselhaus, ein zehnjähriges Aleutenmädchen. Sie war ein niedliches kleines Ding! Ihre Mutter hatte im Laden seidig schimmernden Stoff mit großen Blumen gekauft und ihr ein neues Kleid genäht, in dem sie zur Schule ging. Es war am Hals gekräuselt, hatte weite Kimonoärmel und reichte bis zum Boden. Sie sah aus wie eine Japanerin, ja wie eine große japanische Puppe.

Wir hatten eine besondere Wachspuppe mit goldenen Lokken, die mir von einem kleinen Mädchen in Seattle geschickt worden war; sie hatte noch mehr Puppen, aber diese war ihre Lieblingspuppe gewesen, und sie hatte beschlossen, sie den kleinen Mädchen in Alaska zu schenken. Um diese Großzügigkeit wirklich zu würdigen, benutzte ich die Puppe als Maskottchen. Jeden Tag durfte das Mädchen, das die fleißigste Schülerin gewesen war, die Puppe mit nach Hause nehmen und über Nacht behalten. Das ganze Jahr war die Puppe in dem einen oder anderen Haus und wurde nie zerbrochen. Auch ihre Kleider waren nie schmutzig, denn die älteren Mädchen wuschen sie.

Das kleine puppenhafte Aleutenmädchen war so entzückt von unserer Wachspuppe, daß ich ihr erlaubte, sie auf den Arm zu nehmen, obwohl sie sich das Recht dazu nicht verdient hatte. Sie saß den ganzen Tag da und liebkoste die Puppe. Am

Abend wollte sie sie mit nach Hause nehmen. Die anderen Mädchen stimmten zu, und durch eine Dolmetscherin versprach sie, vorsichtig mit der Puppe umzugehen. Aber am nächsten Tag brachte sie sie nicht zurück und weigerte sich auch danach entschieden, sich von ihr zu trennen, sie liebte diese Puppe zu sehr. Ich verstand ihre Gefühle, denn meine Puppen hatten mir auch soviel bedeutet. Sie war zu jung, um Vernunftgründen zugänglich zu sein. Sie wollte die Puppe einfach haben und nicht hergeben.

Also schlug ich alle Grundsätze in den Wind und ließ über die Sache abstimmen. Die Mädchen stimmten dafür, ihr die Puppe zu schenken. Ich glaube, das Mädchen in Seattle hätte es auch so gewollt. Wenn dieses kleine Mädchen ein paar Jahre zur Schule gegangen war, würde sie an dieses Ereignis zurückdenken und es in der richtigen Perspektive sehen. Es war gut für sie, kein einziges böses Wort oder Gesicht in Erinnerung zu haben, denn nicht das geringste von diesem ersten Schultag würde sie vergessen, solange sie lebte.

Sommer und Herbst waren wunderschöne Jahreszeiten auf Afognak. Im Sommer begann es bereits um zwei Uhr morgens zu dämmern, angekündigt von Amethystblau, das sich mit dem dunklen Blau der Nacht vermischte, und dann kam ein großes Auflodern von Gold. Der Himmel war so blau, das Gras so grün und die Luft so warm und mild! Jeder Baumstumpf war mit farnartigem Moos bedeckt, und die Luftmoose, die von den Bäumen herabhingen, verliehen den Wäldern eine tropische Atmosphäre. Die Blüten des Löwenzahns, der am häufigsten vorkommenden Wildblume, waren so groß, leuchtend und großblättrig wie Astern.

Die Kette der Inseln und Berge, zu der Afognak gehört, ist Erdverschiebungen ausgesetzt, und die Tiere spüren die Erschütterungen, bevor die Menschen sie wahrnehmen. Eines Samstags, als ich allein zu Hause war, wurde ich einer ungewöhnlichen Stille gewahr, die über dem Meer und dem Land lag. Eine schmutziggelbe, tiefhängende Wolkenbank warf ein seltsames gelbliches Licht. Plötzlich glaubte ich vom oberen

Stockwerk ein knirschendes Geräusch zu vernehmen. Es schoß mir durch den Kopf, das Haus könne brennen und die Balken einstürzen, doch als ich die Treppe hinauflief und oben ankam, konnte ich nichts feststellen. Draußen heulten die Hunde, und auf dem Kliff scharrte eine kleine russische Kuh aufgeregt auf der Erde. An diesem Verhalten erkannte ich, daß es ein Erdbeben geben würde. Gleich darauf bebte die Erde und dann noch einmal. Diese leichten Erdbeben kamen häufig vor, doch sie erschreckten einen, selbst wenn sie nicht mehr Schaden anrichteten als das Klappern eines Geschirrs.

Erdbeben bringen natürlich immer die Gefahr einer Flutwelle mit sich. Die Aleuten hatten die Lage ihres Dorfes umsichtiger ausgewählt als die Russen. Hinter der Siedlung der Aleuten war freies Land bis zu den Berghängen, die steil weiter im Innern des Landes aufstiegen. Doch zwischen dem russischen Dorf und dem dahinterliegenden Berg lag ein furchterregender, unendlich tiefer See.

Im Winter, wenn die Leute frischen Fisch haben wollten, brauchten sie nur drei Meilen hinaus aufs Meer rudern, um mit riesigen Haken und Seilen gewaltige Hundshaie zu fangen. Sie benutzten Walöl als Bratfett.

Den ganzen Winter über erbeuteten die Trapper prächtige Felle, besonders dicke Fuchspelze, aber auch Marder, Nerze und Hermeline. Ich sah so viele Pelze, die getragen wurden oder herumhingen, daß ich mir bald nichts mehr aus ihnen machte, doch meine Freunde in den Staaten um so mehr. Ich schickte ihnen Fuchsfelle, die im Preis zwischen einsfünfzig und sieben Dollar pro Pelz lagen, und Hermeline, das Stück zu fünfundzwanzig Cent. Für mich selbst kaufte ich das riesige Fell eines Kodiakbären mit braunem seidigen Pelz und ließ es gerben und einen vier Meter langen Teppich daraus arbeiten.

Mein erster Winter in Afognak war mild, mit Temperaturen nicht unter minus zehn Grad. Jedes Kind brachte, wenn es konnte, eine Topfpflanze mit zur Schule. Keine erfror! Jedes Haus im russischen Dorf hatte in jenem Jahr ein Blumenfenster mit Rosen, die den ganzen Winter hindurch blühten, ei-

auf käme, und er erklärte, heute morgen habe Pater Petellin sie geheißen, in die Luft hinauf zu feuern, um den Teufel zu erschießen. Aber wenn er taufte, dann taufe er unten. Ich redete mit Pater Petellin und fragte ihn, warum er diese armen unwissenden Leute glauben ließ, daß sie den Teufel erschießen konnten. Es war ihm etwas peinlich, glaube ich, aber er sagte, das sei ein alter Brauch. Ich schlug ihm vor, einige dieser alten Bräuche abzuschaffen, denn wenn die Leute erst aufgeklärt wären, dann würden sie anfangen, selbst nachzudenken, und dann müßte man ihnen diese Dinge erklären. Ich vermutete, daß es von da an kein Teufelerschießen mehr geben würde.

Als letzten Akt der Zeremonien dieser Woche tauchte Pater Petellin das vergoldete Kreuz durch das Loch im Eis ins Wasser. Dies sollte angeblich den ganzen See heilig machen, doch nur für diesen einen Nachmittag. Die Leute füllten Krüge, Flaschen und Behälter aller Art mit dem Wasser aus dem See und trugen sie nach Hause. So hatten sie einen Vorrat an Weihwasser für das ganze Jahr.

Ich verstand solche Zeremonien nicht, und die Leute taten es auch nicht. Jedoch alles, was gute, reine Gedanken erzeugt, ist nicht umsonst, und sicherlich weckten die Zeremonien dieser Woche ein Verlangen, das Rechte zu tun. Nur wünschte ich, der Priester und der Vorleser hätten all die Erkältungen der jüngeren Leute und die Schmerzen der älteren kuriert, die durch das lange Knien und Stehen auf dem Eis verursacht wurden. Nachdem die Riten vorüber waren, habe ich soviel Zwiebelsirup für die Kinder gekocht, daß ich den ganzen See damit hätte parfümieren können, wenn er dadurch auch nicht heilig geworden wäre.

Gegen Ende des Winters zogen ein anderer Priester und seine Frau vorübergehend nach Afognak. Ihre Kinder waren alle schon erwachsen und verheiratet und lebten anderswo. Er war von seinem Kirchenamt suspendiert worden, weil er häufig betrunken gewesen war. Er erklärte es damit, daß er Hunderte von Kilometern im Hundeschlitten zurücklegen mußte und auf diesen Reisen zu trinken begonnen habe. Danach konnte er nicht mehr aufhören. Wenn er sich während der sechs Monate in Afognak besserte, sollte er eine andere Kirche bekommen. An einem Samstagnachmittag lud ich ihn und Pater Petellin mit ihren Frauen zum Essen ein. Die Damen sprachen nur russisch, und ich unterhielt sie zumeist mit Bildern. Nach dem Essen wollten sie das Geschirr abwaschen, und ich ging ins Wohnzimmer und stellte fest, daß es leer war. Dann sah ich Rauch hinter der offenen Tür aufsteigen. Die beiden Priester in ihren langen schwarzen Talaren hatten sich zwischen Tür und Wand gezwängt und rauchten Zigaretten. Ich rief ihre Frauen, damit sie sich an diesem lächerlichen Anblick ergötzen konnten, und wir alle fünf lachten herzlich. Ich sagte den Männern, es sei nicht nötig, daß sie sich hinter der Tür versteckten, um ihren Weihrauch abzubrennen. War das nicht kindisch, sich so zu schämen, vor mir nach der Mahlzeit ihre gewohnte Zigarette zu rauchen?

Das Essen im russischen Dorf war köstlich, besonders an Feiertagen. Für ein Gericht, das sie *peruk* nannten, mischten die Frauen Lachs, gekochten Reis, hartgekochte Eier, gewürfelten Speck, Petersilie, Zwiebeln und Butter, füllten die Mischung in eine Backform, gossen eine Sahnesoße darüber und bedeckten sie mit Teig. Sie erzählten mir, daß dieses Gericht in Rußland als erster Gang serviert werde, doch in Afognak wurde es selten zubereitet, weil es teuer war, und deshalb war es der erste und alle weiteren Gänge.

Hochzeiten waren die aufwendigsten gesellschaftlichen Ereignisse des Dorfes. Es war Sitte, daß der Bräutigam für das Kleid bezahlte, das sich die Braut im Geschäft aussuchte. Das Gewand war gewöhnlich aus leuchtendbunter Seide mit mehreren Reihen weißer Spitze am Rock. Das Geschäft hatte Ballen von zartem Tüll vorrätig, und die Frauen verstanden sich ausgezeichnet auf die Kunst, Schleier zu drapieren. Er wurde an einem Kranz von Papierrosen auf dem Kopf der Braut befestigt und fiel in Kaskaden herab, so daß die Braut von Kopf bis Fuß in ihn eingehüllt war.

Land zu bieten hatte, und waren mit großen Schüsseln voller Äpfel und Orangen dekoriert. Ein Mann an unserem Tisch erhob sich und fragte mich, ob ich es vorziehe, daß an dem Tisch, an dem ich saß, kein Alkohol serviert würde. Ich erwiderte, daß ich nicht stören wolle und auch gerne wieder ginge, aber ich wünschte nicht, an einem Tisch zu essen, an dem getrunken werde. Sie sagten, ich solle bleiben, also aß ich so schnell, wie es anständigerweise möglich war, und dann entschuldigte ich mich. Pater Petellin, erfuhr ich später, war verärgert, denn sobald ich gegangen war, wurde der Alkohol wieder gebracht, und niemand fragte ihn, ob er etwas dagegen habe. Man erzählte mir auch, daß die Väter meiner Schüler enttäuscht gewesen wären, wenn ich nicht gegen den Alkohol Einspruch erhoben hätte.

Abends nach dem Festmahl war ein großer Tanz im Saloon. Die Feiernden fanden nicht vor dem frühen Morgen nach Hause.

Die ganze nächste Woche wurde weitergefeiert. Tagsüber machten Braut und Bräutigam Besuche. In jedem Haus des Dorfes war ein Teetisch gedeckt, und das junge Paar trank überall Tee und aß Rosinen, Nüsse, Kuchen und Süßigkeiten. Dann tanzten sie die ganze Nacht, jede Nacht. Als die Woche zu Ende war, war das prächtige Hochzeitskleid der Braut ziemlich besudelt.

Das gesetzliche Alter für eine Heirat war sechzehn Jahre, doch manche Leute umgingen das Gesetz, so zum Beispiel meine Schülerin Daria Taludin aus dem Aleutendorf. Daria war das ärmste Kind der Schule, und es hatte mich große Mühe gekostet, ihr beizubringen, ihre Kleider zu flicken und halbwegs ordentlich zur Schule zu kommen. Eine Sache, die ich nicht dulden konnte, war, daß fast immer Federn vom Kopfkissen in ihren Haaren hingen. Oft schickte ich sie nach Hause, wo sie sich präsentabel machen sollte. Sie war vierzehn, aber sie wirkte wie ein kleines Mädchen mit ihren kurzen Kleidern und den Zöpfen. Das arme Kind lebte ganz allein bei einer alten Großmutter, die stockblind war. Eines Morgens ging ich in das Aleutendorf und teilte ihr mit, sie könne nicht mehr zur Schule kommen, bis sie ihr altes, verwahrlostes Einzimmerhaus geputzt und sich ein sauberes, geflicktes Kleid angezogen habe. Als ich am selben Tag nach der Schule auf ihr Haus zuging, kam Daria mir entgegengelaufen und zeigte mir stolz ihr sauberes Kleid. Welche Verwandlung! Das Zimmer war blitzsauber und Daria ebenso. Sie hatte soviel geschafft, daß ich vermutete, die Nachbarn hatten ihr geholfen. Und das hoffe ich auch.

Daria war höchstens fünfzehn, vielleicht sogar noch vierzehn, als Jack Keegan, ein wohlhabender und sehr liebenswerter Ire von etwa vierzig Jahren, ihr einen Heiratsantrag machte; und sie nahm ihn an. Mr. Keegan erzählte seinen Freunden, er würde eine bessere Frau bekommen als sie alle, denn er werde Daria zu einer guten Hausfrau erziehen. Vielleicht wegen des Problems mit ihrem Alter erfuhr ich von der Verlobung erst, als die Hochzeit bevorstand.

Wie sehr hatte Daria sich verändert! Die Verwandlung war noch größer als die ihres Hauses, nachdem sie es zum ersten Mal geputzt hatte. Sie kam dahergerauscht in einem Kleid, das den Boden berührte, ihre Haare hatte sie hochgesteckt. Diese Hochzeit war die übliche, mit Papierrosen und langem Schleier, und Jack Nielson, dessen Hochzeit erst vor kurzem gefeiert worden war, wurde zum Paten des Bräutigams ernannt. Ich hatte Angst, er würde mit dem Brotlaib Jack Keegans Kopf abschlagen. Die Feierlichkeiten dauerten die ganze Woche, es wurde den ganzen Tag gegessen und getrunken und die ganze Nacht getanzt, und am Ende der Woche war Daria eine anerkannte Dame der Gesellschaft des russischen Dorfes.

Ein anderer Heiratsantrag bereitete mir große Sorgen. Etwa zu der Zeit, als ich nach Afognak kam, verliebte sich ein schönes junges Mädchen namens Lavia in einen durchreisenden Goldsucher. Ich hatte nie mit ihm gesprochen, hatte ihn aber oft gesehen. Er war mittelgroß und hatte schwarzes Haar und einen schwarzen Schnurrbart. Lavia war blauäugig und blond. Die beiden rissen aus, gingen zu einem staatlichen Friedens-

umhüllten Brett, das über die Sitze zweier Stühle gelegt worden war, und hielt einen winzigen toten Säugling im Arm. Ihr Mann saß da mit gesenktem Kopf, auf dem Schoß ein dreijähriges Kind, neben ihm die beiden anderen Kinder, Darie und Johnny, die viel älter aussahen, als sie an Jahren zählten. Die «alte Frau», die sich um alle trauernden Familien kümmerte, saß vor einem kleinen Pult, auf dem eine aufgeschlagene Bibel lag, während der Vorleser, Mr. Sheratine, in monotonem Tonfall endlos slawische Wörter leierte. Ich dachte wieder einmal, was hier ausgedrückt wird, ist eine Sehnsucht nach dem Licht, mit den Mitteln, die diesen Menschen zur Verfügung stehen.

Währenddessen kamen die Frauen des Dorfes herein, eine nach der anderen, jede in einen großen, schwarzen Schal gehüllt, so daß er fast ihr Gesicht verbarg. Sie setzten sich in Reihen auf den Boden und wehklagten und wiegten sich im Takt. Draußen in der Vorhalle zimmerten die Männer den Sarg. Das Geräusch des Hämmerns begleitete die leisen Klagen der Frauen und das monotone Rezitieren des Vorlesers.

Als der Sarg fertig war, bedeckten die Männer ihn mit blauem Kattun und legten ihn mit weißem Musselin aus, und auf die Mitte des Deckels wurde ein aus Musselin genähtes Kreuz gelegt. Am nächsten Morgen brachte ich Spitzen und Bänder, um das Kissen einzufassen, und die anderen Frauen die schönsten Blüten ihrer Zimmerpflanzen, die sie um den Leichnam legten.

Die Leute, auch die nächsten Angehörigen, traten zurück, als der Leichenzug sich Richtung Kirche in Bewegung setzte. Zwei Ministranten gingen voraus, der erste trug eine große brennende Kerze in einem Messingleuchter, der zweite trug das Kreuz. Dann folgten zwei Männer mit dem Deckel des Sarges, der an jedem Ende mit einem Blumenkranz gekrönt war, auf ihren Köpfen. Hinter ihnen trugen vier Männer den Sarg auf zwei breiten Musselingurten. Den Leichnam hatte man mit einem buntgestreiften Schal zugedeckt. Der Vorleser folgte, er hielt eine große aufgeschlagene Bibel, und zuletzt kam Pater Petellin mit dem vergoldeten Kreuz. Neben dem

Sarg ging ein Mann mit Hammer und Nägeln. Die ganze Zeit über läuteten klagend die Kirchenglocken.

Die Familie und die übrige Gemeinde trotteten hinterher, wie es gerade kam, alle sangen in gedämpftem, schwermütigem Ton ein geistliches Lied. Als der Leichnam in der Kirche aufgebahrt worden war, wurde Weihrauch abgebrannt. Dann kam ein Ritus, der mich entsetzte. Jeder Mann, jede Frau und jedes Kind trat an den Sarg heran und küßte den Leichnam auf den Mund. Selbst Säuglinge wurden hochgehoben und ihre Mündchen an den Mund der toten Frau gelegt. Ich nahm mir vor, bei Pater Petellin gegen diese Unsitte Einspruch zu erheben und zu verlangen, daß dies nicht wieder vorkomme.

Als der Leichenzug zum Friedhof aufbrach, änderte sich die Stimmung vollkommen. Die Kirchenglocken läuteten fröhlich, und das Lied der Menge war ein Jubelschrei. Als das Wasser aus dem Grab geschöpft und der Sarg versenkt worden war, trat jeder einzelne vor und warf Hände voll Erde hinein, bis das Grab voll war. Und dann wurden Steine zu einem Hügel aufgehäuft.

Während das geschah, tat mir das Herz weh für den armen Witwer. Er ging beiseite, legte seinen Kopf auf das Geländer eines Zauns und schluchzte bitterlich. Es galt das Gesetz, daß ein Mann sich nach vierzig Tagen wiederverheiraten konnte. Mr. Malutin gab seine drei Kinder weg, und nach genau einundvierzig Tagen war er wieder verheiratet. Da beschloß ich, kein Mitleid mehr an die Witwer dieses Dorfes zu vergeuden.

Die Insel Kodiak ist hundertsiebzig Kilometer lang und achtzig breit und hat einige kleinere Siedlungen entlang der Küste. Damals, 1906, war das Landesinnere noch nicht erforscht, doch von den bereits erklommenen Höhen sah man, so weit das Auge reichte, endlose Reihen schneebedeckter Gipfel und schneebepackter Hochtäler.

Ich wohnte bei den Goss', der Familie des Geschäftsführers der Alaska Commercial Company. Kodiak war noch vor Sitka die russische Hauptstadt gewesen, und Goss' Haus war die Villa des ehemaligen Generalgouverneurs Alexander Baranov. Den Dachfirst des Hauses krönte eine Büste Peters des Großen[1]. Ich hörte, wie der Geschäftsführer zu einem Zimmermann, der das Dach reparierte, sagte: «Und Sie können auch gleich Peter anmalen, wenn Sie schon einmal oben sind.»

Viele andere alte Gebäude waren noch erhalten. Das bemerkenswerteste war meiner Meinung nach das Lagerhaus am Kai, das in einer Bauzeit von zwanzig Jahren errichtet worden war. Die Stämme des Blockhauses stammten von Mammutbäumen und müssen aus großer Entfernung herbeigeschafft worden sein, vielleicht aus British Columbia oder von noch weiter südlich, denn in Südalaska hatten Bäume nicht annähernd diese Größe. Das riesige, düstere Gebäude war immer dunkel und kühl, selbst im Sommer, und das war beabsichtigt, denn es wurden dort Pelze gelagert.

Zur Zeit meines Aufenthalts in Kodiak wurde Miss Vonderfour, die Direktorin des Mädcheninternats der Zarin, entlassen und von der Zarin nach Rußland zurückberufen. Es hieß, sie habe früher als Gouvernante am Hof der Zarin gelebt. Sie sprach gut Englisch, und dem Gerücht zufolge hatte sie ihren Schülerinnen erlaubt, englisch zu reden. Sie soll auch über Amerika unterrichtet haben, und Priester in Kodiak hatten sich offensichtlich bei der Obrigkeit in Rußland darüber beschwert.

Als sie schon entlassen worden war, lud Miss Vonderfour mich und meine Freundin Mrs. MacDonald ein, sie an einem

Nachmittag zu besuchen und unsere Handarbeit mitzubringen. Sie wohnte vorübergehend in zwei spärlich eingerichteten Zimmern eines leeren Hauses. Sie servierte uns köstliche Erfrischungen, Orangensaft und kleine, runde Kuchen. Sie war traurig und fühlte sich ungerecht behandelt und hoffte, Arbeit in Alaska zu finden, weil sie glaubte, das sei sicherer für sie, als nach Rußland zurückzukehren.

Die Forschungsstation in Kodiak wurde von einem Mann der Staatlichen Landwirtschaftsschule von Kansas betrieben. Eines seiner Hauptprojekte war es, Galloway-Kühe einzuführen und sie an das Klima zu gewöhnen. Diese schwarzen, stämmig gebauten Rinder mit zottigem Fell konnte man aus der Ferne leicht mit Büffeln verwechseln. Ein paar Jahre zuvor hatten Fry Bruhm and Company Hunderte von Schafen nach Kodiak Island geschickt, um dort eine Herde anzusiedeln. Irrtümlich wurden sie in der Stadt Kodiak an Land gebracht, meilenweit entfernt von dort, wo sie gehalten werden sollten, und es gab keine andere Möglichkeit, sie dorthin zu bringen, als in Booten. Während eines Schneesturms wurden sie an Land gesetzt, gerieten in Panik und rannten in alle Richtungen davon. Es hieß, sie seien samt und sonders im Sturm umgekommen. Auf Jahre hinaus hatten die Bewohner von Kodiak eine Menge gutes Wollgarn, denn es war ihnen erlaubt worden, die erfrorenen Kadaver zu scheren. Sie reinigten, krempelten und spannen die Wolle mit den primitivsten Geräten.

Aus der ganzen Welt kamen Bärenjäger nach Kodiak. Ebenfalls Gast während meines Aufenthalts im Haus der Goss' war Captain Floyd Harris, ein Soldat und Gelehrter, der amerikanischer Militärattaché war. Er hatte in einer Londoner Pelzhandlung das Fell eines riesigen Braunbären gesehen, das, wie man ihm sagte, von einem Kodiakbären stammte. Obwohl er in vielen Teilen der Welt gewesen war, hatte er noch nie von Kodiak gehört. Er beschloß, einen solchen Bären selbst zu jagen. Mit Old Fred, dem besten Bärenjäger der Insel, verbrachte er vierzehn Tage in der Wildnis und kam mit vier riesigen Pelzen zurück. Dann ergötzte er

heftig, daß es für ihre *bidarkas* unmöglich war, auszufahren. Voller Angst verkrochen sich die Männer in ihre eigenen *barabaras*. Endlich sahen sie ein, daß sie den Anweisungen des Mönchs gehorchen mußten, also schlichen sie sich wieder zu seinem *barabara*, trugen den Leichnam zu der kleinen Erdkapelle und begruben ihn genau so, wie er es befohlen hatte. Kaum waren sie damit fertig, als der Sturm sich legte und das Meer so ruhig wie ein Teich im Juni wurde.

Unter den Papieren, die Gregory den Männern gegeben hatte, war die Anweisung, daß man ihn nach hundert Jahren aus seinem Grab nehmen solle. Er sagte voraus, daß das Grab in der Form eines Kreuzes aufbrechen würde und daß sein Leichnam wie ein Stein sein würde und Kranke heilen könne. Er schrieb ferner, daß Gläubige, die an sein Grab kämen, während er noch darin läge, und ein wenig Erde davon nähmen, geheilt würden.

Zu der Zeit, als ich dort war, waren gerade etwa hundert Jahre vergangen, und das Grab war noch nicht aufgebrochen. Doch die Eingeborenen sagten, er habe andere Prophezeiungen gemacht, die sich erfüllt hätten: über die fremden Menschen, die zu ihnen kommen, und die seltsamen Maschinen, die sie benutzen würden. Wenn die Leute Lichter benutzen würden, die blitzartig an- und ausgingen, hatte er gesagt, dann sei das Ende der Welt nahe.

Seit seinem Begräbnis waren in Abständen von zehn Jahren Delegationen von Priestern und Mönchen aus Rußland nach Alaska gekommen und hatten sein Grab besucht. Die letzte Delegation war ungefähr 1890 gekommen. Seitdem hatte Rußland niemanden mehr geschickt. Den Bewohnern der Insel war ihr ganzes Leben eingeprägt worden, auf das Aufbrechen des Grabes zu warten, und sie waren neugierig, was man darin fände.*

Als Bischof Innocent mich in Afognak besuchte, befragte ich ihn zu der Geschichte, die mir dort zum ersten Mal erzählt

---

* Siehe «Wer war der russische Mönch Gregory?», S. 274.

worden war. Und ich fragte ihn, ob er glaube, daß ein Mönch ein Heiliger sei, wenn sein Leichnam zu Stein würde. Ja, sagte er, das glaube er. Wenn ein Körper nicht verwese und wie Marmor sei, wenn er nach hundert Jahren ausgegraben würde, dann habe er große Heilkraft. Ein solcher Heiliger, sagte er, sei kürzlich in Rußland entdeckt und in einer der Kathedralen in einen goldenen Sarg gelegt worden, und die Menschen, die zu ihm kamen, wären geheilt worden. Er fügte hinzu, Heilige seien auf Erden gute Menschen gewesen.

Ich war überrascht, daß Bischof Innocent den Aberglauben über Gregory unterstützte. Mrs. MacDonald, die eine gebildete und intelligente Frau war, war ebenfalls ihr Leben lang gelehrt worden, auf das Aufbrechen des Grabes zu warten, und sie fragte mich nach meiner Meinung. Was konnte ich sagen? Ich sagte, ich wisse nichts darüber, fragte sie aber, was sie von dem strikten Befehl halte, daß seine Kleidung nicht gewechselt werden durfte und daß man ihn einfach in die Erde legen und dann mit der Erde bedecken sollte, die er vorbereitet hatte. Sei niemand auf den Gedanken gekommen, daß vielleicht Chemikalien benutzt worden seien? Sie sagte, daran hätten sie nie gedacht.

Auf Wood Island, wohin ich als nächstes ging, fühlte ich mich ganz zu Hause, weil die Bevölkerung dort sehr ähnlich war wie auf Afognak. Der Mittelpunkt des Lebens auf der Insel war die Baptistenmission mit einem Waisenhaus und einer Schule. Die Eingeborenen lebten in einer Siedlung auf der einen Seite und diejenigen, die sich als russisch bezeichneten, auf der anderen, beide in einiger Entfernung von den Missionsgebäuden.

Wood Island hatte die schönste Landschaft, die ich je gesehen habe; ich dachte, auf der ganzen Welt könne es kein schöneres Fleckchen Erde geben. Es war so bezaubernd, daß ich fast, wenn auch nicht ernstlich, in Versuchung kam zu bleiben, als mir der Leiter der Mission eine Stelle an der Schule anbot. Auch zwei andere Schulen in der Umgebung machten mir Angebote, und eine Delegation von drei Männern aus Afognak kam und versuchte noch einmal mich zu überreden, die neue Nelson-Schule zu übernehmen. Für alle diese Stellungen wurden höhere Gehälter gezahlt als für diejenige im abgelegenen Landesinnern. Doch die Menschen dort draußen, die so allein waren und sich nach dem Licht sehnten, brauchten mich. So blieb ich bei meinem Entschluß, zu ihnen zu gehen. Ich hatte einige Zeit Anthropologie studiert und konnte daher wissenschaftlich an meine Arbeit herangehen. In neun von zehn Fällen, dachte ich, würden die Leute dort in dieser unzivilisierten Gegend eine Lehrerin bekommen, die nichts vom Entwicklungsstand einer Rasse oder eines Kindes verstand.

Die erste Etappe meiner Reise ins Landesinnere war eine Dampferfahrt nach Seward. Die Damen von Kodiak und Wood Island hatten eine «Sonnenscheintüte» für mich gepackt, und ich sollte auf meiner Reise jeden Tag ein Päckchen öffnen, solange der Vorrat reichte. Das war ein lieber Gedanke.

Auf dem Dampfer nach Seward war ich zwei Tage lang nicht imstande, meinen Kopf zu heben. Die Decks der *Dora* waren verlassen, so unaufhörlich und übelkeiterregend schaukelte das Schiff, und vom ersten Augenblick der Reise an lag ich in meiner Koje. Am dritten Tag ging es mir etwas besser, aber ich konnte immer noch nicht aufstehen. Die «Sonnenscheintüte» lag in meiner Kabine. Ich betrachtete die vielen Päckchen und fand, daß ich nie wieder so trostbedürftig sein würde. Also öffnete ich sie alle, und das war es dann. Ich las auch alle Weihnachtsbriefe. An Weihnachten konnte ich sie ja noch einmal lesen.

Als ich Seward vor zwei Jahren zum ersten Mal gesehen hatte, war es noch keine Stadt, nur ein paar Häuser und ein Traum. Seither hatte Seward einen rapiden wirtschaftlichen Aufschwung genommen. Eine Gesellschaft hatte in den Vereinigten Staaten Aktien verkauft, um den Bau einer Eisenbahnlinie zu fördern, die die Pazifikküste mit dem Polarkreis verbinden sollte. Die Angestellten der Gesellschaft kamen als erste in die Stadt und bauten eine Reihe teurer, großartiger Bungalows, die «Parvenustraße»[2] genannt wurde. Ein paar vortreffliche Menschen wohnten dort. Aber offensichtlich hatten die meisten von ihnen noch nie in einem Grenzgebiet gelebt. Anstatt derbe Stiefel und praktische Ausgehkleidung zu tragen, schlängelten sie sich in schwarzen Seidenkleidern und eleganten Hüten zwischen Baumstümpfen und Dornengestrüpp hindurch und trugen Besuchskartentäschchen. Ihre einzigen Sorgen waren ihre Teegesellschaften und Hobbys wie Sticken und Fotografieren. Doch ich sagte mir, wahrscheinlich mache ich auf sie einen ebenso lächerlichen Eindruck.

Der Bahnhof und die Verwaltungsgebäude der Eisenbahngesellschaft waren imposant. Die anderen Häuser, mit Ausnahme der Wohnhäuser der Leute, die bei der Eisenbahn beschäftigt waren, waren Blockhütten, und auch diese vermehrten sich schnell. Eine Freundin, die eine Universität im Osten absolviert hatte, wohnte mit ihrem Mann, einem Rechtsanwalt, in einer solchen Blockhütte, die nur aus einem einzigen Zimmer bestand. Sie hielten es für klüger, ein kleines Grundstück zu kaufen, als die astronomischen Mieten zu bezahlen, und sie wollten in ihrer Hütte bleiben, bis sie sicher waren, daß der Boom von Dauer war. Das winzige Grundstück, auf dem sie bauten, kostete sechshundert Dollar.

Ihr einziges Zimmer war ein Musterbeispiel an praktischer Raumeinteilung und dabei geschmackvoll. Es erstaunte mich zu sehen, wie komfortabel und gemütlich sie in einem so kleinen Haus wohnten. An der Wand war ein schwarzes, zwei Meter langes Kaminsims, von dem ein grün und braun gemusterter Vorhang herabhing. Dahinter verbarg sich, hochgeklappt und an der Wand befestigt, ein gutes Bett. Hinter einem Wandschirm in einer Ecke stand ein niedlicher kleiner Herd. In einer anderen durch einen Vorhang abgetrennten Nische standen eine Anrichte, eine Frisierkommode, eine Kleiderpresse und ein Waschständer. Den Wohnraum zierte eine Vitrine mit feinem Porzellan, ferner ein kleiner quadratischer

Eßzimmertisch, vier Eßzimmerstühle, eine Couch und zwei Sessel.

Ich wohnte im Haus eines der Missionare. Die Missionshäuser in Seward waren, anders als in früheren Zeiten, Mittelpunkte des geselligen Lebens. Eine Frau, die mich dort besuchte, war Mrs. Raville, die Tochter Mrs. Lowells, einer Frau halb eingeborener, halb russischer Abstammung, der früher das ganze Gelände des heutigen Seward gehört hatte. Sie hatte den Wert ihres Besitzes nicht einschätzen können und alles, außer einigen Grundstücken, für ein paar tausend Dollar, die sie für ein Vermögen hielt, verkauft. Das Geschäft war vollkommen legal, sagte ihre Tochter, doch andere erwarben ungeheure Reichtümer mit dem Erbe dieser armen Frau.

Mrs. Raville erzählte mir einiges aus dem Leben ihrer Mutter. Ihr Ehemann, Mrs. Ravilles Vater, war Frank Lowell, ein Vetter von James Russell Lowell[3]. Er kam aus Neuengland, als Alaska gerade in amerikanischen Besitz übergegangen war, heiratete, wurde seßhaft und hatte fünf Kinder. Doch dann wurde er es müde, auf der großen einsamen Kenai-Halbinsel zu leben, ging an Bord eines Schiffes und verließ seine Familie. Mrs. Raville, das älteste Kind, war noch ein kleines Mädchen. Sobald sie und der älteste ihrer Brüder groß genug waren, stellten sie Bärenfallen auf. Durch den Schnee watend und vom Wind durchgerüttelt, fingen und schossen die Kinder so manchen Bären, und wenn sie konnten, schleiften sie ihn nach Hause. Wenn ein Bär zu schwer war, häuteten sie ihn an Ort und Stelle und nahmen den Pelz mit nach Hause. Es waren Schwarzbären; sie fingen nie einen Kodiakbären.

Der Existenzkampf der Familie war erbarmungswürdig, doch irgendwie schaffte es Mrs. Lowell mit Hilfe ihrer Kinder, und sie war sogar imstande, den Kindern eine Ausbildung zuteil werden zu lassen. Mrs. Raville erzählte mir auch, daß sie kürzlich von ihrem Vater gehört habe. Er lebe in Karluk auf Kodiak Island. Sie zeigte mir ihr Porträt, das sie ihm schicken wollte, eine große Fotografie im Kabinettformat: ein hochgewachsenes, anmutiges junges Mädchen in ihrem Examenskleid. Sie sehnte sich danach, ihn wiederzusehen. «Schließlich ist er mein Vater, und wenn er nur ein wenig für mich übrig hätte, wäre ich mit Freuden bereit, ihn zu lieben.» Welch kindliche Rasse, so versöhnlich!

Zwei Jahre später, als ich auf Wood Island unterrichtete, kamen vier Damen aus Boston, um ihre Freundin, die Frau des Missionsdirektors, zu besuchen. Als ich hörte, daß eine von ihnen die Witwe des Richters Lowell war, machte ich sie darauf aufmerksam, daß drei kleine Enkelkinder von Frank Lowell in der Missionsstation lebten, und ich erzählte ihr die Geschichte der Familie. Auch ihr Mann war ein Vetter von James Russell Lowell gewesen, demnach waren die Kinder Verwandte ihres verstorbenen Gatten. Hinfort kümmerte sich diese warmherzige, intelligente Frau um ihre drei kleinen Verwandten. Sie fanden in ihr eine gute Freundin.

Die Winter in Seward waren so hart, daß die Schulen den Sommer über offen und dafür im Januar, Februar und März geschlossen blieben. In jenem Sommer, als ich dort war, gab es einen Überfluß an Wildfrüchten. Eines Morgens schickte die Frau des Missionars, in deren Haus ich zu Gast war, ihren Mann mit einem großen Wassereimer hinaus, um Johannisbeeren zu pflücken. In zwei Stunden war er mit dem vollen Eimer zurück. In der Bucht wimmelte es von großen, silbernen Königslachsen. Äschen gab es zwar in ganz Alaska, doch in Seward waren sie ungewöhnlich groß.

Elf Tage hatte ich in Seward auf die Rückkehr der *Dora* gewartet, auf der ich dann die nächste Etappe meiner Reise zurücklegte: eine Tagesreise zum Cook Inlet auf der anderen Seite der Kenai-Halbinsel.

8

Irrfahrt ins Landesinnere

Meine neue Lehrerstelle sollte ich auf einer entlegenen Rentierstation antreten, etwa vierzig Kilometer von dem Dorf Iliamna entfernt, zu dem der Weg wiederum von der Iliamna Bay über die Berge führte. Die *Dora* legte viele Meilen vor der Küste an. Dort befand sich ein Sammelplatz für Reisende, der sogenannte A. C. Point.[1] Diesmal kletterte ich tatsächlich die wacklige Strickleiter des Schiffs hinunter. Zwar war ich nicht mehr gelähmt vor Angst, doch das Manöver war trotzdem entsetzlich für mich.

Man hatte mich angewiesen, alles, was ich an Verpflegung für die Dauer eines Jahres benötigte, selber mitzubringen. Dementsprechend hatte ich mich in Seward auf meine eigenen Kosten eingedeckt. Der Frachttransport ging ebenfalls auf meine Kosten, denn nur meine eigenen Reisekosten wurden bezahlt sowie eine knappe Zulage für 160 Kilo Gepäck. Meine Lebensmittelvorräte und meine bewegliche Habe wie auch ich selbst wurden meilenweit draußen auf See herabgelassen und dann zum A. C. Point gerudert. Damit endete die Verantwortung der Dampfergesellschaft.

Der A. C. Point war ein verlassener Küstenstrich, eingezwängt zwischen Kliffs und Berge. Er bestand aus einem erstaunlich großen Gebäude und einer einzelnen Hütte. Das große Gebäude war als Station und Lagerhaus von einer Gesellschaft errichtet worden, die dort eine Eisenbahnlinie hatte bauen wollen. Das Unternehmen war jedoch aus Mangel an

Kapital gescheitert, und die verlassenen Gebäude wurden als Gemeinschaftseigentum von Trappern, Goldsuchern, Händlern und anderen Reisenden benutzt, wenn sie von Bord der *Dora* gingen oder auf ihre Ankunft warteten.[2]

In meinen Anweisungen hatte es geheißen, daß der Leiter der Rentierstation mich am A. C. Point empfangen würde. Dort würde auch ein Boot auf mich warten, das mich zum Ende der Iliamna Bay bringen würde. Von dort aus sollte meine Reise erst zu Pferd über die Berge zum Dorf Iliamna weitergehen und dann noch einmal dreißig Meilen per Boot auf dem Iliamnasee bis zur Rentierstation. Also kam ich am A. C. Point in der Erwartung an, von einem verantwortungsvollen Menschen empfangen zu werden, der für meinen Transport sorgen würde. Die Beamten in Washington und ein Missionsausschuß in New York, die gemeinsam die Vorbereitungen getroffen hatten, vertrauten darauf, daß ihre Anweisungen diesbezüglich befolgt würden.

Ich war davon ausgegangen, daß der Leiter einer Rentierstation ein Mann sei, der etwas darstellt. Wahrscheinlich hatte mein Unterbewußtsein ihn mit den Attributen eines Schulinspektors ausgestattet. Doch zu meiner Überraschung wurde mir ein verschlafener, kleiner Kerl, der unhöflicherweise vermied, mir in die Augen zu sehen, als der Leiter vorgestellt. Ich hielt ihn für einen Lappländer. Er fuhr fort, mich betont zu ignorieren.

Glücklicherweise standen einige Herren am A. C. Point herum. Ich fragte sie, wo ich jemanden finden könne, der bereit sei, mein Gepäck vor der hereinkommenden Flut in Sicherheit zu bringen. Sie versicherten mir freundlich, das würden sie schon besorgen, und unverzüglich zogen alle ihre Röcke aus und schleppten meine ganze Fracht ins Lagerhaus, ein beträchtliches Stück Wegs. Der Leiter der Rentierstation stand mürrisch daneben und rührte keinen Finger.

Ihnen Bezahlung anzubieten hätte die Männer, die mir geholfen hatten, verstimmt, doch ich hatte eine große Wassermelone mitgebracht, die ich ihnen mit Worten des Danks überreichte. Einige von ihnen hatten lange keine Wassermelone mehr gekostet, und sie ließen es sich schmecken. Sie gaben mir den Schlüssel zur Hütte und schichteten reichlich Holz neben dem kleinen Ofen auf. Mit meiner Bettrolle und dem Reisekorb mit Verpflegung war ich für die Nacht gut gerüstet.

Als ich gerade die Hütte betreten wollte, sprach der Leiter der Station mich endlich an. Er teilte mir mit, daß er mich nicht brauchen könne. Ich sei an der Rentierstation nicht erwünscht. Er habe bereits eine andere Lehrerin bestellt und habe erwartet, daß sie auf dem Schiff sei, aber sie sei nicht gekommen. Das vereinfachte die Angelegenheit, zumindest wußte ich jetzt, woran ich war. Ich fragte ihn, ob er am Ende der Bucht ein Pferd für mich habe. Er verneinte, und so sah ich keine Möglichkeit, zum Dorf Iliamna, geschweige denn von dort zur Rentierstation zu gelangen.

Früh am nächsten Morgen, etwa um vier Uhr, legten mehrere Boote vom A. C. Point ab. Ich wurde freundlicherweise von zwei Männern eingeladen, in ihr Boot einzusteigen. Da die *Dora* abgefahren war und ich unmöglich in der Hütte an der Küste bleiben konnte, nahm ich die Mitfahrgelegenheit wahr und ließ meine Fracht im Lagerhaus am A. C. Point. Wir segelten mit der Flut, daher erreichten wir noch früh am Morgen das Ende der Bucht. Die beiden Männer, die mich mitgenommen hatten, stellten mich einem gelehrt aussehenden, weißhaarigen alten Herrn vor, der zu dieser Zeit gerade in einer der beiden Hütten dort am Ende der Bucht wohnte. Er bat sie, mich zu seiner Hütte zu bringen, während er vorausging, um ein Feuer anzuzünden. Er schnitt Schinken in Scheiben und briet Pfannkuchen und forderte mich auf zu essen, da ich eine lange, beschwerliche Reise vor mir hätte. Der Leiter der Rentierstation kam in einem anderen Boot an, doch er war so betrunken, daß man ihn in die andere Hütte legen mußte.

Etwa achthundert Meter südlich von diesen beiden Hütten befanden sich ein Lagerhaus und eine Hütte, die von Händlern aus Iliamna benutzt wurde. Meine beiden Bootsgefährten und mein neuer Wohltäter beschlossen, daß ich einen Führer haben müsse. Sie fanden einen beim Lagerhaus der Händler und versicherten mir, daß er sehr zuverlässig sei, und so begannen er und ich unsere Reise zu Fuß.

Der Pfad über das Gebirge zum Dorf war nach Luftlinie nur zwanzig Kilometer lang, also wenn man die Kurven und die Auf- und Abstiege nicht mitrechnete. Die Landschaft war herrlich und das Wetter gerade richtig. Ich hatte in den Rocky Mountains gelebt und mehrmals den Kontinent überquert, doch nie zuvor hatte ich eine so wilde Großartigkeit von Schluchten, Tälern und Berggipfeln gesehen. Mehrmals stapften wir den Grat eines Berges entlang und sahen Hunderte von Metern in ein Tal hinab, das von herabströmenden Gletscherbächen und geschmolzenem Schnee von den Bergen gegraben worden war. Dann stiegen wir hinunter in ein Tal, wo das Gras unsere Köpfe überragte, und überall stand leuchtendrotes Feuerkraut. Verschiedene der Täler endeten in einem nackten Lehmboden, in dem Bären frische Tatzenabdrücke hinterlassen hatten.

Doch diese Wanderung war nicht nur die reine Freude. Wir mußten viele Gletscherbäche überqueren, die nicht tief zu sein schienen, doch reißender und tiefer waren, als sie aussahen. Ich hatte alle Mühe, auf den glitschigen Steinen nicht auszurutschen. Einmal fiel ich hin und wäre sicherlich ertrunken, wenn der Führer mich nicht gerettet hätte. Der größte Fluß, der Chinkelyes River, war etwa zwölf Meter breit und gerade so tief, daß ich darin waten konnte. Glücklicherweise war er nicht so reißend wie die kleineren Bäche, sonst hätte ich ihn nicht durchqueren können. Das Wasser war eiskalt. Obwohl ich wasserdichte, kniehohe Stiefel trug, waren meine Füße naß und taten schrecklich weh. Gegen Abend ging ich sehr langsam, und wenn ein Bär uns in die Quere gekommen wäre, hätte ich keinen Schritt laufen können. Doch ohne Zweifel waren die Bären nicht erpichter darauf, uns zu begegnen, als wir ihnen, denn eine frische Spur hin und wieder war alles, was wir sahen.

Hannahs Freundin in der Not, Agafia Anderson – genannt Olga – mit ihren Kindern Michael und Maud. Der Name des Kindes in der Mitte ist nicht bekannt. *James Carter collection, Alaska State Historical Library*

Als wir endlich das Dorf erreichten, war der einzige Ort, wohin ich gehen konnte, ein Geschäft mit einem Zimmer für den Laden und einem zum Wohnen. In dieser bescheidenen Behausung herrschte die aufrichtigste Gastfreundschaft.

Olga, die Frau des Ladenbesitzers Pete Anderson, war mehr oder weniger ganz russischer Abstammung, doch sie konnte Englisch sprechen. Sie holte warmes Wasser in einer großen Wanne, setzte sich wortlos zu meinen Füßen nieder und zog mir die Stiefel aus. Tränen des Mitleids liefen ihr über das Gesicht. Ich war zu erschöpft für Tränen. Meine Füße waren blauschwarz, und als das Blut wieder zu zirkulieren begann, quoll es überall an meinen Zehennägeln heraus.

Der Leiter der Rentierstation erhielt seine Mahlzeit im Laden. Als er am Wohnzimmer vorbeikam, blieb er stehen und sah höhnisch grinsend zu, wie Olga mich umsorgte. Da kam mir mein irischer Mumm zu Hilfe, und nachdem ich ihm gründlich die Meinung gesagt hatte, war er ziemlich ernüchtert. Jedenfalls schlich er sich recht kleinlaut davon und hatte offensichtlich begriffen, daß mit einer amerikanischen Frau nicht zu spaßen ist.

In Iliamna gab es keine Übernachtungsmöglichkeit für mich, deshalb brachte Mrs. Anderson abends nach Ladenschluß eine schmale Matratze und legte sie auf den Ladentisch. Dort schlief ich zehn Nächte mit ständigen Schmerzen in meinen Füßen.

Als ich nach einem oder zwei Tagen genügend ausgeruht war und mich zurechtfand, halfen mir einige der Einwohner, eine gute Karte vom Iliamnasee anzufertigen, in die jedes Dorf in seiner Umgebung eingezeichnet wurde. Ich machte mir Notizen über die Einwohner einer jeden Siedlung. In der Rentierstation gab es überhaupt keine Kinder! Also war der richtige Platz für eine Schule eindeutig Iliamna Village.

Die Leute dort wollten unbedingt, daß ich bleibe. Mehrere Männer erboten sich, aus ihren Häusern auszuziehen, damit sie als Schule benutzt werden konnten. Zackar, der Dorfälteste des abgelegenen Dorfes Nondalton, und eine Delegation seiner Männer kamen und baten mich inständig, das Land nicht zu verlassen. Sie wollten unbedingt eine Schule haben.

Ich hatte die Genehmigung, ein oder zwei Gebäude an der Rentierstation zu errichten, aber nicht, Geld in Iliamna, Nondalton oder sonstwo auszugeben. Ich kam zu dem Schluß, daß die Situation zu ernst war, um eigenmächtig etwas zu unternehmen, und beschloß, die Angelegenheit beim Ministerium in Washington vorzubringen.

Ich sagte den Leuten, daß ich Iliamna wieder verlassen müsse, versprach ihnen aber, irgendwann wieder zu ihnen zu kommen. Als ich dieses Versprechen gab, hatte ich keine Ahnung, wie ich es einlösen sollte, doch ich war entschlossen, mein Wort, wenn irgend möglich, zu halten.

Ich bat den Dorfältesten von Iliamna Village, Kusma Rickteroff, eine zuverlässige Frau als Begleiterin für meine Rückreise zum A. C. Point zu verpflichten, die dort mit mir auf die Ankunft der *Dora* warten würde. Ich nahm ihm das Versprechen ab, dann selbst zum A. C. Point zu kommen, um sie sicher wieder nach Hause zu bringen. Ich würde sie für ihre Zeit entschädigen.

Sie berieten, wer mitkommen solle, und entschieden sich für eine junge Frau namens Thedoska Rickteroff, die gut Englisch sprach. Sie hatte eine zweijährige Tochter, Wassalissa, deren weißer Vater gestorben war. Ich versprach, meinerseits gut für Mutter und Kind zu sorgen.

Wir hatten drei Pferde: eins für mich selbst, eins für Thedoska und Wassalissa und ein Pony, das meinen Korb trug. Zwei weiße und sieben eingeborene Männer kamen zu Fuß mit uns. Zu dieser Zeit waren die Bären so zahlreich, daß alle Männer Gewehre trugen.

Die Bäche waren nicht annähernd so tief oder reißend wie zuvor, denn die Schneeschmelze war fast zu Ende. Der Regen ergoß sich in wahren Sturzbächen, so daß die Landschaft während der ganzen Reise nahezu immer verschleiert war. Doch in meinem Regenmantel und meinem Südwester blieb ich warm und trocken. Einmal, am Rande eines hohen Bergkamms, hätte ich mir vor Enttäuschung fast leid getan. Doch Selbstmitleid halte ich für das schädlichste aller Gefühle. Um es zu bekämpfen, drehte ich mich auf meinem Pferd ein wenig um und nahm die Landschaft in mich auf. Gerade in diesem Augenblick bewegten sich die Wolken, und die Sonne funkelte minutenlang hindurch. Ganz hinten kamen die sieben kleinen, stämmigen Kenai, jeder mit geschultertem Gewehr, davor das Pony mit dem Korb, dann Thedoska und Wassalissa und die weißen Männer, die neben unseren Pferden einhergingen. Es war ein komischer Anblick, und er wäre noch komischer gewesen, wenn ich mich selbst mit den anderen zusammen hätte sehen können.

Ich tröstete mich damit, daß ich eine Karikatur des ganzen Vereins zeichnen würde, wenn wir die Hütte am A. C. Point erreichten, denn ich hatte Papier und Wasserfarben im Korb auf dem Pony. Später habe ich dann tatsächlich die Prozession gezeichnet, doch als das Blatt fertig war, sah es gar nicht so komisch aus, wie ich es mir vorgestellt hatte. Die Berge im Hintergrund, der Himmel mit seinen tiefhängenden Nebelwolken und die Sonne, die durch sie hindurchbrach, waren zu erhaben, als daß unsere lächerliche Parade ins Gewicht gefallen wäre. Wir waren Atome, kaum beachtenswert inmitten der gewaltigen Größe von Berg, Tal und Himmel.

Die Pferde kannten den Weg genau. Die Pfade entlang der Bergschluchten waren schmal, und obwohl die Pferde manchmal stolperten, waren sie an den gefährlichen Stellen ruhig und sicher. Wegen des schlechten Wetters brauchten wir nicht nur eine lange Tagesreise auf dem Pfad, sondern auch noch einen weiteren Tag in den Booten, um den A. C. Point zu erreichen. Bevor wir sie bestiegen, übernachteten wir in den Hütten am Ende der Bucht. Thedoska und ich kochten unser Essen und schliefen.

Wir erreichten den A. C. Point etwa acht Tage, bevor die *Dora* ankommen sollte. In meinem Überseekoffer im Lagerhaus fand ich Stoff für Thedoska, aus dem sie ein paar hübsche Kleidchen für Wassalissa und zwei Mieder für sich selbst nähen konnte, und sie widmete sich mit Vergnügen und Eifer ihrer Handarbeit. Sobald sie die neuen Mieder aus dem hübschen Stoff genäht hatte, schlief sie darin!

Ich hatte ein gutes ausklappbares Harmonium in meinem

Gepäck, und an dem Sonntag während unserer Wartezeit lud ich die Männer, die sich zu der Zeit am A. C. Point aufhielten und ebenfalls auf die Ankunft der *Dora* warteten, zu einem kurzen Gottesdienst mit Harmoniumsmusik und meinen Gesangbüchern ein. Sie wählten ihre Lieblingslieder aus und sangen und sangen. Einige von ihnen sagten, sie hätten diese Lieder nicht mehr gehört, seit sie kleine Jungen waren.

An diesem Tag wollte einer der Männer mir meinen ganzen Jahresvorrat an Lebensmitteln abkaufen. Ich war auch bereit, sie ihm zu verkaufen, doch hielt ich es für richtig, mit dem Geschäftsabschluß bis Montag zu warten. Wie mir berichtet wurde, entspann sich daraufhin eine lebhafte Diskussion, ob es richtig von mir sei, meine Waren nicht an einem Sonntag zu verkaufen. Die einen meinten, ich hätte recht, die anderen hielten es für eine törichte Sentimentalität. Am Montag verkaufte ich die Sachen und erhielt mein Geld. Am nächsten Tag, Dienstag, wie wir alle dachten, kamen ein paar neue Leute über den Gebirgspfad, und von ihnen erfuhren wir, daß wir uns um einen Tag geirrt hatten. Also hatte ich meine Waren doch am Sonntag verkauft! Ein Witz, der uns alle amüsierte.

Der Dorfälteste von Iliamna Village kam gerade an dem Tag an, als die *Dora* vor einer entfernten Insel auftauchte. Anfangs war nur ein Punkt und eine Rauchwolke am Horizont auszumachen. Ich übergab dem Dorfältesten Thedoska und Wassalissa. In ungefähr einer Stunde würde man das Tuten des Dampfers hören können, dann nach etwa einer weiteren Stunde würden seine Boote den A. C. Point erreichen, um uns abzuholen.

Während dieser Wartezeit kamen ein paar Eskimos an, die mich sprechen wollten. Sie hatten gehört, daß eine Lehrerin am A. C. Point war und daß sie fortgehen würde. Sie sprachen kein Englisch, doch der Dorfälteste von Iliamna konnte sie teilweise verstehen. Die Eskimos sagten, sie seien zu mir gekommen, weil sie lernen wollten. Ich gab einem jungen Mann aus der Gruppe eine Zeitschrift und dachte, er würde die Bilder betrachten, doch er beachtete sie gar nicht. Statt dessen zeigte er auf die Buchstaben und bat mich in Zeichensprache, ihm zu erklären, was sie bedeuteten. Zu jedem Buchstaben, auf den er zeigte, machte ich den entsprechenden Laut, und ich glaube, er erhielt ein wenig Einblick in das Geheimnis des Lesens, denn es schien ihm sehr zu gefallen. Mit dem Dorfältesten als Dolmetscher bedeutete ich ihm, daß ich ihren Wunsch an die richtigen Personen weiterleiten würde, und eines Tages würde bestimmt eine Lehrerin zu ihnen kommen.

Alle Jungen aus dem Dorf Iliamna kamen ebenfalls zum A. C. Point. Einer sprach für die ganze Gruppe. Sie wollten wissen, wann ich zurückkommen würde, und baten mich, es nicht zu vergessen. Das versicherte ich ihnen zu tun, doch den genauen Zeitpunkt könnte ich ihnen nicht sagen.

Die Dampferfahrt zurück mußte ich wiederum in Seward unterbrechen. Schon wieder hatte sich die Stadt verändert! Viele der Eisenbahnbeamten waren plötzlich mit ihren Familien abgereist. Die Mittel für das Projekt waren erschöpft, und im Moment waren keine weiteren in Aussicht. Seward war ein so teurer Ort, daß sie entweder ein festes Einkommen haben oder die Stadt verlassen mußten. Ich hörte, daß einige der Abreisenden kaum genug Geld hatten, um sich zurück nach Seattle einzuschiffen.

Von Seward kabelte ich einen kurzen Bericht nach Washington über die Situation, die ich vorgefunden hatte, und fragte, was ich jetzt tun solle. Die Antwort klickte über die Drähte in der Luft und unter dem Meer zurück. Ich sollte die Umstände ausführlich schriftlich darlegen. In der Zwischenzeit sollte ich nach Unga gehen und die dortige Schule übernehmen. Unga lag Hunderte von Kilometern weiter westlich, doch an der direkten Dampferroute.

Die Fahrt von Seward nach Kodiak, wo die *Dora* ihre Fahrt westwärts nach Unga unterbrach, verlief ruhig. Der Direktor der Schule von Wood Island war zufällig auch in Kodiak und wartete auf die Ankunft des Schiffs. Er war natürlich überrascht, mich zu sehen. Er sagte, ich solle nicht nach Unga gehen. Die Schule von Wood Island falle nun unter das Nelson-

Gesetz, doch der Hauptlehrer, den man aus den Bewerbungen für diese Stelle ausgewählt habe, sei nicht gekommen. Ich solle doch an seiner Statt die Stelle übernehmen. Wenn der ausgewählte Bewerber doch noch auftauchen würde, dann könne ich bis zum Frühjahr statt dessen eine Stelle in der Mission der Insel antreten.

Ich war nicht besonders erpicht darauf, nach Unga zu gehen. Außerdem war ich müde und fühlte mich einer weiteren langen Reise nicht gewachsen. Ich wäre ja sowieso von Anfang an in Wood Island geblieben, wenn die Menschen im Landesinnern, die keine Schule hatten, nicht mein Mitgefühl geweckt hätten. Die Nachricht von der kurzfristigen Änderung meiner Pläne mußte brieflich von Kodiak nach Seward, telegrafisch von Seward nach Seattle und dann telegrafisch weiter nach Washington übermittelt werden. Ich erklärte kurz und bündig, daß ich die Stelle in Wood Island angenommen hätte.

Während meine Nachricht ihre Reise antrat, wurde unterdessen um zwei Uhr morgens in aller Eile mein Gepäck von der *Dora* geholt und unverzüglich in einem Ruderboot nach Wood Island gebracht. Der Hauptlehrer, der erwartet worden war, hatte die Nachricht, daß er die Stelle bekommen habe, nicht erhalten. Denn der Brief an ihn wurde wegen eines Irrtums in der Anschrift nach Wood Island zurückbefördert.

Nachdem sämtliche Einzelheiten meiner Irrfahrt in Washington bekannt geworden waren, drückten die verschiedenen Beamten, die mich geschickt hatten, ihr tiefes Bedauern darüber aus, daß ich solche Strapazen zu erdulden gehabt hatte. Zum Rentiermann, dem Leiter der Rentierstation, würde man Ermittlungen anstellen. Die Enttäuschung der Kinder in Iliamna kam mir oft in den Sinn. Aber ich sagte mir, daß solche Dinge Zeit brauchen, und wenn die rechte Zeit gekommen sei, dann würde sich alles zum Besten fügen.

9

Das Leben auf Wood Island

In den Jahren unter russischer Herrschaft war Wood Island eine Zeitlang ein Handelszentrum für Eisproduktion und -versand gewesen. Von dort aus wurden Eisblöcke in viele Teile der Welt geliefert. Eine Kette von drei Seen, durch Dämme getrennt, lieferte das Eis. Das Wasser von den höhergelegenen Seen wurde in den Lower Lake geleitet. Dann wurde der Damm geschlossen, der nächste See wurde gefüllt und sein Damm geschlossen und darauf der letzte. Nachdem das Eis herausgebrochen worden war, konnten die Seen jederzeit wieder aufgefüllt werden. Die Gebäude, die für diese Industrie errichtet worden waren, gab es nicht mehr, doch ihre noch vollständig erhaltenen Blockhausfundamente zeigten, daß sie riesig gewesen sein müssen. Ein Netz von Bohlenwegen, das noch benutzt wurde, war für die Pferdegespanne angelegt worden, die das Eis beförderten.

Später hatte die North American Alaskan Company viele Jahre lang eine Niederlassung auf der Insel. Als sie aufgegeben wurde, blieben ihre stattlichen, weißgestrichenen Gebäude stehen, und einige wurden von der Mission genutzt.

Die Mission, in den späten 1870er Jahren gegründet, war nun unter dem Namen Baptistisches Waisenhaus von Kodiak die wichtigste Institution der Insel. Sie wurde von einer Missionsgesellschaft baptistischer Frauen unterstützt, die auch die Arbeitskräfte stellte. Ihre Mitglieder stammten vorwiegend aus Neuengland. Die Gebäude lagen nach der Insel Kodiak zu, von der sie nur ein schmaler Wasserarm trennte. Der ganze Komplex bestand aus einer malerischen Kapelle, einem Mädchenwohnheim und einem Hauptgebäude, in dem die Knabenschlafsäle, die Wohnungen des Direktors und der Lehrer, die Speisesäle, die Versammlungshalle und die Küche untergebracht waren. Sie lagen am Ufer des Lower Lake und spiegelten sich zwischen den Fichtenästen hindurch wie in klarem Glas.

Im Waisenhaus lebten fünfzig Kinder, doch nicht alle waren Waisen. Alle armen Kinder wurden aufgenommen. Und obwohl das Waisenhaus ungern auch andere aufnahm, versuchten alle einheimischen Familien außer den allerwohlhabendsten, ihre Kinder im Schulalter dort unterzubringen. Ich glaube, daß die Anwesenheit dieser glücklicheren Kinder, soweit sie aufgenommen werden konnten, dazu beitrug, eine gute Schulgemeinschaft aufzubauen. Da das Heim der Mission nach dem Modell eines vorbildlichen christlichen Eltern-

Die mit Asche bedeckten Gebäude der Baptistenmission auf Wood Island nach dem Ausbruch des Vulkans Katmai, 1912. *Hannah Breece collection*

hauses geführt wurde, waren die Kinder lieb, gehorsam und leicht zu lenken. Die meisten Kinder, die die Wood-Island-Schule besuchten, wohnten zu Hause. Nur die Kinder der unteren Klassen lebten im Heim. Bevor das Nelson-Gesetz in Kraft getreten war, das die Schule der Verantwortung der ganzen Gemeinde unterstellte, war sie vom Direktor der Mission geleitet worden.

Das Schulgebäude mit seinen großen Fenstern, die das Meer einrahmten, war so nahe am Wasser gelegen, daß die Flut es teilweise unterspülte. Die Blumenkästen innen an den Fenstern waren mit Stiefmütterchen bepflanzt und mit Kapuzinerkresse, die überall, wo man eine Schnur zog, emporkletterte. Es sah sehr schön aus.

An milden Tagen, wenn die Sonne schien, ging ich mit den Kindern für den Tag hinaus auf ein sonniges Kliff. Der Platz war ideal für den Geographieunterricht. Und an manchen der kostbaren Sonnentage gingen wir zu einem Sandfeld, um das Land zu vermessen. Den Kindern machte es Freude, Landkarten abzuzeichnen und Geschichten von Menschen in fremden Ländern zu hören.

Nach Westen zu, auf Kodiak Island, stand ein Berg, Old Barometer. Jeder, der für den nächsten Tag einen Spaziergang, ein Picknick oder einen Ausflug zum Fischen oder Beerenpflücken plante, ließ am Abend zuvor seine Augen zum weißen Haupt Old Barometers wandern. Wenn man seinen Umriß bei Einbruch der Dunkelheit klar erkennen konnte, war alles gut. Doch wenn ein Nebelschleier oder eine flaumige Wolke über seiner Kappe hing, dann mußte das Vergnügen vertagt werden. Old Barometer irrte sich nie.

Eines Sommerabends kam Mike Chabitnoy, einer meiner Schüler, in die Schule gerannt und sagte, wir sollten schnell kommen und sehen, was die anderen am Strand gefunden hatten. Es war ein Hai, um die Mitte dicker als ein Faß und etwa drei Meter lang, glänzend von Fett. Als die Schaulustigen ankamen, gaben die Jungen eine Vorstellung. Einer von ihnen sprang auf den dicksten Teil des Körpers, und ein großer

Lachs flog aus seinem offenen Maul. Noch ein Sprung und wieder einer und so weiter, bis fünf große, vollkommen unversehrte Fische unter dem kreischenden Gejohle der Kinder herausgesprungen waren. Spontan tauften sie den Hai Jonas.

Die Jungen waren in ihrem kleinen Boot vom Holzhacken auf einer anderen Insel nach Hause gerudert, hatten also ein Seil und eine Axt dabei. Als der Hai auf ihr Boot zuschwamm, hieb ein Junge ihm mit der Axt auf den Kopf und ein anderer fing ihn mit seinem Lasso. Als die Flut zurückging, schleppten sie ihn zum Ufer und hielten ihn einfach fest, bis die Wellen ihn nicht mehr berührten. Mike sagte, sie hätten ihn noch ein bißchen mehr töten müssen, als er fest auf dem Strand lag; er war vorher wohl nur betäubt gewesen.

Wenn die Kinder Schwämme brauchten, fanden sie sie am Strand, prächtige Exemplare, doch nicht zahlreich genug für den Handel. Nach einem Sturm ging ich oft mit meinen Schülern bei Ebbe am Strand entlang, um zu sehen, wie viele verschiedene Arten von Meeresfrüchten wir finden konnten. Die Austern waren ähnlich denen in Delaware Bay. Doch in diesen nördlichen Austern war der Perlmuttbelag noch schillernder. Die Kinder sammelten die Austern und Seeigel zum Verspeisen.

Eines Tages schleppten die Jungen einen riesigen Tintenfisch an einer Stange herbei und legten ihn in der Halle in eine Wanne für den Naturkundeunterricht. Das war eine der wenigen Gelegenheiten, bei denen es mir grauste, dem Herzen der Natur nahe zu sein. Die Einheimischen reinigten die Arme der Tintenfische und bereiteten eine Art Kutteln daraus.

Getrocknete Fische dienten vor Jahren als Kerzen an den ersten Weihnachtsbäumen, die es auf Wood Island gab. Die Eingeborenen hatten immer getrockneten Kerzenfisch, eine Art öligen Stint, als Kerzenlicht benutzt. Um sie zu fangen, steckten die Kinder bei Beginn der Ebbe ihre Hände tief in den Sand. Frisch und knusprig gebraten, schmeckten sie köstlich. Eines Abends spät ging die ganze Schule hinunter zum Meer, um die Lichter auf dem Wasser anzuschauen. Es waren wohl

Millionen und Abermillionen phosphoreszierender Fische, die dort im nördlichen Pazifik in einem phantastischen, leuchtenden Farbenspiel umherflitzten.

Der japanische Koch der Mission, Charlie Cook, wie die Kinder ihn nannten, wußte den Heilbutt, den die großen Jungen fingen, zu schätzen, allerdings nur, wenn die Fische groß waren; die kleinen, sagte er, seien zu wäßrig.

Kinder wachsen in einem Ort wie Wood Island quasi auf dem Wasser auf. Im Lower Lake lagen mehrere Boote, in denen die sechs- bis achtjährigen Jungen praktisch ihr Leben verbrachten, wenn sie nicht gerade in der Schule waren.

Obwohl es so oft regnete, daß wir kaum noch Notiz davon nahmen, war Wood Island im Sommer unvergleichlich schön. Urwaldähnliche Fichtenwälder nahmen einen großen Teil der Insel ein. Ich zählte einmal die Ringe eines Baumstumpfs und stellte fest, daß dieser Baum vierhundert Jahre gebraucht hatte, damit zwei Männer ihn in weniger als zwei Stunden fällen konnten. Er hatte einen Durchmesser von etwa eineinhalb Metern und muß dementsprechend hoch gewesen sein.

In den Wäldern waren Äste und Zweige abgestorbener Bäume mit dichten Mooskissen überzogen, die in großen smaragdgrünen Kugeln endeten. Jeder abgestorbene Stamm und jeder alte Stumpf war von vollkommener Schönheit. Wenn man eine der Mooshauben von einem Stumpf ablöste, dann hielt man ein so fein gewobenes und farbenprächtiges Körbchen in der Hand, daß einem das Herz vor Entzücken lachte. Farne ähnelten tropischen Gewächsen; Blumen und Beeren wuchsen überall; und das Moos, das von den jungen Bäumen herabhing, wiegte sich in der Brise.

Die Menschen waren erfinderisch im Gebrauch der Gaben der Natur. Als ich eines Morgens an Old Nicholai Lukes Haus vorbeiging, hing dort der Darm eines Bären, den er gereinigt und bis zu durchsichtigem Weiß ausgeschabt, dann aufgeblasen und zum Trocknen aufgespannt hatte. Er sagte, er würde ihn mit geschmolzenem Seehundöl füllen, ihn dann zusammenrollen, bevor das Öl hart wurde, und während des Winters dann jeweils die Stücke davon abschneiden, die er brauchte.

Die erstaunlichste Person auf der Insel war für mich Nicholai Pavlof. Er war als Sohn des letzten russischen Vizegouverneurs von Alaska in der Hauptstadt Sitka geboren. Als jungen Mann schickte man ihn nach San Francisco, um Englisch zu lernen, dann nach Rußland zur Schule und darauf für zwei Jahre nach Frankreich. Seine beiden Töchter, Mary und Annie, intelligente, schöne Mädchen, gingen in die Klassen, die ich unterrichtete. Sein Häuschen lag am Rand der tiefen Wälder, mit Blick auf das Meer. Er hatte einen Fußsteig im Wald gebaut mit einer Hängebrücke über eine winzige Schlucht. Die Seiten der Brücke waren aus jungen Stämmen geflochten, und das Dach aus dicken Fichtenästen. Der Aufstieg zur Brücke wurde hier und dort durch breite Steinstufen erleichtert. Dieser bezaubernde Pfad führte zu einem Blumengarten an einem südlich gelegenen Hang. Ein Stückchen weiter waren Erdbeer- und Himbeerbeete, die Himbeerhecken waren zu Lauben geformt. Dann kam der Gemüsegarten, wo er Kohl, Salat, Karotten, Sellerie, weiße Rüben und Pastinaken zog. Unterhalb des Hügels hielt er Hühner, Gänse und Schweine. Seine paar Kühe weideten auf verschiedenen eingezäunten Plätzen, damit die Tiere nicht in Sümpfe abirren und in Schlucklöcher einbrechen konnten. Am südlichsten Ende seines Besitzes, auf einem hohen, grasbewachsenen Kliff, lagen sein großer Kartoffelacker und ein Heufeld, um sein Silo mit Grünfutter zu füllen.

Sein Besitz war ein recht gutes Beispiel für die Wirtschaftsführung der wohlhabendsten Eingeborenenfamilien. Das andere Extrem waren die aus einem Zimmer bestehenden Häuschen, deren Besitzer ausschließlich vom Fischen und Jagen lebten. Ein solches Zimmer enthielt einen kleinen Herd, einen kleinen Holztisch, einen oder zwei Holzstühle, Kommoden, eine oder zwei Truhen und eine hölzerne Bank mit Bettzeug. Alle Häuser waren ordentlich und sauber.

Viele leisteten sich köstliche kleine Leckereien. Als ich einmal meine wöchentlichen Besuche machte, waren ein paar der Damen damit beschäftigt, Heckenrosenblätter mit Zuckerguß zu überziehen. Die sahen hübsch und niedlich aus, wenn sie auf weißen Tellern angeboten wurden. Nachdem Mrs. Aggian mir duftenden Tee eingeschenkt hatte, legte sie auf die Untertasse eine Zitronenscheibe, darauf einige Rosenblätter und daneben zwei Klümpchen Zucker. Zucker kam niemals in den Tee, man nahm einen Schluck Tee, dann biß man ein Stückchen Zucker ab.

Die meisten Familien bewirtschafteten Gärten an einer Seite der Insel, wo das Land gerodet und der Boden fruchtbar war. Dort hatte eine frühere Siedlung gelegen, die groß genug war, um in dieser Gegend als Stadt zu gelten, mit vielen schönen Gärten, denn die Russen verstehen sich auf den Gartenbau. In den 1850er Jahren war die Stadt von einer Pockenepidemie heimgesucht und verlassen worden; nichts war geblieben als hier und da ein eingestürzter Kamin und die Balken alter Fundamente.

Im Winter veränderte sich Wood Island dramatisch. Die Winde heulten von Norden und Süden, und dann wieder von Osten und Westen. Wenn ein Sturm sich gelegt hatte, wurde die Stille der Wälder vom Tropfen der schmelzenden Eiszapfen auf Felsen und Fichten unterbrochen. Dazu konnte man das Gurgeln des Wassers in Bächlein und Flüßchen hören. So vergingen die Winter: mit Stürmen, Schnee und Schneeregen, abwechselnd mit Tauwetter und Sonnenschein, doch immer mit Eis auf den Seen und Schnee auf der Erde.

Am Ende meines ersten Winters erklärte ich mich bereit, noch ein weiteres Jahr zu bleiben. Der Direktor, Mr. E. P. Coe, überzeugte mich, daß es nachteilig für die Kinder sei, nach einem Jahr schon wieder den Lehrer zu wechseln. Seine Frau, eine liebe Freundin von mir, behauptete, daß ich mehr Gutes bewirken könnte, wenn ich diese Jungen und Mädchen unterrichtete, die später über ganz Alaska verstreut leben würden, als wenn ich eine andere Schule übernähme. Ich vertraute ihrem Urteil, doch ganz glücklich war ich nicht dabei, weil ich an mein Versprechen in Iliamna dachte. Doch ich konnte nur weiterhin hoffen, daß sich irgendwie, irgendwann eine Möglichkeit eröffnen würde, dorthin zu gehen.

Während des Sommers besuchte eine reiche Frau aus Seattle die Mission. Sie verbrachte einen Monat in Kodiak. Wir hegten vage die Hoffnung, daß sie bemerken würde, wie nötig wir ein Krankenhaus brauchten, oder auch nur eine Krankenstation. Wir bewirteten sie mit dem Besten, was wir hatten, um ihren Besuch bei uns denkwürdig zu gestalten. Und tatsächlich machte sie auch dem Waisenhaus ein Geschenk. Sie schickte aus Kodiak zwei Pfund Lutscher! Dann begegnete sie zwei Goldsuchern, die sie dazu verführten, zwölfhundert Dollar in eine Goldschürfstelle zu investieren. Als das auf Wood Island bekannt wurde, lächelten alle über ihre Naivität.

Später, als wir erfuhren, daß sie das Geld verloren hatte, hätte sie mir normalerweise leid getan, doch als ich mich an ein Gespräch mit ihr erinnerte, hatte ich kein Mitleid. Sie sagte, sie habe einmal gelobt, viel Gutes für andere zu tun, wenn sie fünfzigtausend Dollar hätte. Doch als sie sie dann hatte, hätte es sie recht unglücklich gemacht, sich von dem Geld zu trennen. Jetzt, sagte sie zu mir, könne ihr nicht wohl dabei sein, etwas von ihrem Geld für andere zu verwenden, bis sie hunderttausend Dollar hätte. Ich sagte ihr, ich würde sie nicht beneiden. Ich wäre lieber an meiner Stelle: arm, aber mich reich fühlen, als an ihrer Stelle zu sein: reich zu sein, doch sich arm zu fühlen.

Während des Sommers feierten der Assistent des Direktors der Mission, Mr. George Hill, und die Missionsärztin eine romantische Hochzeit. Die Ärztin hielt es für besonders originell, eine Woche ihrer Flitterwochen in einem alten *barabara* zu verbringen; sie kam aus Chicago, und vermutlich wollte sie ihre dortigen Freunde mit ihrem Bericht beeindrucken.

Eine Gruppe der Jungen machte Heu im Westen von Kodiak Island unter der Aufsicht des Bräutigams, und dieser Umstand lieferte eine gute Entschuldigung für die *barabara*-Flitterwochen, weil ein Boot mit Proviant zu ihnen gebracht werden mußte. Ein paar von uns anderen kamen mit, um einen Tag dort zu verbringen.

Irgendwann vor langer Zeit hatte sich an dieser Stelle ein Dorf befunden. Die uralten Behausungen sahen aus wie gerundete Grashügel mit einer groben Schiebetür und einem roh gezimmerten Flügelfenster, das vorn aus dem Rasen herauslugte. Nur wenige *barabaras* waren noch bewohnbar. Um hineinzugelangen, mußten wir auf Händen und Füßen etwa einen Meter tief hinunterkriechen. Die Decken waren in der Mitte gerade so hoch, daß eine Person aufrecht stehen konnte. Ein Loch im Dach diente als Rauchabzug. Decken und Seitenwände waren mit groben Brettern verkleidet. Die Ärztin blieb einige Tage, und zumindest die schöne Natur draußen entschädigte sie für die elende Behausung. Ich bezweifle, daß sie sich oft in dem *barabara* aufhielt.

Ein klarer kleiner Fluß zog sich durch das Tal, wo die Heuernte stattfand. In ihm wimmelte es so dicht gedrängt von silbernen Lachsen, daß sie übereinander schwammen. Die Jungen machten ein Feuer und hängten einen Kessel mit Wasser zum Kochen darüber, dann stellten sie sich auf einen Holzsteg, beugten sich hinunter und zogen zwei große Fische heraus, nahmen sie aus, schnitten sie in acht Zentimeter dicke Stücke und warfen sie in das gesalzene Wasser, gerade als es zu sprudeln begann.

Ein Teil unserer Reise zu den *barabaras* führte über die offene See, und auf der Rückfahrt stießen wir auf Schwertwale, die ersten, die ich je sah. Sie wirkten wie große Ungeheuer und sprangen im Wasser umher, als sei der Teufel losgelassen worden! Drei *bidarkas*, aus Häuten gefertigte Boote mit kleinen runden Sitzlöchern für die Paddler, fuhren an uns vorbei. Sie jagten einen Hai, nicht die Art, die die Schuljungen zum Strand geschleppt hatten. Dieser war zirka sieben Meter lang und vollkommen rund, mit einem Durchmesser von etwa 35 Zentimetern, und ähnelte einer riesigen Schlange. Die Eingeborenen jagten die Haie wegen des Öls; falls sie auch das Fleisch aßen, erwähnten sie es jedenfalls nicht.

Nie gab es so viele Schwertwale in den Gewässern der Inseln wie in diesem Herbst, sagten die Leute. Sie waren dort, um die Wale zu töten, und die Wale waren dort wegen der großen Schulen kleiner Meerestiere. Bei Flut kamen die Schwertwale so nahe zur Küste, daß man es für gefährlich hielt, die Kinder nah am Wasser spielen zu lassen. Wegen der Schwertwale war es schwierig für die Bewohner von Wood Island, einen Wal für ihren eigenen Bedarf zu fangen, denn die Wale, die nicht von den Schwertwalen angegriffen wurden, waren verscheucht worden.

Aber wenn es der Dorfgemeinschaft nicht gelang, einen Wal zu fangen, dann stand allen, ob reich oder arm, ein schwerer Winter bevor. Die Menschen waren abergläubisch in bezug auf die Waljagd. Während die Männer auf dem Wasser waren, war es den Frauen verboten, aufs Meer zu schauen, deshalb mußten alle Frauen unbedingt zu Hause bleiben. Wenn ein Wal verwundet war und eine Frau einen Blick auf ihn warf, so glaubten sie, würde unweigerlich einer der Jäger getötet und der Wal entkommen. Sie glaubten auch, daß jedesmal, wenn die Männer ausfuhren, ein winziges Männchen, nicht größer als ein Finger, den *bidarkas* über das Wasser nachlief. Wenn es einen Mann einholte und auf das Boot kletterte, dann würde der Mann in dem *bidarka* ums Leben kommen. Es wäre dann besser für ihn, umzukehren. Deshalb paddelten alle Männer, so schnell sie konnten, um dem Männchen zu entkommen.

War eine Waljagd erfolgreich, strömten die Leute immer aufs neue zum Strand und schleppten große Stücke Fleisches. Jede Familie legte Fleisch in ein Faß mit Salzlauge ein. Was sie außerdem brauchten, wurde gedörrt. Den Speck ließen sie aus, und das Schmalz wurde für den Winter verwahrt. Die Russen verwendeten es in Pasteten und Kuchen, zum Ausbacken von Schmalzgebackenem und anderen Speisen. Die Aleuten brieten Fisch und Pfannkuchen darin.

Ich fand, daß Walfleisch ganz ähnlich wie Beefsteak schmeckt, doch ist es so zart wie Kalbsleber. Der Speck ist wie Rindermark, nur fester. Manchmal wurde uns ein Seehundsteak gebracht; das roch während des Kochens wie Huhn, schmeckte aber wie Kalbfleisch.

An einem Herbsttag machte ein Schüler mich auf etwas aufmerksam, das am Strand vorging, und ich ging mit allen Schülern hinaus, um das Schauspiel zu beobachten. Ein Kalb war tags zuvor verendet, und seinen Kadaver hatte man ins Wasser geworfen. Jedes tote Tier kam mit der Flut zurück, Tag für Tag, bis es verschwand. Auf dem Kalb hüpften eine bunte Schar Möwen, Krähen, Raben, ein großer Habicht und ein Adler herum, und alle fraßen; es ging vollkommen friedlich zwischen ihnen zu.

In jenem zweiten Winter auf Wood Island hatte ich kurz vor Weihnachten ein schreckliches Erlebnis. Ich hatte allein an einem Schreibtisch in einem verlassenen Haus der North American Alaskan Company gearbeitet, das auf dem der Mission gegenüberliegenden Ufer des Sees lag. Den ganzen Nachmittag hatte ich das Rufen und Lachen schlittschuhlaufender Kinder gehört, ohne besonders darauf zu achten, als es auf einmal still war und ich erschreckt feststellte, wie spät und dunkel es geworden war und daß die Glocke längst zum Abendbrot geläutet haben mußte.

Das Eis auf dem See war dick, und da ihn zu überqueren eine Abkürzung bedeutete, sah man keinen Pfad im Schnee um den See herum. Ich war selbstverständlich im Winter jeden Tag über das Eis gegangen. Doch als ich diesmal den ersten Schritt auf den Rand tat, wurde ich von panischer Angst übermannt. Ich versuchte, sie zu unterdrücken und weiterzugehen, doch ich war wie gelähmt. Zitternd rief ich nach Aleck, einem großen Jungen, der noch in einiger Entfernung zurückgeblieben war. Er und sein kleiner Bruder waren noch die einzigen Menschen auf dem See. Aleck lief auf seinen Schlittschuhen zu mir herüber und sagte: «Wir haben den ganzen Tag schwere Lasten Holz mit einem Zweispänner über das Eis geschleppt. Gehen Sie einfach los.»

Auch ich dachte, meine Angst sei töricht, doch kaum hatte

ich ein, zwei Schritte getan, mußte ich schnell zurücklaufen. Aleck rief zum Spaß seinen kleinen Bruder und hieß ihn neben mir hergehen. Auch ich lachte und nahm den kleinen Kerl bei der Hand, doch wieder schreckte ich zurück. Aleck, dem nun klar wurde, daß ich wirklich Angst hatte, schickte seinen kleinen Bruder nach Hause und führte mich an der Hand. Wir waren erst wenige Meter gegangen, als ich im Wasser versank, während Aleck mich noch an der Hand hielt. Er hatte einen guten Halt auf dem Eis, aber ich war in ein Loch gefallen.

Das Wasser war so tief, daß ich nicht auf dem Grund des Sees stehen konnte. Ich beschwor Aleck, mich hochzuhalten und nicht loszulassen. Meine Kleidung war dick, doch ich war kalt bis ins Mark, und meine Füße verkrampften sich. In diesem Augenblick kam ein Eingeborenenjunge übers Eis, der von Eagle Harbor auf der Insel Kodiak zu Besuch war, und Aleck rief ihn herbei. Jeder nahm mich unter einen Arm, aber ich war hilflos und fürchtete zu versinken, bevor sie mich retten konnten. Glücklicherweise waren beide groß und stark, und es gelang ihnen, mich herauszuziehen.

Als in jener Nacht die Reaktion einsetzte, wäre ich fast an Herzversagen gestorben. Freilich wurde ich gut gepflegt, und nach ein paar Tagen war ich wieder auf dem Damm, bis auf die Angst, über das Eis zu gehen. Ich konnte mich nie mehr dazu zwingen, diesen zugefrorenen See zu überqueren, und jedesmal, wenn ein Stück Eis unter meinen Füßen knirschte, war ich ein Nervenbündel. Nachts wachte ich aus Alpträumen auf, in denen ich im Wasser um mein Leben kämpfte. Hätte mich meine Angst nicht gewarnt oder wäre ich trotzdem alleine losgegangen, dann wäre keine Spur von mir gefunden worden. Denn in derselben Nacht kam ein Sturm auf, und das Loch fror fest zu und schneite zu. Als ich hinkam, war das Loch nur gerade mit soviel Eis überzogen, daß es unsichtbar war. Ein neuer Schüler hatte es gesägt, um Wasser zum Putzen des Schulzimmers zu schöpfen. Er hatte das Loch größer als nötig geschlagen und auch die übliche Sicherheitsvorkehrung unterlassen, nämlich eine Stange in die Öffnung zu stecken.

Auf Wood Island kümmerten sich viele Menschen um die Kinder und halfen in der Schule: der Direktor der Mission und seine Frau; der Assistent des Direktors und seine Frau, die Ärztin; eine Hausmutter für die Jungen, eine Hausmutter für die Mädchen sowie der japanische Koch. Bei einem so freundlichen Haus würde es nicht schwierig sein, einen Ersatz für mich zu finden. Mir war klar, daß ich bei Menschen, zu denen bislang noch keine Hilfe gekommen war, meine Zeit vorteilhafter zubringen würde.

Mr. Harlan Updegraff, der jetzt anstelle von Dr. Jackson das Ministerium leitete, teilte mir mit, daß infolge der Ermittlungen Washingtons der Leiter der Rentierstation seines Postens enthoben worden sei. Iliamna sollte eine neue Schule bekommen. Ich wurde nach Nushegak, einem Eskimodorf am Beringmeer, berufen. Als mich diese Nachricht erreichte, wurde ein neuer Direktor in der Mission erwartet. Er kam an, während ich in Kodiak eine Nachricht an das Telegrafenamt in Seward schickte, daß ich die Stelle in Nushegak annehmen wolle. Als der neue Direktor, Reverend G. A. Learn, das erfuhr, war er bestürzt und forderte mit allem Nachdruck, daß ich bliebe, denn er sei noch nicht eingearbeitet. In Kodiak und Wood Island schien jeder, den ich kannte, meine Entscheidung zu mißbilligen. Was sollte ich tun? In diesem Teil des Landes war es mir mehrere Jahre gutgegangen, und ich hatte viele Freunde gewonnen. Ich kannte diese Gesellschaft gut genug, um zu wissen, was es bedeutete, sich hartnäckig über einen einstimmig geäußerten Wunsch hinwegzusetzen. Es würde Freundschaften zerstören und damit auch viel Gutes, das zu vollbringen mir gelungen war. Und nicht zuletzt heißt es in dem alten Buch: Aus der Vielzahl der Ratgeber spricht Weisheit.

So nahm auf meine Anweisung hin der Postmeister meine Zusage für Nushegak wieder aus der Post. Ein Jahr unerwarteten Aushilfsdienstes in Wood Island hatte sich nunmehr zu drei Jahren ausgedehnt. Was das zu bedeuten hatte, wußte ich nicht, außer: «Ich werde arbeiten und abwarten.»

Es war ein trauriger Winter für unsere Insel und für andere. Keuchhusten war oft eine tödliche Krankheit, ohne Aussicht auf Genesung, wenn eine Lungenentzündung hinzukam. Auf Wood Island starben acht Kinder des Missionshauses und alle Babys außerhalb der Mission. Pater Petellin schrieb mir einen erschütternden Brief aus Afognak. Er sagte, alle ihre Babys seien begraben worden, es habe ihnen das Herz gebrochen.

Die Kinder hatten den früheren Direktor geliebt, und alle waren traurig über sein Fortgehen, das wegen der Gesundheit seiner Frau und der Erziehung seiner Kinder notwendig geworden war. Doch der neue Direktor schloß die Kinder in sein Herz, und sie übertrugen bereitwillig ihre Zuneigung auf ihn. Kinder spüren sehr schnell, wer es gut mit ihnen meint. Während der Keuchhustenepidemie gewann er die Hochachtung und Bewunderung aller. Alle Mitarbeiter in der Mission pflegten die Kranken, doch er trug die Hauptlast und war aufopfernd wie keiner. Seine Frau war sehr interessant. Sie war in China geboren, hatte mehrmals den Pazifik überquert und früher in der Nähe von Boston Griechisch unterrichtet.

An einem Frühlingstag, nachdem die Epidemie vorüber war, veranstaltete die Mission ihr jährliches Sonntagsschulpicknick auf der «Vergißmeinnicht-Insel», die nur ein kleines Stück von unserer Küste entfernt war. Ihre Miniaturhügel waren bewaldet, und in den Mulden ihrer kleinen Täler wuchsen fußhoch englische Vergißmeinnicht, die so üppig blühten, daß der Boden den Sommer hindurch blau war. Ich bemerkte, daß sich eine Gruppe kleiner Mädchen vom Picknick entfernt hatte und eifrig am Strand zu schaffen machte. Dort lag ein kleines schwarzes Schwein, tot. Es war von kühlem Salzwasser überspült und daher unversehrt. Die kleinen Mädchen spielten Begräbnis. Den Hals und die Füße des Schweinchens hatten sie mit Kränzen aus Vergißmeinnicht umwunden, und nun bedeckten sie es mit Blumen. Ich holte sie zurück, und sie hatten wohl rasch das «Schweinebaby» vergessen.

Beim Hochwasser im Frühjahr brachen auf Wood Island die Dämme zwischen den Seen, und der Lower Lake breitete sich weithin über die Ebenen aus. Um vom Schulhaus zur Mission zu gelangen, wo ich wohnte, bedeutete entweder einen Umweg von vier bis fünf Kilometern, oder den künstlichen Wasserlauf des Sees zu überqueren, einen tiefen, schmalen Kanal, der ins Meer floß. Die Jungen hatten einen Balken als Brücke über den Kanal gelegt, den sie fest in den Uferwällen verankerten. Der Stamm war etwa dreißig Zentimeter dick, und die Schüler gingen gefahrlos darüber und ich ebenso. Der schnellfließende Kanal, den er überbrückte, war etwa sechs Meter breit.

Eines Nachts arbeitete ich länger als beabsichtigt in der Schule, und es war dunkel, bevor ich es bemerkte, genau wie in jener schrecklichen Nacht, als ich ins Eis einbrach. Es regnete in Strömen, und der Wind heulte. Ich zündete meine Laterne an und ging auf dem langen Umweg heimwärts, doch nach einer kurzen Strecke hörte ich das Brüllen eines Tieres, das auf mich zuraste. Ich hatte schon von dieser reizbaren Kreatur gehört. Das Tier stammte nicht aus der einheimischen russischen Zucht, sondern war aus den Vereinigten Staaten importiert worden.[1] Ich hätte in eins der nahegelegenen Häuser laufen können, doch so geistesgegenwärtig war ich nicht. Statt dessen rannte ich zum Kanal. Doch ich war zittrig vor Angst und vom Laufen, und etwa in der Mitte der Brücke flakkerte mein Laternenlicht, und in meiner Verwirrung verlor ich das Gleichgewicht und stürzte kopfüber in die reißende Strömung. Ich griff nach einem schwimmenden Baumstamm, der im Uferwall steckengeblieben war.

Irgendwie schaffte ich es, auf diesen Baumstamm zu klettern. Meine Röcke hatten sich um meine Füße gewickelt, so daß ich mich nicht bewegen konnte, das Wasser reichte bis zur Hälfte des Stammes, ich hatte meine Laterne verloren, und rings um mich herrschte schwärzeste Dunkelheit. Doch so weit, so gut. Wo war meine Würde geblieben? Die Klemme, in der ich steckte, war so komisch, daß ich lachen mußte. Dann begann ich zu rufen. Ich war außer Hörweite der Mission, doch zwei Häuser von Einheimischen lagen ganz in der Nähe.

Old Luke kam ans Fenster, spähte hinaus, dann entfernte er sich wieder. Später sagte er, er habe geglaubt, er höre jemanden rufen, sei dann aber zu dem Schluß gekommen, daß es der Sturm war.

Das Wasser des Kanals, das unter der Brücke hindurchraste, stieg, und ich fürchtete, mein Baumstamm würde unter der Brücke hindurch zum Meer geschwemmt werden und ich mit ihm. Ich rief lauter und lauter. Ich hörte, wie Annie Ballagnogoff ihren Mann rief, und nie werde ich diese hohe, schrille Stimme vergessen: «O Wassillie, komm her! Jemand ertrinkt, und es ist die Lehrerin!»

«Nein», rief ich, als sie zu mir rannte, «ich ertrinke nicht, aber sag Wassillie, er soll kommen und mir helfen!» In einer Minute kamen sie beide mit Laternen. Wassillie trug seine Wasserstiefel und einen Regenmantel, und so watete er auf meinen Baumstamm zu und tastete sich an ihm entlang zu mir heran. Das Wasser war etwa eineinhalb Meter tief, doch er war groß und stark. Bald hatte er meine Füße aus den Röcken befreit, und hierauf half er mir, bis zu der Seite des Kanals, von der ich gekommen war, zurückzukriechen. Dann eilten wir alle drei schnurstracks zum nächsten Unterschlupf in ein leerstehendes Gebäude. Nachdem Wassillie ein Feuer angezündet hatte, eilte er zur Mission, um Bescheid zu sagen, daß ich in dieser Nacht nicht zurückkommen würde. Annie sorgte dafür, daß es mir warm und behaglich war.

Am nächsten Tag ging ich wie gewöhnlich zur Schule, und alle benahmen sich, als sei ich von den Toten auferstanden. Sie wußten so gut wie ich, daß mich nichts hätte retten können, wenn ich auf der Ozeanseite von der Brücke hinuntergefallen wäre. Ich machte mir Vorwürfe wegen meiner Torheit und versprach, künftig besser auf die Zeit zu achten, wenn ich bei der Arbeit war.

Als das Schuljahr endete, erhielt ich, worauf ich seit drei Jahren gewartet hatte: eine Versetzung nach Iliamna! Dort war eine Schule gebaut worden und eine Wohnung für die Lehrerin.

Nachdem ich meine Stelle in Wood Island gekündigt hatte, kam der Schulbeirat der Gemeinde zusammen. Wieder wählte man mich für das nächste Jahr, und wieder bestand der Direktor darauf, daß ich bliebe. Aber diesmal konnte mich nichts halten. Ich war entschlossen, mich auf die Abreise vorzubereiten. Und diesmal akzeptierten meine Freunde meine Entscheidung.[2]

Und wieder einmal schiffte ich mich auf der *Dora* nach Seward ein, und wieder einmal hatte ich dort eine Wartezeit von zehn Tagen. Die Tage der eleganten Gesellschaft waren vorüber, und die protzigen Bungalows standen leer, denn das Eisenbahnprojekt war so lange eingestellt worden, bis weitere Geldmittel vorhanden sein würden. Meine liebe Freundin, die Frau des US-Marshals, und ihre Familie wohnten auf Bitten des Besitzers mietfrei in einem dieser schönen möblierten Häuser, um es vor Einbrechern zu schützen. Sie luden mich ein, bei ihnen zu logieren.

Zwar war die Zeit der feudalen Teepartys vorüber, doch stand ein größeres gesellschaftliches Ereignis bevor. Die National Editors Association, die in Seattle tagte, plante, eine Exkursion nach Seward zu unternehmen[3]. Die Handelskammer arrangierte einen Ausflug der Gruppe zum Turnagain-Arm, einem Meeresarm am Ende des Cook Inlet. Bis zu dieser Stelle war die Eisenbahnstrecke fertig. Seinen merkwürdigen Namen erhielt er folgendermaßen: Der Forscher Captain Cook hatte gedacht, er habe einen schiffbaren Weg durch den nordamerikanischen Kontinent gefunden, doch als er das Ende des Inlet gefunden hatte, dort, wo es sich in zwei Arme teilt, rief er seiner Crew zu: «Turn again!» («Wieder umkehren!»)

Ich wurde eingeladen, die Gruppe von mehreren hundert Besuchern auf der Bahnfahrt zu begleiten. Wir waren an einem Tag mit idealem Wetter in offenen Wagen unterwegs. Die Damen von Seward hatten ein ausgezeichnetes Mittagessen für die ganze Gesellschaft vorbereitet. Die Eisenbahnstrecke verlief entlang des alten Goldsuchertrails, zusätzlich waren meh-

Sewards Hauptstraße, zirka 1913. *Seward Community Library, Sylvia Sexton collection*

rere lange Tunnels durch die Berge gegraben worden, die Millionen gekostet hatten.

Gegenüber einem der Gletscher, getrennt von uns nur durch einen tiefen Canyon, den herabstürzende Eismassen in grauer Vorzeit gegraben hatten, hielt der Zug, und wir stiegen aus. Alle Passagiere, alte und junge Männer und auch Frauen, vergaßen für eine Stunde, daß sie erwachsen waren. Wir verwandelten uns in einen Haufen Jungen und Mädchen, die einander mit Schneebällen bewarfen. War das ein Ducken und Rennen, ein schallendes Gelächter! Dann führte uns ein kurzer Spaziergang zurück in den Sommer, und die Gruppe bestieg wieder die Eisenbahnwagen, die Arme voll herrlicher Wildblumen. Als wir über eine Ebene mit hohem Gras fuhren, trottete ein riesiger Elch direkt auf den Zug zu. Der Elch schien den Zug nicht zu bemerken, bis ein einziger großer Schrei aus allen Kehlen «an Bord» erschallte. Da hob das prachtvolle Geschöpf den Kopf, erstarrte für einen Moment, schien festzustellen, daß wir nicht Teil der Landschaft waren, drehte sich um und verschwand in der Ferne zwischen Bäumen.

Wir fuhren um einen zwanzig Kilometer langen See, in dem sich Berge spiegelten, die außerhalb unserer Sichtweite lagen. Wasservögel strichen über seine Oberfläche, und in der Luft jubilierten Singvögel. Wir passierten noch mehrere gigantische Flüsse mit Eis und Schnee, einen mächtigen Gletscherwasserfall und in Schluchten geborstene Eisblöcke in Blau, Grün und Weiß, wie Mauern aus Edelsteinen. Im Cook Inlet sahen wir den wilden Ansturm des Meeres, das zwischen Bergen eingezwängt war. Die Flutwellen schossen hoch in die Luft. Normalerweise betragen die Gezeitenunterschiede in sechs Stunden neun Meter. Damit läuft die zweithöchste Flut der Welt auf, nur übertroffen von der in der Bay of Fundy. Die Gezeiten im Cook Inlet, in das die *Dora* sich regelmäßig hineinwagte, machten die Navigation dort über viele Seemeilen hin äußerst gefährlich.

Wir hielten in einer weiten, parkartigen Landschaft, und dort wurde das Mittagessen serviert. Das Beste waren die Ansprachen, die nach dem Essen von Lektoren und Verlegern aus dem ganzen Land und von einigen aus fremden Ländern gehalten wurden. Aus der ganzen Schar meldete sich nur ein einziger weiblicher Redakteur zu Wort. Es war Mrs. Cornelia Jewett, und ihre Ansprache konnte es durchaus mit den anderen aufnehmen. Während Mrs. Jewett sich in Seward aufhielt, lernte ich sie recht gut kennen, und ich war stolz darauf, daß ich einer Frau begegnet war, die durch ihren Einfluß so viel Gutes bewirkte.

Gegen Abend fand nach unserer Rückkehr in der Stadthalle von Seward ein Empfang und eine große Versammlung statt. Dort konnte man hören, daß die Bucht von Seward, die Resurrection Bay, so groß sei, daß alle Flotten der Welt in ihr Platz fänden.

Hannah Breece bei dem gefürchteten Abstieg auf der Strickleiter der *Dora*. Wahrscheinlich ist dies der Schnappschuß, der ohne Hannahs Wissen in Cornelia Jewetts Auftrag aufgenommen wurde. *Hannah Breece collection*

Als die Spätsommersonne die Bucht mit einem orangefarbenen Glorienschein überzog, dampfte die *Dora* herein, um mich wieder zum A. C. Point zu bringen, oder vielmehr zum Ankerplatz des Schiffes mehrere Meilen davon entfernt.

Wieder kletterte ich die schreckliche Strickleiter hinunter. Ich muß wohl einen köstlichen Anblick geboten haben, und jemand auf der *Dora* machte einen Schnappschuß von meinem Abstieg, um ihn Mrs. Jewett zu schicken. Sie hatte darum gebeten, was ich nicht wußte.

10

Rückkehr nach Iliamna

Verglichen mit damals, als der Rentiermann mich im Stich gelassen hatte, war meine Reise leicht. Der US-Regierungskommissar für das Gebiet, Mr. John F. McLean, war beauftragt worden, jede angemessene Summe für einen guten Führer zu zahlen und ein Beförderungsmittel zu bestellen, das so bequem war, wie es unter den in diesem Land herrschenden Verhältnissen möglich war. Und so war am A. C. Point ein Boot vorhanden, das mich und mein Gepäck zum oberen Ende der Iliamna Bay beförderte. Dort erwartete mich bereits Mr. Wilhelm Nielsen, ein Däne, mit seinem Pferd, Old Dick. Er sollte zu Fuß gehen, ich reiten, und mein Gepäck würde später kommen. Uncle Sam mußte für dieses Arrangement mehr als neunundzwanzig Dollar zahlen. In meinen Augen war das eine Menge Geld.

Die Sache hatte nur einen Haken. Offenbar als nachträglicher Einfall Mr. McLeans traf gleichzeitig mit mir eine Nachricht am A. C. Point ein, das Pferd müsse einen Sattel haben. Einen solchen zu besorgen hätte für Mr. Nielsen eine Verzögerung von einem ganzen Tag bedeutet. Deshalb meinte ich, eine zusammengefaltete Decke würde genügen, und die Steigbügel könnte man aus einem Seil machen. Diese improvisierte Vorrichtung hatte keine Zügel, doch Old Dicks Mähne war lang und dick, und ich dachte, an der könnte ich mich ja festhalten, wenn er versuchte durchzugehen. Da das Pferd zwar einen Zaum, aber keine Zügel hatte, gab ich Mr. Nielsen Weisung, neben dem Kopf des Pferdes herzugehen und den Zaum zu halten.

Der Pfad war um einige der gefährlicheren Stellen herumgeleitet worden, Zweige waren zurückgeschnitten, Baumstämme entfernt worden, und primitive Brücken führten über die kleineren Bäche. Von Zeit zu Zeit ließ Mr. Nielsen den Zaum los, um sich seine Pfeife anzuzünden oder seinen Arm auszuruhen, und ich wurde es müde, ihn zu ermahnen, ihn festzuhalten. Während einer dieser leichtsinnigen Unterbrechungen trieb ich Old Dick ein Bachufer hinunter, das feucht und glatt war. Unten angelangt, zeigte sich, daß die Stelle offensichtlich von Bären als Tränke und zum Suhlen benutzt wurde. Der Geruch war penetrant, auch waren frische Spuren da, obwohl keine Bären zu sehen waren, nur eine Bewegung im Unterholz, als einer davonlief. Ehe ich mich's versah, rannte das verschreckte Pferd plötzlich zurück. Ich hatte alle Mühe, nicht über seinen Kopf zu purzeln. Oben angekommen, raste es noch ein ganzes Stück weiter, dann setzte es mit einem Sprung über eine schmale, aber tiefe Schlucht. Als Old Dick drüben landete, sah es aus, als habe er alle vier Füße auf demselben Fleck. Fast rutschte ich seitwärts vom Pferd, doch ich griff in die Mähne, und irgendwie blieb ich oben. Meine Füße steckten in den provisorischen Steigbügeln fest, und ein Sturz wäre schlimm gewesen. Die Schlucht war nicht mehr als zweieinhalb Meter breit, doch als wir über ihr waren, hätte ich geschworen, sie sei so breit wie der Ärmelkanal.

Mr. Nielsen war sehr erschrocken. Er mußte ein ziemliches Stück laufen, bis er eine Stelle fand, wo er die Schlucht überqueren konnte. Und ich mußte kein Wort mehr über das Festhalten des Zaums verlieren.

Als ich in Iliamna ankam, waren die meisten Dorfbewohner zum Fischen in ihr etwa zehn Kilometer entferntes Sommerlager gezogen. Doch diejenigen, die zu Hause waren, empfingen mich so herzlich, als ob sie mich schon immer gekannt hätten.

Natürlich inspizierte ich sofort das Schulhaus und stellte

fest, daß in seinem einzigen großen Raum zwar moderne Schulpulte und Stühle für Schüler und Lehrer vorhanden waren, jedoch nichts sonst. Es war aber reichlich Platz für die zusätzlichen Dinge in meiner Fracht vorhanden, und ich hatte die Genehmigung, zu kaufen oder anfertigen zu lassen, was noch fehlte. Das Haus für die Lehrerin war gemütlich möbliert und gut mit Utensilien zum Kochen und Geschirr ausgestattet.

Beide Blockhäuser waren zu hohen Kosten aus riesigen Stämmen gebaut worden. Ihr Standort war freilich nicht besonders günstig gewählt. Sie lagen erheblich weiter vom Dorf entfernt, als nötig gewesen wäre. Der offensichtliche Vorteil war ihre herrliche Lage auf der Kuppe eines Hügels, unter dessen Hang in etwa hundertfünfzig Meter Tiefe ein breiter, tiefer Fluß dahinströmte. Der baumlose Hang glühte in dem prächtigen Rot von Feuerkraut und anderen scharlachrotblättrigen Pflanzen. So erfreuten sich beide Gebäude nicht nur einer unbehinderten, herrlichen Aussicht, sondern waren auch meilenweit im Umkreis für jedermann ein stolzer Anblick.

Von Nachteil war außerdem, daß der Platz ungeschützt starkem Wind ausgesetzt war. Schlimmer noch, der Pfad zwischen dem Häuschen und der Schule, etwa dreißig Meter lang, war steil und verlief ein Stück am Abhang entlang, der jäh abfiel, wobei kaum genügend Platz für den schmalen Weg vor der Tür des Schulhauses blieb. Da hinter der Schule eine genügend große, ebene Fläche lag, wunderte ich mich, warum man das Haus nicht wenigstens ein klein wenig weiter zurückgesetzt hatte oder warum seine Tür nicht auf der Rückseite oder an der Seite angebracht war.

Nun ja, das war ungünstig, aber ich würde zurechtkommen. Und ich war zufrieden. Wenn ich mir eine Schule gewünscht hatte, die dringend einen Lehrer brauchte und für die es schwer war, einen guten zu gewinnen, dann hatte ich sie nun sicherlich gefunden.

Ein Pfad, der zu den verstreuten Hütten des Dorfes führte, verlief hügelabwärts und am Fluß entlang. Der andere Pfad, über den Hügel, schnitt durch dichten Wald, bevor er ins Dorf einmündete. Das staatliche Verwaltungsgebäude und die russische Kirche lagen auf einer Terrasse desselben Hügels wie die Schule, sie waren jedoch noch weiter von der Schule entfernt als das Dorf. Ein wenig abseits vom Dorf stand das Geschäft der Alaska Commercial Company, ihr Lagerhaus und das Haus ihres Verwalters. Überall zwischen den Hütten verstreut und in einigen Fällen auch hinter der Siedlung befanden sich Vorratsspeicher für Fische, kleine Blockhütten auf etwa dreieinhalb Meter hohen Pfählen, in denen die Familien ihre Wintervorräte verwahrten. Die Tür des Vorratsspeichers wurde mit einem Vorhängeschloß gesichert, dann wurde die Leiter entfernt.

Das wichtigste Haus im Dorf und in der Tat in der ganzen Gegend war das Haus von Old William Rickteroff, dem Vorleser der Kirche. Er vertrat die Stelle eines Priesters. Der Priester

Das Dorf Iliamna, oben rechts die Kirche. Die Pfahlbauten sind Vorratsspeicher für Fisch. Die abseits gelegene Schule und das Häuschen der Lehrerin sind nicht zu sehen, sie liegen hinter dem bewaldeten Hügel links. *Hannah Breece collection*

sollte eigentlich einmal alle drei Jahre kommen, doch zu jener Zeit war er seit fünf Jahren nicht mehr erschienen. Williams Haus lag im mittleren Teil des Dorfes und fiel wegen seiner Größe und seines schmucken, gepflegten Aussehens auf. Es war der Mittelpunkt allen geselligen Lebens. Jeden Sonntagabend wurde dort getanzt, und das Haus diente gleichzeitig als Versammlungsraum für alle anderen öffentlichen Veranstaltungen. Wie in den anderen Häusern bestand die Wohnung nur aus einem einzigen Zimmer, doch Williams Zimmer war riesig, peinlich sauber und hatte einen bemerkenswert glatten, harten Boden. Sein Eßtisch war, wie in allen übrigen Häusern in Iliamna, nur 15 Zentimeter hoch, mehr eine Plattform als ein Tisch. Es war Sitte, um ihn herum auf dem Fußboden zu sitzen. Entlang der Wände standen schmale Betten, die bei Versammlungen als Sitzgelegenheiten dienten.

Old William war gar nicht so alt, er war ein Mann in mittleren Jahren mit einem langen, eisengrauen Bart. Das wirklich alte Familienmitglied war Old Daria, die angeblich über hundert Jahre zählte und die noch älter aussah. Sie war stets beschäftigt. Auf dem Boden sitzend nähte sie emsig Pelzkleidung für die ganze Familie, Stiefel aus Seehundfell für kaltes und Stiefel aus getrockneter Fischhaut für nasses Wetter. Williams Frau Maria und seine verheiratete Tochter Mary hatten ebenfalls ständig zu tun, sie fertigten hübsche Mokassins mit kunstvoller Perlenstickerei. William und seine Frau sahen beinahe rein russisch aus. Ihr älterer Sohn William Mike war ein gutaussehender junger Mann, der zweite Sohn, Stephen, war verkrüppelt und wurde sehr verhätschelt. Mit der kleinen Paraskovia, etwa acht Jahre alt, war die Familie komplett.

Ein anderes sehr wichtiges Haus war das Heim Epheme Rickteroffs, des weisen Mannes. Der weise Mann eines Dorfes war unweigerlich blind, und so auch Epheme, obgleich man das nie erraten hätte, wenn man ihm zusah. Er war groß, hatte glänzendes schwarzes Haar, einen langen schwarzen Bart, und seine Gesichtsfarbe war fast zu blaß. Epheme sprach ausgezeichnet Englisch und war ein Philosoph. Ich bin überzeugt, wenn das Leben ihm andere Chancen geboten hätte, wäre Epheme ein berühmter Mann geworden. Er war der Richter in allen schwierigen Fällen, und seine Entscheidungen wurden als endgültig akzeptiert. Er und seine Frau Agafia, eine gutaussehende, intelligente Frau, hatten einen Sohn und zwei Töchter im Alter zwischen achtzehn und sieben Jahren. Sein Haus, obwohl viel kleiner als das von Old William, war ähnlich eingerichtet. Epheme, Old William und Kusma, der Dorfälteste, waren Brüder. Wenn sie in Ephemes Haus Rat abhielten oder wenn andere Männer eine Besprechung mit Epheme hatten, wurden die schmalen Wandbetten als Sofas benutzt, auf denen es sich die Männer bequem machten.[1]

Zu den besonders wichtigen Persönlichkeiten zählte auch Old Matrona. Sie war die *dorcas*, die wohltätige Frau des Dorfes. Wo immer Krankheit oder Leid herrschten, war sie zu finden. Sie nähte für die Bedürftigen und kümmerte sich um vernachlässigte Kinder. Old Matrona war groß und schlank, mit glattem schwarzen Haar, kleinen schwarzen Augen und einer ziemlich hellen Hautfarbe. In ihrem Kattunkleid sah sie stets adrett aus. Ihr Haus war ärmlich eingerichtet. Sie zog zwei Waisenkinder groß, ein armes kleines, buckliges Mädchen und einen Jungen, der nun alt genug war, um ihr zu helfen. Old Matrona wurde mir später eine große Hilfe in der Schule, sie betreute die kleinen Kinder, wenn ich meine Aufmerksamkeit auf die älteren Schüler konzentrierte. Wann immer es ihr möglich war, blieb sie den ganzen Tag in der Schule.

Insgesamt bestand das Dorf aus ungefähr 150 Seelen, darunter vier Dänen, ein Deutscher, ein Schwede, ein Franzose und vier Amerikaner. Drei Dänen und der Deutsche waren mit eingeborenen Frauen verheiratet. Außerdem gab es eine wechselnde Anzahl von Durchreisenden, Händler und Goldsucher, die das Ende des schlechten Winterwetters abwarteten.

Die Eingeborenen waren keine Aleuten wie die Bevölkerung von Afognak. Sie waren Kenai. Obwohl andere sie für Indianer hielten, behaupteten die Kenai selbst, sie seien ein Volk ganz für sich, verschieden von allen anderen. Als ich sie ken-

Der blinde Weise von Iliamna, Epheme Rickteroff, mit seiner Frau Agafia und ihrer Tochter Vera. *Mrs. Ray F. Schaleben*

nenlernte, bildete ich mir ein, sie seien, ähnlich wie das Bergvolk der Karenen in Südostasien, eine Rasse, die ich in den Anthropologieseminaren in Chicago studiert hatte. In längst vergangener Zeit, sagten die Leute in Iliamna, hätten sich die Kenai von Alaska in zwei Gruppen geteilt, und von einer dieser Gruppen stammten die Dorfbewohner ab.[2]

Bevor die Russen kamen, war keines der verschiedenen Völker von Alaska von Mächten außerhalb des Landes unterworfen worden und anscheinend auch nicht untereinander, obwohl es häufig Krieg zwischen ihnen gab. Sie waren unabhängig und frei. Von allen Volksstämmen, auf die die Russen stießen, waren die Kenai am schwierigsten gefügig zu machen. Sie weigerten sich, den russischen Soldaten und Priestern zu gehorchen oder sich mit Tand, mit Glasperlen und bunten Stoffen beschwichtigen zu lassen. Also griffen die Russen zu einer brutalen Strategie. Auf jeden Fall ist dies die Geschichte, die man mir in Iliamna erzählte. Die Leute dort glaubten fest daran.

Die russischen Soldaten bauten ein riesiges Blockhaus, von dem sie an einer Längsseite einen großen Raum abteilten. Die beiden Türen, die in diesen Raum führten, lagen einander nicht gegenüber, sondern die eine lag an der Ecke, die am weitesten von der anderen entfernt war. Ein zweiter Raum, ebenso lang, doch schmal, verlief parallel zu dem großen Raum, wieder mit versetzten Türen. Der Eingang von außen führte zu einer Vorhalle, die an einer Ecke angebracht war, von der aus man nicht in das Innere des kleinen Raumes blikken konnte. Auf diese Weise war das Innere des Gebäudes eine Art Labyrinth. Die Kenai hatten keine Ahnung, welchem Zweck es dienen sollte, doch sie waren argwöhnisch.

Eines Tages schickten die Soldaten alle Männer und großen Jungen zu einem Arbeitskommando außerhalb des Dorfes. Die Soldaten, die in der Siedlung blieben, trieben alle Frauen und Kinder in den großen Raum und sperrten sie ein.

Als die Männer und Jungen spätabends zurückkehrten, konnten sie ihre Familien nirgends finden, doch hörten sie Schreie aus dem Innern des Gebäudes. Die Russen sagten zu den Männern und Jungen, sie könnten zu ihren Familien hineingehen, doch die Männer fürchteten Verrat und weigerten sich anfangs.

Am Ende war die Sorge um ihre Kinder, Frauen und Mütter größer als ihre Angst. Es wurde ihnen erlaubt, einer nach dem anderen den schmalen Raum zu betreten. Soweit diejenigen, die draußen geblieben waren, sehen konnten, ging jeder unbehelligt hinein, doch die Frauen und Kinder konnten niemanden hereinkommen sehen. Hinter der Vorhalle und verborgen für jedermann stand ein russischer Soldat mit einem Knüppel – dem Oberschenkelknochen eines Elchs –, einer Waffe, die die Kenai selbst im Krieg benutzten. Jeder Mann oder große Junge, der hereinkam, wurde schnell und geräuschlos mit einem Schlag auf den Schädel getötet. Nachdem alle erwachsenen Kenai-Männer ermordet worden waren, wurden die Frauen und Kinder freigelassen.[3]

Die russischen Männer heirateten eingeborene Frauen, und die Familien erhielten russische Namen. Sie wurden gezwungen, die russische Religion anzunehmen, die ihnen insofern zusagte, als sie umständliche Zeremonien und Bräuche mochten. Ein Soldat namens Rickteroff war ein hoher Offizier gewesen. Viele Familien trugen seinen Namen, und sie waren stolz darauf, von einem glanzvollen Geschlecht abzustammen, obwohl sie sich andererseits immer noch als Kenai betrachteten. Dorfbewohner namens Rickteroff, wie Old William, Epheme, Kusma und ihre Familien, waren oft außergewöhnlich intelligent und tüchtig. Allerdings gingen die Leute in Iliamna nicht so vorbehaltlos in der russischen Lebensweise auf wie die Aleuten an der Küste. In dieser Siedlung gab es keine Bilder des Zaren und der Zarin. Im übrigen mochten die Kenai auch die Aleuten nicht.

Es gab kein Kastensystem, das Status verlieh, vielleicht, weil sie alle Mischlinge waren, wenn auch offensichtlich zu verschiedenen Graden. Die überwiegend Kenai waren, waren für gewöhnlich, wenn auch nicht immer, eher kleiner, stämmiger und körperlich sehr kräftig. Im auffallenden Unterschied zu Afognak erfreuten sich die Familien von weißen Männern, die Eingeborene geheiratet hatten, keines hohen Status. Vielleicht lag das daran, weil in Iliamna ein weißer Mann, der eine ungebildete Eingeborenenfrau heiratete, diese nicht auf sein Niveau hob, sondern fast unweigerlich selbst auf das Niveau der

Einheimischen sank. Ich hatte den Eindruck, daß die Gemeinde den Respekt vor europäischen und amerikanischen Männern verlor, die die Lebensweise der Eingeborenen annahmen. Auf jeden Fall veränderte sich zu jener Zeit in Alaska die Einstellung in bezug auf Mischehen zusehends. Während diese früher nicht nur gutgeheißen, sondern sogar ermutigt wurden, war dies heute nicht mehr der Fall.[4]

In Iliamna zog auch Reichtum keine gesellschaftlichen Trennungslinien, denn alle waren arm. Sie waren die ärmsten Menschen, denen ich je begegnet war. Zur «Zeit der Seeotter» lebten die Kenai ebenso wie die Völker an der Küste in verhältnismäßigem Wohlstand. Nachdem die Otter durch die Jagd fast ausgerottet worden waren, wurden sie geschützt, und der Handel mit ihren Pelzen war gesetzlich verboten. Der Verlust des Seeotter-Reichtums ließ die Menschen in Iliamna verarmen, sie waren nun fast vollkommen auf den Fischfang angewiesen.

Der Wirtschaftszyklus eines Jahres begann im Sommer, wenn die Dorfbewohner zehn Kilometer flußabwärts in zwei einander gegenüberliegende Fischfanglager zogen, an der Stelle, wo der Iliamna-Fluß in den See mündete. Kusma, der Dorfälteste, wohnte in dem größeren Lager am Südufer, und sein Stellvertreter im Lager am Nordufer. Sie lebten in Zelten oder provisorischen Unterkünften und arbeiteten vom frühen Morgen bis zum späten Abend sehr hart. Die Fische wurden gefangen, vorbereitet und gebündelt. Die Vorbereitungen wurden sehr sorgsam durchgeführt, keine Mühe wurde gescheut.

Für *bolika*, geräucherten Lachs, wurden die besten Lachse gereinigt, dann die Gräten entfernt und die Haut abgezogen. Die Haut wurde getrocknet und zu wasserdichten Stiefeln verarbeitet, die Gräten ebenfalls getrocknet und als kommerzielles Hundefutter verwendet. Mit einem scharfen Messer schlitzten sie den Fisch in der Mitte auf, ließen aber die Schwanzflosse dran, sie hielt die beiden Stücke zusammen. Die aufgeschlitzten Fische legten sie für einen oder zwei Tage in ein Gemisch aus braunem Zucker und Salz und hängten sie dann in das Räucherhaus. Händler bezahlten etwa fünfzehn Cent für einen halben geräucherten Fisch. Bevor ich nach Alaska gekommen war, hatte ich ihn in den Märkten von Seattle das Pfund für dreißig Cent gekauft. Die Leute behielten ausreichend *bolika* für ihren eigenen Bedarf im Winter zurück.

Eukala, getrockneter Lachs, erforderte nicht so viel Arbeit, weil er nicht gehäutet, sondern nur das Rückgrat herausgezogen wurde. Händler kauften ihn zu Bündeln von hundert Fischen für sechs bis zehn Dollar pro Bündel. Für ihren eigenen Verzehr stellte jede Familie ein Faß mit gesalzenem, getrocknetem Lachs beiseite und vergrub einen guten Vorrat für ihre Hunde.

Wenn die Fischfangsaison Anfang September zu Ende war, erwachte das Dorf wieder zum Leben. Die Dorfbewohner pflückten große Mengen wilder Kronsbeeren, die sie mit Wasser bedeckten und in Blöcken für den Winterverzehr einfroren. Für etwa zwei Wochen gingen die meisten Männer auf Bärenjagd, und viele Frauen zogen jeden Tag aus, um Eichhörnchen in Fallen zu fangen. (Die meisten anderen Wildarten in der Umgebung des Dorfes waren bereits vertrieben.) Mit dieser Beute wurde nicht gehandelt. Die Dorfbewohner töteten nur so viele Bären und Eichhörnchen, wie sie für den eigenen Bedarf an Pelzen und frischem Fleisch benötigten.

Jemand schenkte mir ein schönes Steak von einem jungen Schwarzbären. Es kam von seiner rechten Seite. Niemandem würde es einfallen, Fleisch von der linken Seite eines Bären zu essen. Sie sagten, wenn das Tier einen Mann oder eine Frau gefressen habe, dann würde das Blut dieses Menschen durch die linke Seite des Bären fließen. Von der falschen Seite zu essen könnte das größte Unglück heraufbeschwören.

Die Schule begann zur Zeit der Eichhörnchen- und Bärenjagd.

11

Die Schule in Iliamna

Zu Anfang des Schuljahres beging ich einen großen Fehler. Pete Rickteroff, der neunjährige Sohn Kusmas, des Dorfältesten, wollte nicht an seinem Pult sitzen bleiben. Immer wieder schlüpfte er hinüber zu seiner Cousine Paraskovia, der kleinen Tochter Old Williams, des Vorlesers, und hielt sie von ihren eigenen Aufgaben ab. Ich tadelte ihn wieder und wieder, aber er flitzte dennoch davon, wenn es ihm in den Sinn kam. Er hielt sich nämlich an die neue Unterrichtsmethode, auf die aber weder ich noch die anderen Schüler schon eingestellt waren. Eines Morgens war ich verärgert, nahm ihn bei der Hand und führte ihn auf seinen Platz zurück, und da er noch nicht viel Englisch verstand, gab ich ihm mit Gesten zu verstehen, daß er bestraft würde, wenn er nicht gehorchte.

An diesem Mittag kam Pete nicht zur Schule zurück. Um etwa drei Uhr hörte ich die Kirchenglocken läuten und Hörner tuten und schickte jemand zum Dorf, um zu fragen, was los war. Pete war mittags nicht nach Hause gekommen, und jemand berichtete, daß man gesehen habe, wie er in den Wald gelaufen sei. Alle gingen auf die Suche nach Pete, und alle hatten Angst, denn er konnte von einem Bären angegriffen worden sein. Er hatte sich verirrt und lief im Kreis und wurde nach einer Stunde Suchens gefunden.

Sein Vater brachte ihn am nächsten Tag zur Schule. Er meinte, mit meinem Bemühen, Pete zum Gehorsam anzuhalten, hätte ich recht gehabt. Er versicherte mir, der Junge würde nicht wieder fortlaufen. Doch der kleine Pete hatte mir eine wichtige Lektion erteilt. Ich beschloß, nie wieder ein Kind mit der Androhung von Strafe zu ängstigen. Die Eingeborenen sind niemals streng mit ihren Kindern.

Die Frauen in Iliamna verstanden nicht den Zusammenhang zwischen Hygiene und Gesundheit. So sah ich eine meiner wichtigen Aufgaben als Lehrerin hier darin, ihren Maßstab von Reinlichkeit im Haushalt anzuheben, besonders, was die Vorbereitung von Mahlzeiten und die Kinderpflege betraf. Ich verfügte über genügend Lebensmittel, um ein Essen pro Woche für Mütter und Kinder zu bereiten. Diese wöchentlichen Anlässe gestaltete ich nicht nur zu Schulzimmerpartys, sondern nahm sie als Gelegenheiten zum morgendlichen Koch- und Hygieneunterricht für die Mütter und die älteren Schülerinnen. An anderen Vormittagen konnten die Mütter, die Lust hatten, zum Nähen kommen.

Den Müttern machte das alles Spaß, und sie versäumten nicht gerne die Koch- und Nähstunden. Und immer, wenn ich ein Haus besuchte und es schmutzig und ungepflegt vorfand, sagte ich der Mutter, sie könne nicht zur Schule kommen, bis es sauber sei. Dann wusch und schrubbte sie einen oder zwei Tage eifrig, und dann kam sie wieder. Soweit ich feststellen konnte, nahmen sie mir meine Einmischung nicht übel.

Eine junge Mutter, die ihr Baby, einen kleinen Jungen, jeden Morgen mit zur Schule brachte, badete ihn offensichtlich nicht, denn er und seine Kleidungsstücke waren unglaublich schmutzig. Nachdem ich den Kleinen eine Zeitlang mißtrauisch beäugt hatte, nahm ich mir vor, ihnen allen eine große Lektion zu erteilen.

Ich holte eine hölzerne Zwiebackkiste und wies die Jungen an, sie zu verstärken und gute, starke Griffe an den Enden anzubringen. Die älteren Mädchen bekamen die Aufgabe, ein hübsches Bettchen zu machen. Sie waren begeistert. Unter meiner Anleitung nähten sie eine kleine Matratze, die sie mit trockenem Moos füllten, sowie ein winziges Kissen, das mit Eiderdaunen gefüllt wurde. Sie nähten kleine Laken und Kissenbezüge und Decken aus Flanell. Dann ließ ich einen Schreiner kommen und das Bett an starken Schnüren an der Decke aufhängen. Ich hieß die Jungen, einen Kessel mit Wasser auf den Ofen zu stellen, anschließend bereitete ich warmes Badewasser in einer Wanne vor, und daneben legte ich Seife und Handtücher.

Daraufhin bat ich die Mutter, den Jungen auszuziehen und zu waschen. Sie war außer sich und behauptete, es würde das Baby umbringen, wenn ich sie zwingen würde, ihn ins Wasser zu legen. Es gab keine Verständigungsmöglichkeit zwischen meinen Worten und ihren Auffassungen und keine Möglichkeit, sie mit Worten zu überbrücken. Die einzige Chance war ein Anschauungsunterricht. Also nahm ich das Baby, und trotz ihres Bemühens, mich davon abzuhalten, zog ich ihm seine schmutzigen Lumpen aus und legte es in die Wanne, wo das Baby das erste Bad seines Lebens nahm. Es war ein stämmiger, sechs Monate alter Junge, und er strampelte und krähte, während er gewaschen wurde. Dann halfen die Mädchen, und zusammen kleideten wir ihn in neue, saubere Sachen. Die alten warfen wir ins Feuer. Als alles vorüber war und die Mutter sah, wie ihr Kind so sauber und vergnügt in seinem weißen Bettchen lag, dankte sie mir wieder und wieder auf russisch: *«Spasiba! Spasiba!»*

Dieses Baby hatte einen weißen Vater, einen Skandinavier, und mit seinen blauen Augen und goldblonden Locken sah es aus wie die Miniaturausgabe seines Vaters. Aber die weißen Väter hier beteiligten sich nicht an der Erziehung ihrer Kinder, bis sie im Schulalter waren, und sie boten ihren Frauen keine Hilfe an und übten auch keinen Einfluß auf ihre Haushaltsführung aus.

Immer, wenn ich mit niedriger stehenden Rassen zu tun hatte, bemühte ich mich, den Menschen verständlich zu machen, daß ich es gut mit ihnen meine und sie als Menschen liebe und respektiere, doch daß ich nicht zu ihnen gekommen war, um auf ihr Niveau hinabzusinken, sondern um das ihre zu heben. Wenn man sich nicht an diesen Maßstab hält, kann man wenig tun, um ihr Leben zu verbessern. Ich bin einer ungebildeten Eingeborenenfrau überlegen und gebe ihr zu verstehen, daß ich mir dessen bewußt bin. Sie weiß es selbst. Doch ich bringe zum Ausdruck, daß ich Vertrauen in ihre Fähigkeit habe, sich selbst und ihr Leben und das ihrer Kinder zu verbessern. Sie sind in vieler Hinsicht noch unzivilisierter, als ich es an dieser Stelle sagen darf. Doch möchte ich eine Grenze ziehen zwischen der Absicht, sie zu Weißen zu machen und sie zu zivilisieren.

Der Anschauungsunterricht in der Kinderpflege war erfolgreich. Bald gab es im Dorf auf Bitten der Mütter noch zwei weitere hübsche Hängebettchen. Damals hatte das Dorf nur diese drei Babys. Die Keuchhustenepidemie im vorigen Winter hatte die Säuglinge und fast alle Kleinkinder dahingerafft.

Der nächste Arzt war etwa zweihundert Kilometer südlich in Koggiung stationiert. Washington versuchte, den Lehrerinnen Kenntnisse einfacher Heilmittel zu vermitteln, und versorgte uns mit guten Medizinkästen. Ich konnte gebrochene Knochen richten, falls der Bruch einfach war, Hautinfektionen und Schnittwunden behandeln, konnte Erkältungen und gewisse Schmerzen lindern und einige krankheitsverhütende Maßnahmen lehren. Meine wichtigste Quelle war ein medizinisches Lehrbuch, das von einem Dr. Krulish für das Kriegsministerium zusammengestellt worden war. Viele der Krankheiten, die unter Eingeborenen verbreitet waren, wurden darin beschrieben und Behandlungsmethoden empfohlen.

Ein neugeborener Säugling starb während meines ersten Winters in Iliamna. Seine Mutter hatte Tuberkulose und lag im Sterben, und ihr Kind lebte nur wenige Monate. Ich verabreichte ihm keine Medikamente, weil es zu klein war, und ich wußte ohnehin nicht, was ich ihm hätte geben sollen. Es verdrehte nur die Augen nach oben und zog das Köpfchen zurück, und ich vermutete Gehirntuberkulose.

Der Vater war von der alten Schule, das heißt, er war vielleicht der einzige Mensch im Dorf, der noch nicht einmal versuchte, sich vom Aberglauben frei zu machen. Als das Baby starb, wußte er genau, wer schuld war, und beschloß, es mir vor die Tür zu legen. Ich ging zu Epheme, dem Weisen, und erzählte ihm, daß der Vater sehr böse auf mich sei und weshalb. Epheme dachte einige Minuten nach, dann sagte er: «Machen Sie sich keine Sorgen. Ich werde mit ihm sprechen. Ich werde ihm sagen, daß er stillschweigen soll. Dies ist Sache des Herrn.»

Ich hörte keine Beschuldigungen mehr, doch damit war die Sache noch nicht erledigt. Am nächsten Tag besuchte ich die Familie in ihrer winzigen Hütte. Die Mutter lag im Bett, schon fast hinübergedämmert, und hustete unaufhörlich. Das andere Kind, eine fünfzehnjährige Tochter, saß an dem niedrigen Tisch neben ihrem Vater, der das tote Baby im Arm hielt, während er Tee einschenkte und mit der anderen Hand Schiffszwieback austeilte.

Das ganze Dorf hatte in dem Haus gegessen, mit dem toten Kind am Tisch. Ich redete dem Vater freundlich zu, denn er verstand Englisch, und sagte ihm, er möge doch die Beerdigung noch am selben Tag vornehmen. Das tat er aber nicht, und am nächsten Tag sah ich ihn wieder mit der kleinen Leiche im Arm dasitzen und Essen austeilen. So traurig es war, das ging einfach nicht. Ich sagte ihm, wenn das Begräbnis nicht innerhalb von drei Stunden stattfände, müsse man es dem Regierungskommissar melden und der Vater habe sich vor ihm zu verantworten. Das Baby wurde innerhalb der Frist begraben. Das war der einzige Vorfall dieser Art, der sich während der drei Jahre, die ich in Iliamna verbrachte, zutrug.

Das Schulhaus war so groß, daß man es noch für viele andere Zwecke einrichten und benutzen konnte. In der Rentierstation stand ein schöner großer Kochherd, der nicht gebraucht wurde, den ließ ich holen. Er wurde sofort auf einem Rentierschlitten gebracht. Neben den Herd baute der Dorftischler einen großen Küchenschrank für Geschirr, Kochutensilien und Lebensmittel. Zwei große, mit weißem Wachstuch bedeckte Eßtische wurden an der anderen Seite des Herdes aufgestellt. Wir hatten reichlich Seife und Wasser, es gab Vorrichtungen zum Händewaschen und auch zum Geschirrspülen – ein dringend notwendiges Beispiel. Ich ließ einen großen Wandschirm anfertigen, der die Küche vom übrigen Schulzimmer trennte, doch oft wurde der Wandschirm beiseite geschoben, damit alle Schüler dem morgendlichen Kochen und dem Hygieneunterricht zuschauen konnten. Wir verwendeten nur solche Lebensmittel, die auch zum Vorrat der Dorfbewohner in ihrem eigenen Haushalt gehörten.

Zwei Mütter oder große Mädchen wurden bei jeder Mahlzeit dazu bestimmt, bei Tisch zu servieren, und zwei andere, das Geschirr abzuwaschen. Die Mütter und Schülerinnen lern-

Der Friedhof im Dorf Iliamna. Russisch-orthodoxe Kreuze haben drei Kreuzbalken, der untere ist schräg. Der Giebel und die spitz zulaufenden Formen sind zusätzliche Schmuckelemente. *Hannah Breece collection*

ten bei der Mahlzeit, das Essen von einem zum anderen weiterzureichen und andere nette Gepflogenheiten zu üben, wie den Tisch zu decken und Tischmanieren. Das wurde zu einer Art Gesellschaftsspiel.

Die Nähecke mit Bänken und einem großen Tisch zum Zuschneiden lag am anderen Ende des Raumes. Sogar eine Nähmaschine wurde vor einem Fenster aufgestellt. Washington hatte dafür gesorgt, daß wir mit Ballen von zum Beispiel gebleichtem und ungebleichtem Musselin, Flanell, blauem Denim und Nähutensilien ausgestattet waren.

Die Frauen waren gute Schneiderinnen. Es war faszinierend zu sehen, wie sie sich selbst zu helfen wußten, wenn sie feine Fäden brauchten. Sie nahmen eine Spule des starken Garns und hielten das Ende des Fadens zwischen ihren Zähnen. Mit den Händen drehten sie den dicken Faden auf, wenn er von der Spule kam, und drehten ihn als dünnen Faden auf eine leere Spule. Sie waren es gewohnt, aus Sehnen ihr eigenes Garn zum Nähen von Pelzen und Häuten herzustellen, und sie wikkelten die schönsten Stränge aus Sehnen, die sie von der Rentierstation bekommen hatten.

Jede Mutter nähte für ihre Kinder – für die Jungen Jacken und Hemden, Kleider, Schürzen und Unterwäsche für die Mädchen. Jedes Kleidungsstück wurde mit einem Namensschildchen der Person, für die es bestimmt war, versehen, seien es Kinder, andere Familienmitglieder oder Freunde. Und kaum war das Teil fertig, wurde es zusammengefaltet und verwahrt, um es als Weihnachtsgeschenk unter den Christbaum zu legen.

Zum Fest des Thanksgiving, als die ersten Schneestürme des Winters sich bereits gelegt hatten und von bitterer, doch windstiller Kälte abgelöst wurden, gaben wir ein großes Essen für die ganze Gemeinde. Die Jungen schmückten das Schulzimmer mit rotem, weißem und blauem Flaggentuch und kleinen amerikanischen Flaggen, die ich in meiner Fracht mitgebracht hatte, und mit großen amerikanischen Flaggen, die Washington geschickt hatte. Die Mädchen machten Papierrosen für die

Tische – reichlich merkwürdige Sträuße, aber alles sah sehr hübsch aus. Vorher kochten alle Schüler, Jungen wie Mädchen, mehrere Tage lang. Sie buken Brötchen, bereiteten gebackene Bohnen, Reis und große Bleche mit einfachen Kuchen mit rosa Zuckerguß zu. Ein junger Mann, der in einer amerikanischen Stadt im Osten aufgewachsen war und jetzt bei der Handelsgesellschaft arbeitete, benutzte die Küche in meinem Haus, um eine Menge Pasteten mit Dosenkürbis und Rosinen zu backen. Am Morgen des Thanksgiving Day machten die größeren Mädchen eine große Portion *peruk*, eine russische Fischpastete, ließen die anderen Speisen auftauen und wärmten sie auf.

Jeder aus dem Dorf kam zur Party: Schüler, die anderen Eingeborenen, die Weißen, die in Iliamna lebten, und ein paar Goldsucher. Zu meiner Freude kam auch eine weiße Frau, von der ich schon gehört hatte, die ich aber noch nicht persönlich kannte. Sie und ihr Mann hatten etwa achtzig Kilometer westlich von uns im Auftrag einer Goldminengesellschaft aus Seattle ein Geschäft für Ausrüstung und Verpflegung der Goldschürfer eröffnet. Die Investoren solcher Gesellschaften rüsteten die Goldsucher aus; die Claims[1], die sie registrierten, waren Eigentum der Aktionäre. Ich glaubte zwar nicht an die erhoffte Goldmine, doch freute ich mich, daß eine weibliche Goldsucherin aufgetaucht war.[2]

Auch die weißen Männer lieferten einen Beitrag zu dem Fest. Sie hatten Lieder eingeübt, und ich begleitete sie auf dem Harmonium. Sie eröffneten den einstündigen Gottesdienst. Dann wurden die Thanksgiving-Proklamationen des Gouverneurs von Alaska und des Präsidenten vorgelesen und übersetzt. Bei der Mahlzeit servierten die weißen Männer, und die Dame, die zu Besuch gekommen war, und ich saßen bei den Eingeborenen, nicht, weil wir bedient werden wollten, sondern weil es ihnen Freude machte.

Als alle nach Herzenslust gegessen hatten, durften die Eingeborenen sich die Reste mit nach Hause nehmen. Sie beschlossen, alles zusammen zu Old Williams Haus zu bringen, und dort feierten sie abends ein Dorffest. Auch ich gab in meinem Häuschen ein zweites Fest mit einem Thanksgiving-Dinner für die weißen Durchreisenden, so gut, wie es in diesem Land eben möglich war.

Natürlich veranstalteten wir auch eine Weihnachtsfeier, doch das Festmahl zu Thanksgiving war die große Schulveranstaltung des Jahres.

Zwar war jedermann in Iliamna arm, doch in dieser Armut gab es Unterschiede: Die Kinder von Witwen oder solche, die beide Eltern verloren hatten, mußten zurechtkommen, so gut sie konnten. Ich hatte festgestellt, daß diese Kinder zu den fleißigsten und besten Schülern gehörten, weil sie an den Existenzkampf gewöhnt waren. Im Sommer wurden sie von Familien mit Wadenetzen zum Fischfang angestellt, und sie erhielten als Bezahlung einen spärlichen Vorrat an getrocknetem Lachs. Sie bekamen gerade genug, um sich damit am Leben zu erhalten, doch nicht genug, um Fisch zu verkaufen. Das Geld für ein eigenes Wadenetz vermochten sie so nicht aufzubringen.

Nachdem ich diese Situation nach Washington berichtet hatte, erhielt ich die Genehmigung, Material für ein Industrieprojekt zu besorgen, das diese Schulkinder übernehmen sollten. Um sicherzugehen, daß die Arbeit richtig getan wurde, ließ ich einen alten norwegischen Fischer das Netzflechten und Knüpfen und das Anbringen von Korken und Leinen beaufsichtigen. Die Schüler machten das beste Wadenetz, das man je im Dorf gesehen hatte, und es war ihr Eigentum.

Diese Leute anzulernen und zu unterrichten, so daß sie in ihrer eigenen Umwelt auf vernünftige, nützliche Weise ein glückliches Leben führen könnten, stimmte mit der Erziehungspolitik der Regierung überein. Das Ministerium in Washington wollte keinesfalls, daß sie unzufrieden waren mit dem, was sie hatten, oder daß sie gezwungen wären, in ein fremdes Land zu gehen, wo sie vollkommen entwurzelt und wahrscheinlich unglücklich sein würden.

Heiligabend 1909 im Schulhaus in Iliamna. *Hannah Breece collection*

Meine ungewöhnlichsten Schüler waren sechs junge Männer, die in der Rentierstation in die Lehre gingen. Die Station war von der Regierung eingerichtet worden, um festzustellen, ob Rentiere die sich verringernden Karibuherden ersetzen konnten. Diese Jugendlichen hatten Anspruch auf jährlich zwei Monate Schulunterricht. Jeweils zwei auf einmal kamen zu uns.

Sie brachten ihre eigenen Lebensmittel mit und wohnten in einer kleinen gemütlichen Hütte, die neben dem Schulhaus für sie gebaut worden war. Ich gab den beiden ersten Bücher und Schreibzeug mit, damit sie dem dritten Paar beibringen konn-

Eskimo-Lehrling der Rentierstation mit seiner Schulausrüstung. Rechts das Schulhaus von Iliamna, in der Mitte das Häuschen der Lehrerin und ganz links die Unterkunft der Lehrlinge. *Mrs. Ray F. Schaleben*

ten, was sie gelernt hatten, und um denen einen guten Start zu ermöglichen, ehe sie zu uns kamen. Mit dieser gründlichen Vorbereitung nahm das dritte Paar wieder noch weiter fortgeschrittenes Material mit, um die anderen zu unterrichten. Die sechs waren aufgeweckt und fleißig und eifrig bemüht, einander etwas beizubringen, und so machten sie fast ebenso gute Fortschritte wie die Schüler, die den ganzen Winter über zur Schule gehen konnten.

12

Überleben in der Kälte

Der Iliamnasee, hundertfünfundzwanzig Kilometer lang und mehr als dreihundert Meter tief, ist der größte See Alaskas. In der Kenaisprache bedeutet *Iliamna* «Mutter der Winde», ein Name, den der See auch verdient.[1] Die Nordwinde fegen ungehindert, vom Nordpolarmeer kommend, darüber hin. Die Westwinde finden ihren Weg den großen Kvichak River hinauf, den Abfluß des Sees an der Bristol Bay am Beringmeer. Süd- und Ostwinde wehen durch die Wasserscheide der Berge vom Pazifik herüber.

So kann man am Himmel über dem See das großartigste Schauspiel der Wind- und Wolkenbewegungen auf Erden beobachten. Man denke sich die Mitte des Himmels vollständig überzogen von schwarzen, schweren Wolken, die sich zusammenballen. Aus allen vier Himmelsrichtungen jagen die mächtigen Ozeanstürme herein, und keiner kann die anderen vertreiben. Sie prallen aufeinander und brechen durch die furchteinflößende schwarze Masse. Ein riesiger Tunnel mit weiter Öffnung durchfurcht sie, und die Wolken jagen in sein gähnend aufgerissenes Maul, bohren sich abwärts aus der schwarzen Masse, bis sie sich zu einer gigantischen trichterförmigen Schlange formen, die sich wie ein Ungeheuer mit weit aufgerissenem Maul auf die Oberfläche des Sees herabstürzt. Von meinem Häuschen aus hatte ich klare Sicht auf diese Stürme und war stundenlang von ihnen fasziniert. Zu Zeiten konnte man das Wasser nicht mehr sehen, denn von den aufgepeitschten Wellenkämmen stieg der Schaum auf.

Beim Bau der Blockhäuser mußten solche Stürme in Betracht gezogen werden, vor allem aber die bittere Kälte. Die Dorfbewohner dichteten die Häuser gut mit trockenem Moos ab und schichteten Erde und Grassoden bis zu einer Höhe von neunzig Zentimetern über dem Boden auf. Als Fundamente dienten große Baumstämme, die auf ihren Oberseiten behauen und in die Erde eingelassen waren. Auf diese wurden kreuzweise grob gesägte Bretter gelegt, und darüber, über Kreuz zu diesen wiederum, eine Lage glatt gehobelter Dielen. Wenn das Haus gut abgedichtet und mit dem Erdwall versehen war, dann blieben die Füße den ganzen Winter über warm wie Toast, vorausgesetzt, sie waren außerdem noch in dicke Wollstrümpfe und Rentier- oder Seehundfellstiefel verpackt.

Im späten September setzte der Winter mit einer Reihe von Schneestürmen ein. Bald erreichte der Schnee eine Höhe von bis zu zwei Metern. Ich kleidete mich für den Winter so wie alle anderen und ging nie einen Schritt vor die Tür ohne meinen Parka, der mit Eichhörnchenfell gefüttert war und eine mit Fuchspelz eingefaßte Kapuze hatte, um mein Gesicht zu schützen. Draußen trug ich mindestens zwei Paar Wollstrümpfe und Stiefel aus gepreßtem Filz, und nie ging ich bis zum Dorf, ohne außerdem noch Pelzstiefel darüberzuziehen. Eine der Frauen machte mir ein wunderschönes Paar, weiß und grau, mit Biberpelz besetzt.

Nachts fiel die Temperatur in meinem Häuschen manchmal auf minus vierzig Grad. Eine Matratze allein hielt diese Kälte nicht ab. Unter meinen Decken lag ein dicker Teppich aus Bärenfell, und darauf ein großer Eichhörnchenmantel, den Ephemes Frau Agafia angefertigt hatte. Über diesen war eine Decke aus weißem Segeltuch gebreitet.

Morgens aufzustehen war kein Vergnügen, doch mein Parka und meine Pelzstiefel hatte ich neben dem Bett bereit, und ich schlüpfte als erstes in sie hinein. Dann zündete ich zwei Feuer in meinem Zimmer an, das ging schnell, da das

Brennmaterial schon aufgeschichtet war, und ein wenig Kerosin oder eine Kerzenflamme ließen das Holz rasch auflodern.

Wenn die Feuer brannten, zog ich Pelzhandschuhe über, und an den kältesten Morgen nahm ich ein warmes Eisen in die Hände, hängte eine Laterne über den Arm und machte mich im Dunkeln über den gräßlichen Pfad auf den Weg zum Schulhaus. Mit dem bitterkalten Wind, der mir entgegenheulte, war das eine Tortur. Es gab Zeiten, da weinte ich wie ein Kind, und das warme Eisen in meinen Händen schien nichts zu nützen.

In der Schule angelangt, brauchte es nicht lange, um ein gutes Feuer anzufachen, doch es dauerte Stunden, bevor der große Raum warm war. Deshalb war es notwendig, so früh mit dem Heizen anzufangen. Wenn ich nach dieser Verrichtung wieder in meinem Häuschen ankam, war es dort warm.

Einige Jungen kamen vor den anderen Schülern zur Schule und hielten die Feuer bis zur Schulzeit und während des ganzen Tages in Gang. Doch man konnte sich nicht darauf verlassen, daß sie rechtzeitig da waren, um einzuheizen, das Dorf war zu weit weg. Wenn ich nicht als erste hinausgegangen wäre, dann hätten wir nicht vor Mittag mit dem Unterricht beginnen können.

Ich hatte nur einen Nachbarn in unmittelbarer Nähe, einen alten dänischen Einsiedler, der in seinen jüngeren Jahren als Koch in der Konservenfabrik an der Bristol Bay gearbeitet und die Winter in Iliamna verbracht hatte. Die Eingeborenen kannten ihn als John, den Koch. Seine Hütte war immer still und oft abgeschlossen, wenn er fort war zum Fischen, Jagen oder Fallenstellen. Er war so verschlossen, daß ich ihn nie kennenlernte, obwohl er mein einziger Nachbar war.

In meinem ersten Jahr bekam ich, als der Winter sich hinzog, einen schrecklichen Hunger auf Brot, doch wegen der Kälte war es nicht mehr möglich, den Teig aufgehen zu lassen. Wenn man das Essen in einer Pfanne von der direkten Hitze zum hinteren Teil des Herdes wegschob, dann gefror es zu Eis. Selbst wenn ich den Ofen die ganze Nacht brennen ließ und die Ofentür heruntergelassen und als Bord benutzt hätte, würde ein aufgegangener Brotteig mit Sicherheit dort so hart wie ein Eisberg gefrieren. Wenn die Sonne auf das Häuschen schien, war es natürlich im Innern nicht ganz so kalt, doch diese Zeitspanne war zu kurz, um einen Brotteig aufgehen zu lassen.

Ich aß nun schon so lange Schiffszwieback, daß ich ihn satt hatte. Ich hatte nichts als getrocknete Kartoffeln, Kohl, Spinat und Sellerie und natürlich Fisch. Ich benutzte Eipulver und Milchpulver. Wie ausgezeichnet das alles auch war, ich war es einfach leid, eingeweichtes Essen zu essen und mich dazu allein an den Tisch zu setzen. Besessen von dem Gedanken an Brot, beschloß ich, einen Versuch zu riskieren.

Eines Abends, bevor das Haus zu kalt wurde, machte ich den Teig, eine extra große Menge, weil ich so hungrig darauf war. Und nun, was tun? Meine Brotform war ein gesprenkelter Emaileimer mit einem dicht aufliegenden Deckel. Ich wikkelte ein Tuch darum, so daß er aussah wie eine altmodische Hutschachtel, mit der ich die Eisenbahn besteigen wollte. Dann verstaute ich das Bündel am Fußende meines Bettes und ging schlafen.

Als ich am Morgen aufwachte, spürte ich etwas Weiches an meinen Füßen. Die blasige Masse des Hefeteigs hatte den Dekkel des Eimers abgestoßen und quoll heraus. Glücklicherweise blieb sie größtenteils innerhalb des Brottuches, doch ich mußte die Decken sofort abkratzen, oder der Teig wäre an ihnen festgefroren. Und was im Eimer und am Tuch blieb, gefror sofort. Das ganze Unternehmen war ein törichter Fehler und, als ich es mit ein wenig Distanz betrachten konnte, irgendwie auch ziemlich komisch. Überflüssig zu sagen, daß ich von da an mit Schiffszwieback als Winterbrot ganz zufrieden war.

Fast jede Familie in Iliamna hielt sich ein Hundegespann, ohne das sie im Winter hilflos gewesen wäre. Ein solches Gespann bedeutete eine große Ausgabe. Sechs bis neun trainierte Hunde waren etwa sechshundert Dollar wert, eine enorme

Summe, und sie waren dazu teuer in der Haltung, weil sie gut gefüttert werden mußten.

Die Hunde waren wölfische und kampflustige Tiere. Sie achteten viel mehr auf Rasse als die Menschen. Die Hunde, die weißen Männern gehörten, griffen keine Weißen an, waren aber aggressiv gegen Eingeborene und auch gegen Hunde, die Eingeborenen gehörten. Die Hunde der Eingeborenen griffen Weiße und deren Hunde an. Am Fuß des Dorfhügels war eine Sperrlinie für Hunde, eine Gebietsgrenze, die nicht von Menschen, sondern von den Hunden selbst gezogen worden war. Wehe dem Hund eines fremden Clans, der in das Gebiet des anderen Clans eindrang.

Ich war immer im Dorf nach Belieben umhergegangen, und die Hunde schienen keine Notiz von mir zu nehmen. So wie ich gekleidet war, dachte vielleicht jeder Hund, daß ich zu den Leuten ihres Besitzers gehörte. Doch ich kam nie in die Nähe von Hunden, ohne einen festen Stock bei mir zu haben, der eineinhalb bis zwei Meter lang war.

Eines Sonntagvormittags machte ich mich auf den Weg zur Kirche. Ich trug meinen Parka und hatte wie gewöhnlich meinen Stock bei mir. Mondilla Simeons Haus war das erste an dem oberen Pfad, den ich eingeschlagen hatte, und einer seiner großen Malamutes lag am Wegrand. Das Dorf schien verlassen, fast alle waren schon in der Kirche. Mir kam der kluge Gedanke, zurückzugehen, anstatt mich so dicht an dem Malamute vorbeizuwagen, doch dann bemerkte ich, daß er angekettet war, und fühlte mich vollkommen sicher. Als ich an ihm vorbeiging, hob der Hund den Kopf und starrte mich an. Dann ließ er ein sonderbares Heulen vernehmen.

In weniger als einem Augenblick sprangen etwa hundert Hunde aus allen Richtungen zu der Stelle, der ganze Clan der Hunde der Eingeborenen. Dicht aneinandergedrängt sprangen sie um mich herum, höher als mein Kopf, fletschten die Zähne und knurrten und heulten. Ich schrie und drehte mich immerzu um und um und schwang meinen Stock nach allen Seiten, um sie in Schach zu halten. Und während ich mich

Die Kirche von Iliamna; der offene Verschlag zur Linken ist die Glokkenstube. *Hannah Breece collection*

herumdrehte, wich ich zurück, den glatten Hügel hinunter. Ich wußte, wenn ich fiele, würden die Hunde mich in Stücke reißen. Sie töten nicht, bevor das Tier oder der Mensch hinfällt. Männer, die mit Hundegespannen unterwegs waren, hatten tödliche Angst zu fallen.

Mein Geschrei und der grauenerregende Lärm der Hunde, das alles war sehr laut. Der Laden lag direkt unterhalb von mir, doch an seiner oberen Seite hatte er weder Tür noch Fenster, und die Balken waren dick. Aber im selben Moment, als ich um die Ecke bog und den Schritt in die Sicherheit des Ladens tat, kamen mehrere Männer herausgestürzt. Als sie die Hunde hörten, nahmen sie an, daß diese sich gegenseitig bedrohten, denn Eingeborene aus Nondalton waren in der letzten Nacht angekommen, und ihre Hunde galten als besonders wild. Die Männer nahmen Knüppel und jagten die Hunde dorthin zurück, wo sie hingehörten.

Was ich gerne gewußt hätte, aber natürlich nie herausfand, war, was Mondillas Hund den anderen mit diesem sonderbaren Heulen zugerufen hatte und wie er sie dazu gebracht hatte, sofort zu kommen.

Während des Winters erhielt ich Nachricht aus Afognak.

Die neue Nelson-Schule war nun in Betrieb und erfolgreich. Eine Lachsbrutanstalt war bereits eingerichtet worden, und ich nahm an, daß bald auch eine Sägemühle gebaut werden würde, und nun war sogar die Rede vom Bau einer Konservenfabrik. Wie gut für das arme kleine Afognak!

Aber ich erhielt auch zwei schlechte Nachrichten. Miss Vonderfour, die Direktorin der Mädchenschule in Kodiak, die bei der Zarin in Ungnade gefallen, entlassen und zurück nach Rußland berufen worden war, hatte in Sitka im dortigen Archiv eine Stelle als Übersetzerin alter russischer Dokumente ins Englische gefunden. Sie heiratete bald darauf einen anderen Archivar, der, wie ich annehme, auch Russe war. Nach der Heirat unternahm er mit ihr eine Bootsfahrt in der Bucht, sie fiel aus dem Boot und ertrank.

Mrs. MacDonald und Mrs. Pajoman berichteten mir beide von einem kurzen Artikel einer russischen Zeitung in Alaska. Darin hieß es, daß Bischof Innocent nach seiner Abberufung für zwei Jahre ins Exil geschickt worden war.

Der Postverkehr funktionierte nur sehr unregelmäßig in Iliamna. Das galt besonders für die Post, die für einen Teil ihrer Reise auf einen Dampfer angewiesen war. Anfangs hielt ich es für ein Wunder, daß wir überhaupt zuverlässigen Kontakt mit der Außenwelt hatten. Im Winter, wenn die Flüsse und der See zugefroren waren, entstand auf dem Eis ein ausgedehntes Netz von Hundeschlittenpfaden. Goldsucher oder Händler, die planten, in unsere Richtung zu kommen, holten die Post an der Küste ab, während Reisende, die auf dem Weg zur Küste durch Iliamna kamen, unsere Post mitnahmen. Das war unser den Verhältnissen angepaßtes Postsystem für neun Monate im Jahr, und gelegentlich funktionierte es sogar.[2]

13

Das Fischfanglager von Nondalton

Sobald im Frühling beim Schulhaus von Iliamna der Mutterboden auftaute, legte ich einen achtzehn Quadratmeter großen Garten an. Der Grassoden war sehr hart, doch mit meiner und der Hilfe der Jungen und Mädchen hoben die Frauen ihn aus, hackten ihn auf und gruben ihn um. Dann gingen die Frauen und Kinder in den Wald und holten zweihundert lange, etwa zwölf Zentimeter dicke Stangen für einen Zaun, der die Hunde heraushalten sollte.

Als wir säten, lachten sie, denn es kam ihnen absonderlich vor, Samenkörner in der dunklen kalten Erde zu begraben. Ich vermutete, daß hier früher schon Gartenbau betrieben wurde, denn wo immer die Russen hinkamen, legten sie Gärten an. Auch das geräumte Gelände der Schule sowie Reste von Balken alter Fundamente ließen darauf schließen, daß an dieser Stelle schon einmal ein Garten bestanden hatte. Doch wenn dem so war, dann war die Gartenarbeit gründlich vergessen worden.

Wir säten russische und amerikanische weiße Rüben, Blattsalat, Rettiche, rote Bete, Pastinaken und Blumen in Rabatten und Reihen. Die Landwirtschaftliche Forschungsstation in Sitka schickte die Samen, genug für viele Gärten. Für den, der das beste Gemüse zog, setzte ich einen Preis von einem Kanister Kerosin für Lampen und Laternen aus. Vier Familien legten ziemlich große Gärten an und zäunten sie ein. Ein paar andere waren weniger ehrgeizig und säten nur wenige Samen.

Den Preis gewann Epheme, Ironie des Schicksals, denn Lampenlicht war das letzte, was ein blinder Mann braucht, aber seine Familie freute sich natürlich.

Doch schon bald nachdem die Pflanzen zu keimen und in den langen Stunden des Tageslichts schnell zu wachsen begannen, verließ ich Iliamna für die Sommermonate. Ich mußte das Versprechen einlösen, das ich vor drei Jahren gegeben hatte, wenn irgend möglich nach Nondalton im abgelegenen Lake-Clark-Bezirk zu kommen. Während des Winters hatten mehrmals Abordnungen aus Nondalton die Schule besucht, um den Unterricht zu beobachten und mich an mein Versprechen zu erinnern. Und Washington hatte meinen Auftrag bestätigt, für acht bis zehn Wochen in Nondalton zu unterrichten.

Epheme und Kusma schickten ein Komitee zu Zackar Evanoff, dem Dorfältesten von Nondalton, und baten ihn, während meines Aufenthalts bei ihnen alle Hunde an die Kette zu legen. Davon wußte ich vor meinem Aufbruch nichts. Was meine Reisevorbereitungen, die Beförderung des Gepäcks und meine Unterkunft betraf, begab ich mich ganz in Zackars Hände – außerordentlich fähige Hände, wie sich herausstellte.

Meine Beförderung nach Nondalton war ein ziemliches Unterfangen. Damit ich in nur zehn Wochen viel ausrichten konnte, brachte ich alles mit, was von Nutzen sein könnte, eine Wandtafelleinwand, reichlich Schreibmaterial, Schulbücher, eine Auswahl von Bildern, mein ausziehbares Harmonium, Liederbücher sowie Kirchengesangbücher. Letztere waren nicht nur für die Sonntagsschule bestimmt. Ich hatte festgestellt, daß die Schüler, wenn sie erst einmal die Lautkombinationen des gesprochenen Englisch beherrschen, Ausdruck und Lesen zu einem Gutteil durch Singen erlernen können. Ich war immer wieder erstaunt, wie schnell Kinder einen Wortschatz durch Lieder lernen, wie gut sie ihn im Gedächtnis behalten und wie schnell sie ihr gesungenes Vokabular mit den entsprechenden geschriebenen Wörtern in Verbindung bringen.

Die meisten Männer und Jungen in Nondalton konnten Englisch sprechen und verstehen, weil viele von ihnen alljährlich im Juni und Anfang Juli zur Bristol Bay am Beringmeer gingen, um in den Konservenfabriken zu arbeiten, wo die Kenntnis der englischen Sprache unbedingt erforderlich war. Doch das hieß nicht, daß sie auch Englisch lesen und schreiben konnten. Von den Mädchen und Frauen konnten es nur wenige sprechen und verstehen.

Neben Stoffen zum Nähen und anderem Handarbeitszeug brachte ich auch Material zum Korbflechten mit, denn die Frauen dieser Generation hatten noch nie die einheimischen Gräser benutzt, obwohl sie wunderbare Körbe aus Birkenrinde herstellten. Mir war der Gedanke gekommen, daß ihnen für das Körbeflechten, wenn sie es wieder erlernten und diese Arbeit ihnen zusagte, Rohmaterial im Überfluß in nächster Nähe zur Verfügung stand. Ferner hatte ich Medikamente mitgebracht, Lebensmittel für mich selbst und einige für die Bedürftigen. Meine eigene Campingausrüstung bestand aus einem sogenannten Yukon-Ofen, Kochgeschirr, Bettzeug und einem guten Segeltuchzelt mit Moskitonetz. Auf Zackars Bitte brachte ich auch eine große amerikanische Flagge mit. Die Leute wünschten sich eine Feier zum 4. Juli, dem amerikanischen Unabhängigkeitstag, komplett mit dem Aufrichten einer Fahnenstange und dem Hissen der Flagge, etwas, das sie noch nie erlebt hatten.

Iliamna und Nondalton organisierten meine Reise gemeinsam. Männer von Iliamna schifften mich mit allem Drum und Dran den Fluß hinunter zum See, versteckten dort die Fracht und halfen mir, mein Zelt für die Nacht aufzuschlagen. Dann machten sie sich wieder auf den Heimweg. Die Führer aus Nondalton erwarteten mich bereits in ihren Zelten am Seeufer. Ich hatte unerwartete Gefährten bei diesem nächtlichen Aufenthalt. Das Goldsucher-Ehepaar, das für die Minengesellschaft in Seattle arbeitete und zum Thanksgiving-Dinner gekommen war, schiffte sich an derselben Stelle des Sees und zur gleichen Zeit wie ich ein, doch mit einem anderen Reiseziel. Unsere Zelte lagen dicht nebeneinander, was sehr nett für mich war, denn ich mochte die junge Frau sehr gerne.

Der nächste Abschnitt meiner Reise begann früh am nächsten Morgen. Der See zeigte sich von seiner besten Seite, nichts von der wilden und sturmgepeitschten Mutter der Winde. Als wir auf seiner ruhigen Oberfläche dahinruderten, kamen wir an Inseln vorüber, so flach wie Wiesen, über deren parkähnlichen Rasen, übersät mit Blumen und Farnen, sich majestätische Wälder erhoben. Manche Inseln waren so groß, daß sie wie ein Teil des Festlands aussahen, bis unsere Boote um sie herumglitten. Zwei oder drei Berge ragten inmitten des Wassers empor, doch ihre Spitzen lagen nicht oberhalb der Baumgrenze, sondern waren von Fichten gekrönt, abgerundet und grün.

Andere Inseln waren felsig mit Kliffs, wo man schwer landen konnte und klettern mußte, um hohe, moosbewachsene Flächen zu erreichen, die sich zwischen die Felsen eingegraben hatten. Diese kahlen Inseln waren Nistplätze für Möwen, und als wir über die Felsen kletterten, standen die Vögel wie dicke Wolken über uns, stiegen auf und stießen kreischend herab. Der Iliamnasee war der größte Nistplatz für Möwen dieses ganzen Abschnitts der Pazifikküste. Die Vögel fraßen keine Fische, sondern ernährten sich von Beeren. Leute kamen von weit her, um ihre köstlich schmeckenden Eier zu sammeln.

In jedem der Nester, die nicht geplündert worden waren, lagen drei große, blaugrün gefleckte Eier. Die Möwen machten keinen Versuch, sie zu verstecken, und die Jäger sammelten Tausende von Eiern ein. Ich bedauerte, daß es keine gesetzliche Beschränkung zum Schutz der Vögel gab. Ich hörte von einem Mann, der sich einhundert Dutzend Möweneier für seine Hunde geholt hatte. Vielleicht war das nicht so schädlich, wie es schien, weil die Möwen ihre Eier nicht ausbrüten, bevor drei in einem Nest sind. Wenn eines, zwei oder drei herausgenommen werden, ergänzen sie das Gelege mit der erforderlichen Anzahl und brüten ihre drei Eier aus. Doch wie dem auch sei, die Führer sagten, es gäbe bereits immer weniger Vögel.

Auch Stockenten nisteten auf den Inseln. Ich sah Stockentennester mit zehn oder zwölf Eiern, doch die Enten ver-

Während ihrer Rast auf einer Insel im Iliamnasee unterwegs nach Nondalton hat Hannah Breece Gelegenheit, die Tierwelt zu beobachten. *Hannah Breece collection*

suchten, ihre Nester zu verstecken. Schwäne glitten über den See. Scheuer als andere Vögel, flogen sie beim Anblick eines Bootes hoch in die Luft.

Wir verließen den See, und das Boot wurde über eine Portage[1] von zehn Kilometern getragen. Der Weg führte auf einem schönen Pfad teilweise über Tundra und teilweise durch dichten Wald. Rosafarbene glockenförmige kleine Blüten sahen aus wie Maiglöckchen. Plötzlich befiel mich Heimweh, und ich wünschte mir, sie wären weiß. Eine andere Blume erinnerte mich an die Kriechheide daheim in Pennsylvania. Die Vögel an diesem Pfad waren zahm, sie flogen unerschrocken vor uns hin und her, doch Kaninchen und Eichhörnchen liefen davon.

Ich hatte immer ein sicheres Gefühl auf den Pfaden von Alaska, ob ich nun durch hohes Gras ging oder in den Wäldern über Baumstämme und um Felsblöcke herumkroch, weil ich wußte, daß es dort keine Schlangen gab. Die Spinnen jedoch konnten riesig sein, und manche waren auch giftig, und überall waren Mäuse.

Die sieben starken Kenai aus Nondalton, die meine Führer waren, luden die Boote aus und versteckten das Gepäck am Ende des Sees. Sie trugen die Boote über den Pfad, und dann, während einer mit mir wartete, gingen die anderen auf demselben Weg zurück, holten das Gepäck und beluden die Boote aufs neue.

Wir hatten nun den Newhalen River erreicht, an einer Stelle, wo er sehr breit war, angeschwollen und reißend vom schmelzenden Schnee aus den Bergen und vom Eis der Gletscher. Dieser Fluß barg, wie viele andere große Flüsse in Alaska, innerhalb seines breiten Bettes manche Gefahren. Viele verschiedene Strömungen rasten mit ungeheurer Geschwindigkeit dahin. Jeder, der auf ihnen navigierte, mußte sich auf diese Strömungen verstehen. Kein Fremder konnte einfach in ein Boot steigen und sicher seinen Weg allein finden. Die Kenai kannten die Strömungen gut, und da ich mich sicher fühlte, war ich frei, den Fluß, seine Größe und Kraft zu bewundern.

Als wir das brüllende Geräusch einer Stromschnelle vor uns hörten, luden wir wieder ab, und eine weitere Portage begann. Wir mußten ein steiles Ufer hinaufklettern, wohl das steilste, das ich je erklommen hatte. Es war etwa sechzig Meter hoch, der Boden war weich und bröcklig, ohne Sträucher, an denen man sich festhalten konnte. Jedesmal, wenn ich einen Blick direkt hinunter auf den Fluß warf, war mir etwas beklommen zumute, doch oben angelangt, wurde die Anstrengung durch eine wunderbare Aussicht belohnt: ein weites Tal, durch das sich der mächtige Fluß bis ganz in die Ferne vor einem Hintergrund schneebedeckter Bergketten wand.

Diese zweite Portage war nur drei Kilometer lang, doch sie führte über ein ebenso steiles Ufer abwärts, und die Männer mußten den Weg zweimal zurücklegen, beide Male schwer beladen. Ich packte ein Mittagessen für uns aus und kochte Tee. Nachdem wir gegessen und uns ausgeruht hatten, fühlten wir alle acht uns gestärkt und imstande, die Reise mit mehreren Stunden Rudern fortzusetzen.

Wir landeten, als scharlachrote und goldene Lichter, die am Himmel aufleuchteten, den Sonnenuntergang, das Ende eines sehr langen nordischen Sommertags ankündigten. Die Kenai machten ein großes Feuer, um die Moskitos zu vertreiben. Dann kochten sie das Abendessen und brachten es mir, lecker zubereitet und appetitlich serviert. Sie bauten mein Zelt auf und bedeckten den Zeltboden mit einer dicken Schicht Fichtenzweigen. Nachdem ich das Moskitonetz an der Tür festgebunden hatte, konnte kein Insekt eindringen. Ich war froh, mich hinlegen zu können.

Die ganze Nacht bewachten die Führer abwechselnd mein Zelt mit dem Gewehr in der Hand, denn diese Stelle war als ein Treffpunkt für Bären bekannt. Die Männer hatten einen gesunden Respekt vor Uncle Sam, falls mir etwas passieren sollte. Doch ich glaube, sie hatten noch größere Angst, von der Dorfgemeinschaft in Iliamna zur Rechenschaft gezogen zu werden, wenn ich nicht wohlbehalten zurückkehrte.

Am nächsten Morgen, dem dritten dieser Reise, fuhren wir

wieder auf dem Newhalen River, und spät an diesem langen Tag erreichten wir das untere Ende des Six Mile Lake und das Fischfanglager der Bewohner von Nondalton. Hier würde ich wohnen und die Schule einrichten.

Als wir landeten, kamen Frauen und Kinder zur Küste, um mich willkommen zu heißen. Die Männer stellten mein Zelt etwas abseits vom Lager auf, und die Frauen begleiteten mich dorthin. Nachdem sie miteinander beraten hatten, eilten sie hinunter zur Küste und kehrten mit Schürzen voller kleiner runder Steine zurück. Wieder und wieder füllten sie ihre Schürzen, bis der ganze Boden meines Zeltes dicht mit den Kieselsteinen bedeckt war. Dann holten sie duftende Fichtenzweige, die sie über die Steine legten. Fast überall in Alaska herrscht unter der Erdoberfläche das ganze Jahr über Dauerfrost. Wo ein Zelt aufgestellt wird, da sickert kaltes Wasser nach oben. Die Kieselsteine sollten verhindern, daß der Boden meines Zeltes zu Schlamm aufweichte.

Olga, die junge Frau, die bei meinem ersten Besuch in Iliamna so gut zu mir gewesen war, war ebenfalls hier im Sommerlager von Nondalton. Ihr Mann, Pete Anderson, hatte dort ein Geschäft eröffnet. Sie hatten ihre beiden Kinder mitgebracht, die ganz und gar schwedisch aussahen wie ihr Vater. Als alles für mein Wohlbefinden getan worden war, sogar ein Feuer brannte im Yukon-Ofen des Zelts, brachte Olga mir ein leckeres Abendessen, und dann war ich froh, schlafen zu können.[2]

Zackar Evanoff, der Dorfälteste von Nondalton, war ungefähr sechzig Jahre alt. Ich war ihm schon mehrere Male zuvor in Iliamna begegnet. Obwohl nur ein Meter fünfzig groß, war er wegen seiner Charakterstärke und seines angenehmen Wesens eine bemerkenswerte Persönlichkeit. Meine Führer hatten mir erzählt, sein Vater sei russischer Jude gewesen. Seine Gesichtszüge hätte man europäisch nennen können, doch seine dunkle Hautfarbe und der stämmige Körperbau waren typisch Kenai. Er sprach Kenai, Russisch, Englisch und Aleutisch, und alle Sprachen gleich gut. Er hatte im ganzen Land den Ruf eines hervorragenden Geschäftsmannes. Man hatte nie gehört, daß er im Handel übervorteilt worden war, und er hatte nicht nur seine eigenen Interessen im Auge, sondern auch die seiner Leute. Ein Dorfältester erbte sein Amt nicht, sondern wurde von der Einwohnerschaft gewählt, und dann standen alle hinter ihm.[3]

Während des vergangenen Winters hatte Zackar den Leu-

Zackar und Mary Evanoff. *James Carter collection, Alaska State Historical Library*

ten am Stony River Bescheid geschickt, daß eine Lehrerin zum Sommerlager von Nondalton kommen werde.[4] Der Stamm am Stony River sandte einen alten Mann nach Nondalton, der seinen Leuten bei seiner Rückkehr berichten sollte, was er von der Schule hielt. Mit ihm schickten sie einen kleinen Jungen, um zu sehen, was die Schule einem Kind zu bieten hatte, und einen großen Jungen und ein Mädchen, um zu sehen, was sie für die älteren Kinder tun konnte. Dann würden die Leute am Stony River beurteilen, ob die Kinder, wenn sie zurückkehrten, klüger waren, als ehe sie fortgegangen waren.

Die Strapazen, die diese kleine Delegation auf ihrer Reise durchgemacht hatte, waren geradezu unglaublich. Sie hatten große, reißende Flüsse überquert, tiefe Canyons, schneebedeckte Berge und feuchte, sumpfige Tundren. Sie waren am 1. April aufgebrochen. Bis es zu tauen anfing, hatten sie einen Hundeschlitten benutzt. Dann waren sie zu Fuß mit den Hunden durch den Schnee über Land gezogen, bis sie vor einem Fluß oder See zum Stillstand kamen. Um über das Wasser zu kommen, bauten sie ein Floß aus Baumstämmen. Gepäck hatten sie keines, außer ein paar Äxten, Gewehren und Munition, und sie hatten auch nichts zu essen mitgenommen. Sie lebten von dem Wild, das sie schossen.

Den letzten Teil ihrer Reise legten sie über viele Meilen zu Wasser zurück. Sie bauten ein Bootsgerippe, schossen Elche, überzogen das Gerippe mit Häuten und benutzten die Sehnen, um die Häute zusammenzunähen, so daß ein vollkommen wasserdichtes Fahrzeug entstand.

Am 20. Juni kamen sie im Fischfanglager an, und das Herz tat mir für sie weh. Alle vier waren vollkommen erschöpft und zerlumpt und schmutzig. Die Frauen des Lagers machten sich ans Werk, um für sie zu nähen. Sie benutzten die Stoffe, die ich mitgebracht hatte, und nach zwei Tagen konnten alle neu eingekleidet werden. Sie sahen wie andere Wesen aus, nachdem sie sich ausgeruht und gebadet hatten und ihr verfilztes Haar geschnitten worden war. Verschiedene Familien nahmen die

Die gesamte Einwohnerschaft von Nondalton, versammelt im Fischfanglager am 4. Juli 1911. Ganz links Hannah, mit Hut. Siebenter und achter von links in derselben Reihe der Dorfälteste Zackar Evanoff (bärtig und barhäuptig) und seine Frau Mary. Zwei künftige Dorfälteste sind auch im Bild: Alexie Balluta, dritter von links in derselben Reihe, der Nachfolger Zackars ab 1930, und Gabriel Trefon, der junge Mann zweiter von links in der letzten Reihe, der Alexie 1947 ablöste. Bill Trefon, der heutige Dorfälteste, ist einer seiner Nachkommen. *Hannah Breece collection*

Besucher in ihren Lagerbehausungen auf und behandelten sie fürstlich.

Der alte Mann und die Kinder besuchten jeden Tag die Schule, und am Ende des Sommers sagte der Mann, er sei zufrieden, und bat mich, mit ihm zu seinen Leuten zu kommen. Ich erklärte, daß ich versprochen hatte, nach Iliamna zurückzukehren. Er und die Kinder würden noch jahrelang über alles, was sie in diesem Sommer gesehen und gehört hatten, sprechen.

In diesem Lager war es üblich, daß die Männer und großen Jungen im Juni zur Bristol Bay gingen, um in den dortigen

Konservenfabriken zu arbeiten. Im Fischfanglager von Nondalton begann die Laichwanderung der Lachse erst später, Anfang Juli. In diesem Sommer war die Situation katastrophal. Fast keine Fische wanderten vom Meer den Fluß hinauf. Von den Konservenfabriken an der Bristol Bay war Bescheid gekommen, daß es aus Mangel an Lachsen keine Arbeit gäbe. Niemand wußte, warum.[5]

Aus Iliamna wurde die gleiche katastrophale Situation berichtet. Ich war besonders traurig, wenn ich an meine armen Schüler dachte, die zum ersten Mal ein eigenes Wadenetz hatten. In Nondalton fingen die Leute die wenigen Fische, die es gab.

Die großen Jungen erschienen abends zur Schule. Die Frauen hatten nachmittags ihren Hygieneunterricht sowie Nähen und Korbflechten. Die Kinder kamen den ganzen Tag. Alle hörten zu und lernten von allem und nutzten die Gelegenheit, an sieben Tagen der Woche Unterricht zu haben, denn wir hatten auch Sonntagsschule.

An einem Sonntag jedoch nahmen alle sich vom Fischen und von der Schule frei, denn das war ein wichtiger religiöser Feiertag der Russen. Nondalton hatte keinen kirchlichen Vorleser, und kein Priester hatte je den Ort besucht. Jedesmal, wenn ein Priester Iliamna besuchte, was seit etwa sechs Jahren nicht mehr geschehen war, mußten die Leute aus Nondalton zum Gottesdienst nach Iliamna reisen. Trotzdem hatte Zackar veranlaßt, daß das Dorf eine Kirche baute, und an diesem wichtigen Tag wollten alle dort am Gottesdienst teilnehmen.

Es lag ihnen viel daran, daß ich mit ihnen ging und die Kirche und ihr Dorf sah, das etwa fünf Kilometer entfernt an demselben See wie das Fischfanglager lag. Der Tag war schön, und die Boote auf dem Wasser bildeten eine ansehnliche Flotte, denn auch Besucher von entfernteren Orten waren zu diesem Anlaß angereist.

Wir brachen morgens auf und erreichten das Dorf um die Mittagszeit. Alle Leute gingen sofort in ihre Häuser und zogen ihre besten Kleider an. Die Männer waren besonders gut angezogen, sie trugen sogar feine Schuhe, und die Frauen banden sich hübsche Tücher um den Kopf.

Während sie sich fertig machten, spazierte ich umher und war überrascht, hier viel bessere Häuser und Möbel zu sehen als in Iliamna. Ob dies das Resultat ihrer Verdienste bei den Konservenfabriken an der Bristol Bay oder von Zackars Geschäftstüchtigkeit war, weiß ich nicht. Wahrscheinlich spielte beides eine Rolle.

Wie es Brauch war, standen die Leute in der Kirche, Männer und Jungen auf einer Seite, Frauen und Mädchen auf der anderen. Für mich war es ein sehr seltsamer Gottesdienst. Niemand sprach ein einziges Wort. Von Zeit zu Zeit verneigten sich die Leute in all dem Schweigen und bekreuzigten sich. Zwei Stunden lang standen wir da. Wie schade ist es doch, dachte ich, daß sie nicht in ihrer eigenen Sprache ein paar der Predigten hören konnten, die überall auf der Welt vor so vielen leeren Kirchenbänken verhallen.

Nach dem Gottesdienst und dem Essen kehrten wir zum Fischfanglager zurück. Es war sehr spät in der Nacht, als wir ankamen, doch in dieser Jahreszeit wird es erst kurz vor Mitternacht dunkel und dann nur für kurze Zeit. Wieder im Lager, erzählten mir die Leute, die Kenai seien nie Heiden gewesen. Bevor die Russen kamen, hätten sie zu Gott als dem Großen Geist gebetet.[6]

Sie behaupteten auch, daß sie biblische Geschichten gekannt hätten, bevor die Russen kamen. Sie erzählten mir einige dieser Geschichten aus ihrer Tradition, alle aus dem Alten Testament. Die Grundwahrheiten schienen in ihren Versionen durch, doch die Geschichten waren in die Umwelt der Kenai versetzt worden. So wurde zum Beispiel in der Geschichte von der Sintflut, wie sie sie erzählten, die Arche unter dem Schnee und Eis von Alaska begraben. Sie glaubten, daß ihr Volk sie gesehen und beschrieben habe, bevor sie begraben wurde. Wenn man an die unglaublichen Tiere wie etwa die Mammute denkt, die tief unter Schnee begraben liegen, dann kommt einem ihr Glaube gar nicht so abwegig vor.

Auch glaubten sie, daß nicht nur zwei, sondern drei Seeotter die Flut überlebt hatten. Dieser dritte Seeotter war das einzige Tier, das außerhalb der Arche überlebte. Er befand sich auf dem höchsten Felsen, und als das Wasser ihn erreichte, konnte er so lange schwimmen, bis das Wasser wieder sank.

Eines Tages während des Unterrichts vernahm ich eine tiefe Stimme, die in den Gesang der Kinder – «My Country 'Tis of Thee» – einfiel. Als ich von meinem kleinen Harmonium aufblickte, sah ich einen hochgewachsenen weißhaarigen Mann. Mit seinem langen weißen Bart und einem eleganten Sportanzug sah er sehr vornehm aus. Die Kinder und ich müssen einen seltsamen Eindruck gemacht haben. Denn wegen der Moskitos trugen wir alle Schleier, die von breitrandigen Hüten herabhingen. Jeder Schleier hatte knapp anliegende Löcher für die Arme und eine durchgezogene Schnur, mit der er unterhalb der Arme fest zugebunden war. Zusätzlich trug ich noch lange lederne Stulpenhandschuhe.

Der Herr stellte sich als Warren Smith aus Seattle vor. Er arbeitete im Auftrag einer Firma von Bergbauingenieuren, die im Binnenland einige Goldschürfstellen prüfte. Ich glaube, das Projekt wurde von den Guggenheims finanziert. Der Rest seiner Gesellschaft kam auf dem Weg über das Beringmeer in die Gegend, doch er wollte einen anderen Weg einschlagen, um die Möglichkeiten eines Überlandtransports zu erkunden.[7]

Er bat mich um Erlaubnis, in mein Zelt zu gehen und sich auf dem Ofen ein Abendessen zu kochen. Wie es üblich war, gab ich ihm die Zutaten zum Kochen, und er sprach mit den Kindern, die ihn schon von einem Besuch im vorigen Jahr kannten. Er erzählte mir von seiner Frau und seinen Töchtern in Seattle, dann sagte er, er müsse sich beeilen, um sein nächstes Lager vor der Dunkelheit zu erreichen. Er ruderte in seinem zierlichen Boot hinaus, nur von seinem Neufundländer begleitet.[8]

Nach ein oder zwei Tagen kam Zackar sehr besorgt zu mir. Er fürchtete, Mr. Smith würde ertrinken. Er habe die Nachricht erhalten, daß ein weißer Mann, den er unterwegs getroffen habe, Mr. Smith einen Fluß hinaufgeschickt habe, von dem noch nie jemand zurückgekehrt sei. Zackar sagte, der weiße Mann habe gewußt, daß es ein todbringender Fluß sei. Aber er wünschte Mr. Smith den Tod, weil der im vorigen Jahr veranlaßt habe, daß zwei weiße Verbrecher festgenommen wurden.

Ich fragte Zackar, ob er ein paar schnelle Ruderer ausschikken könne, die imstande seien, Mr. Smith zu überholen. Er erwiderte, daß sich kein Mann mit einem Boot auf diesen tödlichen Fluß wagen würde, er könne aber Boten zur Mündung des Flusses schicken, um Mr. Smith abzufangen, falls er für ein paar Tage in einer Hütte an dieser Stelle Rast machen würde. Ich schrieb einen Brief, in dem ich ihm erklärte, daß der ganze Stamm glaubte, daß er sein Leben verlieren würde, wenn er den Weg wagte, den man ihm empfohlen habe, und daß er gut daran täte, auf diese Warnung zu hören. Eine eingehende, in allen Einzelheiten genaue Beschreibung des Weges, den die Eingeborenen statt dessen nahmen, fügte ich dem Brief bei.

Zackar gab den Brief seinem Stellvertreter und zwei anderen jungen Männern und wies sie an, drei Tage in der Hütte zu bleiben. Wenn am Ende dieser Zeit Mr. Smith nicht bei der Hütte angekommen sei, sollten sie den Brief auf den Tisch legen und nach Hause zurückkehren.

Die Boten kamen zurück, ohne Mr. Smith gesehen zu haben. Sie glaubten aber, daß er, als er die Hütte verließ, vorhatte wiederzukommen, denn es war kein Holz da. Kein Reisender verließ eine Hütte, ohne das Holz, das er gebraucht hatte, zu ersetzen. Sie ließen den Brief auf dem Tisch liegen. Ein paar Wochen später kamen sie zurück und stellten fest, daß der Brief fort war. Doch danach hörte man nichts mehr von Mr. Smith. Zackar und die anderen Männer waren überzeugt, daß er tot war. Ich bezweifelte das. Der Brief war an ihn adressiert. Er mußte derjenige gewesen sein, der ihn an sich genommen hatte.

Fast zwei Jahre später, als ich am A. C. Point auf einen Dampfer wartete, kam ein Herr auf mich zu und dankte mir, daß ich ihm das Leben gerettet hatte. Es war Mr. Smith. Ich versicherte ihm, ohne Zackar hätte ich es nicht tun können, und erzählte ihm, wie besorgt die Leute aus Nondalton gewesen waren.

Er wiederum berichtete mir, was geschehen war, nachdem er an jenem Sommertag das Fischfanglager in seinem *bidarka* verlassen hatte. Wie geplant, erreichte er die Hütte noch am selben Abend, doch bevor er diesen falschen Fluß hinauffuhr, wollte er die Umgebung erkunden und sich Notizen über die Topographie machen. Während dieser Arbeit stürzte er und verletzte sich am Rücken. Glücklicherweise geschah das in der Nähe einer anderen Hütte, in der er im vorigen Jahr übernachtet hatte. Er kroch auf Händen und Knien zu ihr. In der Hütte waren ein Eimer Wasser und etwas Holz, aber nichts zu essen, und er hatte bereits das Mittagbrot verzehrt, das er bei sich gehabt hatte. Obwohl er nicht aufstehen und nur umherkriechen konnte, glaubte er nicht, daß er ernstlich verletzt war, und war sicher, in einigen Tagen wieder gehen zu können.

Sein Hauptproblem war, etwas zu essen zu bekommen. Wieder hatte er Glück. Jeden Tag brachte ihm sein großer Neufundländer eine Wildente. Es gelang ihm, die Ente so lange zu grillen, bis sie eßbar war, und dann teilte er sie mit seinem Hund. Er dachte, der Hund habe ihm die Enten nur gebracht, um seinen eigenen Anteil davon zu bekommen, doch was auch immer im Hirn des Hundes vorging, er rettete seinem Herrn damit das Leben. Sieben Tage lang war Mr. Smith hilflos. Als er wieder imstande war, zurück zu der anderen Hütte zu gehen, fand er den Brief und schlug den beschriebenen Weg ein.

Am Ende des Sommers mit den Leuten von Nondalton fiel es mir schwer, sie zu verlassen. Offenbar war ich in all den Jahrhunderten der einzige Mensch gewesen, der ausdrücklich und aus keinem anderen Grund gekommen war, als um ihnen zu helfen und ihnen geistige Nahrung zu bieten. Es schien mir schrecklich, daß es auf der ganzen großen weiten Welt keinen Menschen gegeben haben sollte, der zu ihnen gekommen war und ihnen gesagt hatte, daß es uns nicht gleichgültig ist, ob sie hungrig, krank oder unwissend sind. Sie baten mich, nicht fortzugehen, aber alles, was ich ihnen sagen konnte, war, daß ich, wenn irgend möglich, im nächsten Sommer wiederkommen würde.

Die Herbststürme hatten eingesetzt, und sie waren so furchtbar, daß wir unsere Rückreise in einem *bidarka* unternehmen mußten. Ein *bidarka* hat ein sehr leichtes Gerippe, nur gerade genug versteift, um ihm Form zu geben, und ist mit Seehundfell überzogen, das in Öl getränkt und dann straff über das Gerippe gespannt und vernäht wurde. Der obere Teil, eben hoch genug, um die Wasseroberfläche nicht zu berühren, ist geschlossen bis auf Löcher, die gerade so groß sind, daß eine erwachsene Person hineinschlüpfen und knien kann. Das *bidarka*, das mich beförderte, war etwa viereinhalb Meter lang und hatte drei Löcher.

In einem *bidarka* trug man eine *kamleika*, eine taillenlange

So sah das *bidarka* aus, das Zackar Evanoff Hannah zur Verfügung stellte. Hier mit unbekanntem Paddler und Passagier fotografiert 1921 auf dem Iliamnasee. *Robert W. Vreeland*

Jacke mit Kapuze und mit einer durchgezogenen Schnur, die dicht um den Rand des Lochs gebunden werden konnte. Sie war praktisch eine Erweiterung des Bootes, die den Paddler oder Passagier einkapselte. Meine *kamleika* hatte ich Zackars Frau Mary abgekauft. Sie sah aus wie durchsichtige geölte Seide, bestand aber aus Bärendarm, der in zehn Zentimeter breiten, gebauschten Streifen zusammengenäht worden war.[9]

Ich kniete in der mittleren Sitzluke, und Zackar und sein Gehilfe paddelten. Es war notwendig, jederzeit vollkommen das Gleichgewicht zu halten. Die Männer sagten, ich sei die erste weiße Frau in diesem Land, die eine Reise in einem *bidarka* unternahm. Die beiden Männer waren so aufmerksam und geschickt mit ihren Paddeln, mit denen sie blitzschnell von einer Seite des Fahrzeugs auf die andere wechselten, und ich verhielt mich so still, daß wir trotz des rauhen stürmischen Wetters kein Mißgeschick hatten.

14

Fischmangel und Hungersnot

Wieder in Iliamna, kam mir mein Häuschen unglaublich eng und bequem vor. Viel zu sehr. Ich hatte mich an das Zelten und das Leben im Freien gewöhnt, und das Häuschen erdrückte mich.

Die Verhältnisse in den Fischfanglagern von Iliamna waren erschreckend. Die Familien hatten so wenige Fische fangen und trocknen können, daß sie kaum genug hatten, um sich in dem kommenden Winter selbst zu ernähren. Sie hatten keine übrig, um sie gegen Mehl, Tee und andere der gewohnten notwendigen Lebensmittel einzutauschen. Kusma, Epheme und ich berieten uns, und wir beschlossen, das Schuljahr diesmal bei den Lagern und nicht im Dorf zu beginnen, damit die Kinder keinen getrockneten Lachs verbrauchen mußten, solange es noch möglich war, frische Fische zu fangen und zu essen.

Für das Schulzimmer im Lager wählte ich ein Fischtrockenhaus, ein großes Gebäude aus Gitterwerk mit einem hohen Dach und einem Fußboden aus Erde, die so hart und glatt wie Fliesen war. Das Gitterwerk der Seitenwände war mit Fichtenzweigen abgedichtet, und in der Mitte des Raumes qualmte ein Feuer, damit uns keine Moskitos plagten. Normalerweise wurde dieses Fischhaus den Sommer über mit Lachsen zum Trocknen vollgepackt, doch dieses Jahr hatte es leer gestanden. Old Matrona erbot sich zu bleiben, um mir bei der Betreuung der Kinder zu helfen.

Das Fischhaus befand sich in Sichtweite des Lagers auf der

anderen Seite des Flusses, vom Lager auf der gleichen Seite war es jedoch durch ein Kliff getrennt, so daß man es von dort aus weder sehen noch hören konnte. Aber obwohl der Fluß hier nahe seiner Mündung etwa achthundert Meter breit war, stand das Fischhaus erstaunlicherweise in Hörweite des Lagers am gegenüberliegenden Ufer. Die akustischen Eigenschaften des Wassers waren bemerkenswert. Ich schlug mein Zelt dicht neben dem Fischhaus auf. Die Lager hatten viele Boote, und der Verkehr zwischen ihnen war rege und mühelos, außer bei stürmischem Wetter.

Bald verlief der Schulbetrieb ordnungsgemäß. Wie immer kamen nachmittags die Frauen, die gerade nicht auf Eichhörnchenjagd waren, zum Nähen. Doch irgend etwas stimmte nicht. Die Frauen, die normalerweise so nett waren und mit solchem Eifer die Schulkleider für ihre Kinder nähten, waren faul und frech. Es kam mir so vor, als seien sie betrunken. Schließlich regte sich in mir der Verdacht, daß sie Alkohol eingeschmuggelt hatten. Doch obwohl ich überall in den Lagern suchte, wo sie etwas versteckt haben könnten, fand ich nichts.

Dann eines Tages bemerkte ich ein Faß in der Ecke eines der besten Zelte. Es fiel mir auf, weil es mit einem Haufen alter Kleider zugedeckt war. Das war nicht normal, denn ich mußte die Frauen ständig ermahnen, keine schmutzigen alten Kleider unter die Betten zu stopfen, und der Stapel auf dem Faß sah zu ordentlich aus. Schnell bückte ich mich danach. Ein ganzes Faß voll Fusel!

Ich ging ins nächste Zelt, wo Michael Rickteroff, der zweite Dorfälteste, wohnte, und forderte ihn und Young William, den erwachsenen Sohn des Vorlesers, auf, sofort herüberzukommen und den Fusel auszuleeren. Michael Rickteroff erhob zunächst Einspruch, dann willigte er ein, doch schlug er vor, damit bis nach dem Abendessen zu warten. Auf keinen Fall! Es mußte sofort geschehen!

Als ich wieder zum Faß kam, sah ich, daß inzwischen etwa fünf Liter herausgenommen worden waren. Ich konnte sie nicht finden, und die Frauen im Zelt lachten, während ich danach suchte. Das Getränk muß wohl in den zwei großen Teekesseln gewesen sein, die auf dem Ofen standen und die ich nicht untersucht hatte. Ich befahl den beiden jungen Männern, das Faß zum Fluß zu tragen. Sie baten mich, es nicht hinunterzuwerfen, aber ich schüttete es über die Uferböschung aus, und die ganze hefige, saure Brühe floß hinunter ins Wasser.

In dieser Nacht fühlte ich mich sehr allein, Meilen entfernt von irgendeiner anderen weißen Person, allein unter Menschen, die böse auf mich waren und nicht ganz nüchtern. Doch am nächsten Tag beteuerten die Frauen, es täte ihnen leid, daß sie sich so schlecht benommen hatten. Soweit ich es beurteilen konnte, tranken sie nichts mehr.

Am folgenden Sonntag lud mich Old William zum Essen bei seiner Familie ein, um mich mit einer besonderen Köstlichkeit zu beehren. Sie kochten etwas Gutes und warteten mit dem Essen, bis mir als erstem serviert wurde. Es roch sehr lecker. William hob den Deckel von einem großen eisernen Topf, der über dem Feuer hing, und mit einem scharfen spitzen Stock spießte er ein großes Stück Fleisch auf und hob es triumphierend in die Höhe.

Einen Moment lang wurde mir schwach. Es sah genau wie ein monströser schwarzer Menschenfuß aus. Sie hatten die Krallen entfernt, und ich sah nur den unteren Teil des Bärenfußes. Den besten Leckerbissen sollte ich nun bekommen. William zog sein altes Taschenmesser heraus, und ich brachte es fertig, nicht zusammenzuzucken, als er zwischen dem großen Zeh und dem nächsten einstach, den großen Zeh abtrennte und ihn mir anbot. Ganz benommen hielt ich ihm ein Stück Papier dafür hin. Ich konnte das unmöglich essen, bei dem bloßen Anblick mußte ich mich sehr beherrschen, nicht zu würgen.

Sie waren so höflich und meinten es so gut. Ich wandte die Augen von dem Zeh in meiner Hand ab und dankte ihnen, und ich bat, mich verabschieden zu dürfen, damit ich ihn in meinem Zelt mit meinem Brot und Tee essen konnte. Ja, damit waren sie zufrieden. In sicherer Entfernung warf ich verstohlen das ekelhafte Ding in ein undurchdringliches Dickicht. In solchen Notzeiten Essen zu vergeuden war nicht recht, doch zumindest hatte ich niemandes Gefühle verletzt, weder ihre noch meine.

Angesichts des schweren Winters, der uns bevorstand, beschloß ich, in ein Dorf einige Meilen flußaufwärts vom Beringmeer zu reisen, um dort Notvorräte zu besorgen und Schulangelegenheiten zu regeln. Während meiner Abwesenheit würden die Leute in den Lagern bleiben, um die wenigen Lachse zu fangen, die noch auf ihrer Wanderung waren. Der Schulunterricht würde in diesem September für zwei Wochen ausfallen.

Mr. Nielsen, der Däne, der mein Führer war, als Old Dick über die Schlucht sprang, erklärte sich bereit, mich als Passagier in seinem Motorboot mitzunehmen. Seine Frau Martha, eine Aleutin, wollte ihre Mutter besuchen, die an der Küste lebte, und ich konnte sie begleiten. Die Notvorräte, die ich bei der Regierungsbehörde an der Küste in Empfang zu nehmen beabsichtigte, könnten wir dann auf der Rückfahrt im Motorboot mitnehmen.

Die Reise würde über die ganze Länge des Iliamnasees verlaufen. Diese Strecke war ich noch nie gefahren. Ich hatte eine knapp zwei Meter lange, mit einer Zeltplane überdachte Kajüte an einem Ende des Bootes, und Martha hatte eine ähnliche Kajüte am anderen Ende. Abends gingen wir an Bord und brachen in aller Frühe am nächsten Morgen auf.

Wir schlängelten uns zwischen Inseln hindurch, bis wir am Spätnachmittag des folgenden Tages einen offenen Teil des Sees erreichten. Jetzt waren keine Inseln mehr in Sichtweite, und man hatte das Gefühl, auf hoher See zu sein. Gegen Abend begann ich ein wenig an unserer Sicherheit zu zweifeln, weil Mr. Nielsen versäumt hatte, ein Rettungsboot anzuhängen, und sich weder eine Kerze noch eine Laterne an Bord befand. Der Motor funktionierte nicht richtig. Mehrmals am Tag war er zum Stillstand gekommen, und es war schwierig, ihn wieder anzulassen. Wahrscheinlich wird alles gutgehen, dachte ich, vorausgesetzt, kein Sturm bricht aus.

Aber genau das geschah schon bald. Der Himmel verdunkelte sich und sah bedrohlich aus. Ich schlug Mr. Nielsen vor, eine Spalte zwischen den Berghängen anzusteuern, denn die Eingeborenen hatten gesagt, wenn sie einen solchen Himmel sähen, würden sie auf schnellstem Wege Schutz suchen. Er wandte ein, das Ufer sei zu felsig. Außerdem würden wir es nicht erreichen, bevor es dunkel war; es sei sicherer, im tiefen Gewässer zu bleiben.

Die Wellen stiegen schnell, und wir schaukelten hin und her, während die Dunkelheit sich zu Tintenschwärze verdichtete. In meinem wasserdichten Parka stand ich am Bug und starrte unverwandt aufs Wasser, aus Furcht, daß wir auf einen Felsen auflaufen könnten. Ich fragte Mr. Nielsen, woher er wisse, in welche Richtung er das Motorboot steuern müsse. Er sagte, er richte sich nach der Windrichtung. Jetzt verlor ich alles Vertrauen zu ihm. «Aber der Wind kommt aus allen Richtungen», wandte ich ein. «Er kommt keine zwei Minuten aus derselben Richtung.» Jetzt schlugen die Wellen so hoch, daß ich dann und wann von einer überspült wurde. Er erwiderte, er habe keine andere Wahl als weiterzufahren, denn wenn wir anhielten, könnte das Boot kentern.

Angeblich steuerten wir auf den kurzen, aber breiten Kvichak River zu, der den Iliamnasee ins Beringmeer ableitet. Wir würden sicher hindurchkommen, sagte Mr. Nielsen, wenn wir das Nordufer des Flusses erreichen könnten. Wenn wir aber zu seinem Südufer abtrieben, würden wir auf die Felsen auflaufen. Um drei Uhr morgens erspähte ich eine Linie am Horizont. Was konnte es anderes sein als ein Berg? Das Land war nahe, und Land könnte Felsen bedeuten. Ich rief ihm zu, schnell vor Anker zu gehen. Doch Mr. Nielsen rührte sich nicht und fragte, warum. Ich war außer mir. Er war halb eingeschlafen. Als er bemerkte, daß wir fast an Land waren, beeilte er sich endlich, den Anker auszuwerfen. In der Dunkelheit konnten wir kaum etwas erkennen, doch das Wasser um uns her war ruhig.

Als es hell wurde, entdeckten wir, daß wir uns auf der gefährlichen Seite der Einfahrt zum Fluß befanden. Binnen kurzem wären wir zwischen den Felsen und Brechern zerschellt. Nun bei Tageslicht war Mr. Nielsen imstande, um das Riff herumzusteuern und die sichere Route zu erreichen.

An der Einfahrt des Flusses ragte ein hohes Kliff empor, und darauf stand ein Mann, der offenbar nach uns Ausschau hielt. Mr. Nielsen sagte, das sei der Flußlotse. Man habe ihm gesagt, er solle ihn in Anspruch nehmen, doch das wolle er nicht, denn er sei sicher, daß keine Gefahr bestehe. Ich drängte ihn, seine Anweisungen zu befolgen, aber es war vergebens, und ohne anzuhalten fuhren wir an Igiugig vorüber, einem verschlafenen Dörfchen, aus dessen unterirdischen Häusern sich Rauch emporkräuselte. Mir graute vor diesem Dorf, denn im vorigen Sommer hatten die Hunde der Einwohner ein zweijähriges Kind gefressen.

Wir waren nicht mehr als fünf Meilen gefahren, als unser Motorboot in diesem riesigen seeähnlichen Fluß auf Grund lief. Von seinen fünf Fahrrinnen hatte Mr. Nielsen eine falsche gewählt, und nun steckten wir im Sand fest. Uns blieb nichts übrig als zu hoffen, daß wir gesehen würden, obgleich wir uns fast außer Sichtweite der navigierbaren Fahrrinnen befanden. Ich hatte unter meinen Sachen ein weißes Tischtuch, und Mr. Nielsen befestigte es an einem Mast. Dreizehn Stunden mußten wir ausharren, ehe endlich vier Männer in *bidarkas* auftauchten. Sie hatten den weißen Fleck erspäht. Sie kamen nicht zu früh, denn das Gewässer wurde rauh.[1]

Sie banden eines der *bidarkas* an die Seite des Motorboots und befestigten das zweite längsseits des ersten. Dann forderten sie mich auf, in ein Loch in dem ersten Boot zu steigen und von dort in das Loch des äußeren Bootes. Das war noch viel schlimmer als die Strickleiter der *Dora!* Die Männer brauchten fast drei Stunden, um das Motorboot zu befreien, und dann steuerten sie uns in die richtige Fahrrinne. Sowie ein guter Lagerplatz in Sicht war, brachten sie uns zum Ufer. Als wir endlich aßen, war es wieder Tag. Wir erreichten Koggiung ohne weitere Zwischenfälle, außer daß wir einen großen Wal sahen, der wohl mit der Flut hereingekommen war und sich verirrt zu haben schien.

Bei Koggiung befand sich ein unterirdisches Dorf, und zwischen den Besuchen bei den Regierungsbehörden und dem Aufgeben von Telegrammen hatte ich Gelegenheit, jedes Haus dieses Dorfes zu besuchen. Um ein Haus zu betreten, mußte man sich nur ein wenig bücken, es war eher so, als ginge man in einen Keller mit niedrigem Eingang, nicht wie bei den uralten verlassenen *barabaras*, deren Ruinen wir auf der Insel Kodiak besucht hatten. Die Zimmer dieser Häuser waren groß und hatten überraschend hohe Decken. Obwohl nicht sehr hell, konnte man keines als düster bezeichnen, weil die Wände und Decken hübsch mit geblümten Tapeten überzogen waren. Sie waren besser möbliert, als ich es mir vorgestellt hatte. Die Öfen waren gut, auch die Tische und Stühle. Das interessanteste Gebäude war der *kashim*, der zeremonielle Versammlungsraum der Männer, ebenfalls unterirdisch. Er war groß und enthielt ein Bad oder eine Art Schwimmbecken, mit Bänken, angeordnet wie in einem Amphitheater.

Die Menschen hier waren Eskimos, durch Heirat mit Russen vermischt. In ihrem Aussehen dominierte das Erbgut der Eskimos. Sie erzählten mir, daß die Russen der besseren Schicht, als sie nach Norden kamen, Eskimos heirateten, während die niedere Schicht Aleuten heiratete. Die Aleuten, sagten sie, blickten zu den Eskimos als den Überlegenen auf, doch die Indianer sahen auf beide herab, auf sie und die Aleuten. Sie hatten ein neues staatliches Schulgebäude, das von den Kindern dieses Dorfes besucht wurde. Die Regierung riet den Eingeborenen jetzt ab, unterirdische Häuser zu bauen, und sie hatten begonnen, diesen Rat zu befolgen.

Auf unserer Rückfahrt, nachdem ich meine Geschäfte erfolgreich abgewickelt hatte, nahm Mr. Nielsen einen Flußlotsen an Bord. Ehe wir in den See einfuhren, machten wir halt, um Igiugig zu besichtigen, das unterirdische Dorf, wo die Hunde das Kind gefressen hatten. Der Lotse ging uns auf dem steilen Pfad voraus und ließ alle Hunde einsperren und anketten, ehe wir kommen durften. Die Häuser hier waren spärlich und primitiv möbliert und weniger geräumig als die Häuser an der Bristol Bay. Man konnte nur auf Händen und Knien in sie hineinkriechen, doch drinnen war reichlich Platz, auch um aufrecht zu stehen. Die Bewohner dieses ärmlichen Dorfes machten wunderbare Schnitzereien aus Mammutelfenbein, das die Händler von der Bristol Bay ihnen brachten. Ich kaufte eine schöne Kette mit einem Kreuz, alles aus einem einzigen Stück Elfenbein geschnitzt. Ferner kaufte ich eine ovale Schüssel, wie sie die Dorfbewohner für ihren eigenen Gebrauch anfertigten, handgeschnitzt aus Birkenholz mit fließenden symmetrischen Kurven.

Die erste Nachricht, mit der ich in Iliamna empfangen wurde, war, daß Kusma, das Stammesoberhaupt, Daluska, eine der jungen Frauen, zu seiner Frau gemacht hatte. Man verbreitete diese Nachricht mit den Worten «Daluska trägt ein Netz»[2]. Eine unverheiratete Kenai-Frau flocht ihr Haar zu zwei Zöpfen, und eine Witwe trug es im Pagenschnitt. Eine verheiratete Frau trug ein hübsch mit Perlen verziertes Haarnetz, das sie selbst geflochten hatte.

Nach nur zwei Wintermonaten sahen die Kinder bereits blaß und dünn aus. Der Fang des Sommers war schon verzehrt, und ohne ihr normales Quantum an öligem Fisch waren sie fast stets hungrig. Bis jetzt hatte ich ihnen in der Schule immer wöchentlich zwei gute Mahlzeiten vorsetzen können, doch nun waren sie eindeutig unterernährt.

Die Kenai trugen die normalen Entbehrungen und Anstrengungen ihres Lebens tapfer und fröhlich. Sie waren ein starkes, stoisches Volk. Doch dies waren keine normalen Zeiten von normaler Armut. In ihrer Sorge und Not glaubten sie, daß der entsetzliche Fusel ihnen helfen würde. Ich hatte den Verdacht, daß es den Kindern noch viel schlechter als erwartet ging. Da sagte ich, sie sollten alle am nächsten Tag ein Stück Schiffszwieback mit zur Schule bringen und sie würden ein gutes Essen bekommen, doch jedes Kind, das kein Brot mitbrächte, könne kein Essen bekommen. Jedes Kind brachte das Stück Brot.

Ich hatte es geahnt. Das Brot war aus dem Mehl von der ekelhaften gegorenen Brühe, die am Boden der Fuselfässer zurückgeblieben war, gemacht worden. An diesem Tag stürmte ich nach der Schule ins Dorf und schlug den größten Krach, dessen ich fähig war. Ich verbot ihnen ein für allemal, ihr Mehl je wieder für solche Zwecke zu verwenden – das Mehl, das für gutes Brot für die Kinder und sie selbst bestimmt war.

Sobald mir die Notvorräte an Fisch genehmigt worden waren, konnte ich den Schülern, den Frauen und den Kindern, die noch zu klein waren, um zur Schule zu gehen, täglich eine nahrhafte, warme Mahlzeit in der Schule zubereiten. Die Männer konnten sich selbst ernähren von dem, was sie mit dem Packen für Goldsucher und Händler und mit Holzhacken für das Geschäft verdienten.

Die durchreisenden weißen Männer sagten: «Sollen sie doch auf die Jagd gehen, das faule Gesindel!» Aber diese Männer verstanden nicht, wie schlecht die Zeiten geworden waren. Die Dorfbewohner hatten kein Geld, um Munition zu kaufen. Ihre Gewehre waren nutzlos, und sie verpfändeten sie für Nahrungsmittel. Eine Jagd bedeutete eine Reise von etwa vierhundert Kilometern hin und zurück, außerdem Futter für die Hunde und Verpflegung für die Männer unterwegs.

Früher hatte ich gedacht, alle seien gleich arm, doch die Hungersnot vergrößerte den normalerweise geringen Unterschied zwischen Arm und Reich erheblich. Die Hunde der ärmsten Leute starben schnell und als erste. Einige der Männer, die ihre Hundegespanne verloren hatten, gingen mehr als hundertsechzig Kilometer zu Fuß zur Bristol Bay, um Walfleisch zu holen. Das, was sie nicht tragen konnten, speicherten sie und machten den Weg ein zweites Mal. Doch Wölfe brachen in die Speicher ein und stahlen das ganze Fleisch. Die Männer hatten damit gerechnet, sich auf ihrem Rückweg von diesem Fleisch zu ernähren. Vollkommen ausgehungert kämpften sie sich zurück durch die bittere Kälte.

Hungrige Hunde überquerten den Fluß und drangen in eine Scheune ein, in der zwei Pferde standen, und brachten eines der Tiere zu Fall. Als endlich der Besitzer mit dem Gewehr erschien, hatten sie das noch lebende Pferd schon teilweise gefressen.

Aus einem Dorf weiter unten am See wurde bei mir angefragt, ob jemand in unserem Dorf zwei Aleutenkinder aufnehmen könne. Ihre Mutter war auf dem Eis gefallen, und die Hunde hatten sie in Stücke gerissen. Ich hielt es für besser, daß sie nicht in unser Dorf kamen, weil die Kenai die Aleuten nicht mochten.

Die jungen Eskimos von der Rentierstation kamen an, und sie lernten schneller als alle anderen Schüler. Der Unterschied war wohl, daß die Regierung ihnen die Lebensmittel zuteilte, während unsere Kinder hungrig waren, denn nachdem ich den Schülern aus Iliamna jeden Tag ein Essen vorsetzen konnte, lernten sie bald wieder viel besser.

Fisch war so teuer, daß wir ihn uns für das Schulessen nur zweimal wöchentlich leisten konnten. An anderen Tagen hatten wir getrocknete Bohnen oder Erbsen und zu allen Mahlzeiten Speck, Brot, getrocknete Früchte und Tee. Wir nahmen abwechselnd Zucker zum Tee oder Sirup zum Brot.

In diesem Jahr konnten wir uns kein Festessen zu Thanksgiving und Weihnachten leisten, aber an Thanksgiving aßen wir wenigstens Gemüse aus dem Schulgarten. Viele Familien sagten jetzt, daß sie im nächsten Sommer Gärten anlegen wollten.

In diesem Winter, der eine allgemeine Katastrophe darstellte, wurden einzelne zudem von besonders schweren Schicksalsschlägen getroffen. Der Dampfer *Farralon* lief im Cook Inlet in einem Schneesturm auf Grund. Ein paar der geretteten Männer schlugen sich bis zu unserem Dorf durch. Sie besaßen keine Schneeschuhe und wären unterwegs fast umgekommen.

Mondilla Simeon, der noch sein Hundegespann hatte, fuhr allein hinaus, um Holz zu holen. Er kam bei Nacht nicht zurück, und als der Suchtrupp ihn endlich fand, lag er eingeklemmt unter einem schweren Ast, Hände, Gesicht und Schultern waren teilweise erfroren. Er bekam eine Lungenentzündung, und ich mußte viele Male über den Pfad zu seinem Haus gehen, beladen mit Lebensmitteln aus den Schulvorräten für ihn und Seponita, seine alte Mutter. Ihre Bedürfnisse waren bescheiden, doch ich konnte ihnen jeweils nur genug für einen Tag bringen, sonst hätten Mondilla und Seponita mit dem übrigen feine Teegesellschaften veranstaltet.

Vor Weihnachten kam ein Arzt aus einer Entfernung von über hundertsechzig Kilometern ins Dorf, untersuchte die Kranken und gab mir Anweisungen für ihre Behandlung. Seine Frau schickte mir ein junges Huhn, das ihr geschenkt worden war, und einen Liter Milch, die nicht getrocknet oder konserviert, sondern frisch gefroren war. Diese schickte ich einer weißen Frau am anderen Flußufer, denn sie hatte seit fünf Jahren keine frische Milch mehr gekostet, während es bei mir erst zwei Jahre zurücklag. Nachdem der Arzt wieder fort war, brach sich Sullivan Jackarr den Oberarm. Glücklicherweise war es ein glatter Bruch; mit großer Hilfe von einem der Ladenbesitzer konnte ich ihn behandeln. Es war eine Tragödie für einen Mann, einen Arm nicht gebrauchen zu können, und deshalb ungeheuer wichtig, ihn richtig einzurichten.

Ein Anblick, der uns in diesem Winter glücklich machte, waren die neugeborenen Babys. Jeden Tag kamen ihre Mütter zum Essen zur Schule und tranken eine gute Tasse Kakao. Die Babys wußten nichts von der Hungersnot, sie waren mollig.

Der Schnee entwickelte in diesem schrecklichen Winter keine Kruste. Die Pfade waren so überhäuft von weichen Schneewehen, daß es unmöglich war, auf ihnen nur mit Stiefeln zu gehen, man mußte immer Schneeschuhe benutzen. Meine waren etwa eineinhalb Meter lang, mit Gitterwerk und Riemen aus sehr dicht zusammengedrehten Rentiersehnen.

Endlich kam der Frühling, Gärten wurden angelegt, und die Leute verließen das Dorf, um sich wieder in den Fischfanglagern einzurichten. Obwohl ich nicht formell dorthin berufen worden war, wurde mir mitgeteilt, ich könne, wenn ich es wünschte, wieder für den Sommer nach Nondalton gehen, die Kosten der Beförderung würden mir genehmigt.

Ein Boot, das zwei weißen Männern gehörte, wurde gechartert, und noch zwei Kenai-Gehilfen wurden angeheuert, um mich und mein Gepäck auf dem See bis zur Portage[3] zu befördern. Dieses Mal schlug ich, statt zu zelten, mein Quartier in einem leerstehenden Vorratsspeicher auf, der auf Pfählen stand. Die Führer aus Nondalton waren noch nicht am Treffpunkt angelangt, doch das gecharterte Boot mußte am selben Abend zurückkehren. Die Männer ließen mich nicht gern allein am Seeufer zurück, aber ich versicherte ihnen, daß hier nichts zu befürchten sei. Sollte sich ein Wolf hier herumtreiben, könne er mich nicht erwischen, denn ich würde die Leiter hochziehen. Im übrigen würde ich wetten, daß jede meiner Be-

Hannah und ihr Führer, Joe Kackley, beim Mittagessen auf einer Insel im Iliamnasee. *Hannah Breece collection*

wegungen beobachtet würde, denn alle Eingeborenen in der Umgebung wüßten von meiner Reise.

Und richtig, das Boot war noch nicht lange fort, als eine kleine Eskimofrau um eine Kurve des Sees kam, mich anstrahlte und mir die Hand entgegenstreckte. Sie war in Pelze gekleidet, ihre schwarzen Augen blickten munter und leuchteten wie Perlen, und ein kräftiges Rot schimmerte durch ihren olivfarbenen Teint. Sie war eine alte Bekannte! Sie war dieselbe Frau, die vor Jahren, bevor ich nach meiner ersten kurzen Exkursion nach Iliamna auf den Dampfer nach Wood Island wartete, mit der kleinen Eskimogesellschaft den ganzen Weg zum Point gekommen war. Ich gab ihr ein *Ladies' Home Journal*, denn alle Eingeborenenfrauen, ob Aleuten, Kenai oder Eskimos, liebten diese Zeitschrift.

Hannah, links undeutlich zu sehen, bei der Vorbereitung zum nächtlichen Zelten auf einer Insel im Iliamnasee. *Hannah Breece collection*

Die Eskimos, die Hannah Breece bewachten, während sie am Iliamnasee auf ihre Führer aus Nondalton wartete. Es waren wahrscheinlich Yupik (pazifische Eskimos), die sich damals am Newhalen River angesiedelt hatten. *Hannah Breece collection*

Während der drei Nächte, die ich in dem Speicher zubrachte, und der zwei Tage am Ufer gab es, glaube ich, keine einzige Stunde, in der ich nicht von dem einen oder anderen aus dem Eskimolager eineinhalb Kilometer weiter unten am See bewacht wurde. Nachts konnte ich hören, wie die Wächter leise umhergingen, und ich schlief mit dem Gedanken ein, mir kann nichts passieren.

Als die Männer aus Nondalton ankamen, äußerten sie die Befürchtung, der Weg könne uns von einem Waldbrand abgeschnitten werden. Sie hatten zwar kein Feuer gesehen, aber sie glaubten, letzte Nacht in ihrem Lager den Geruch aus der Ferne wahrgenommen zu haben. Deshalb beeilten wir uns, sosehr wir konnten. Da sie nicht mit Booten belastet waren, brauchten sie nur den einen Weg mit dem Gepäck zu machen.

Auf dem Portagepfad erhaschten wir hier und dort einen

Blick auf das Feuer. Moosbewachsene Tundren brannten, in dem bewaldeten Teil fiel zuweilen ein hoher Baum, nahe genug, daß wir das Krachen hören konnten. Die Luft brannte heiß auf unseren Gesichtern. Doch in Alaska rast ein Waldbrand nicht mit der gleichen Geschwindigkeit über das Land wie südlicher in den Vereinigten Staaten. Wenn dem so wäre, hätten wir es nie bis zum nächsten Fluß geschafft, bevor das Feuer über unseren Weg gefegt wäre. Wir gingen im Gänsemarsch, so schnell wir konnten, um unsere Boote zu erreichen, die im Fluß vertäut warteten.

Auf unserer zweiten, kürzeren Portage um die Stromschnellen herum hatte sich das Feuer bereits am Flußufer ausgebrannt. Der Boden war noch so heiß, daß er uns fast die Füße versengte. Der letzte Teil unseres Weges durch den Wald glich einer Flucht. Unsere wieder beladenen Boote trugen uns über den Fluß zu einem Lagerplatz am gegenüberliegenden Ufer.

Der Lagerplatz, der sich im Schein eines Moskitofeuers zeigte, war sehr schön. Als ich mich dankbar zum Schlafengehen fertig machte, baten mich die Führer, den Hügel hinaufzukommen und zu schauen. Der Berghang des gegenüberliegenden Ufers stand in Flammen. Das war kein zusammenhängendes Flammenmeer, sondern die Flammen züngelten wie feurige Schlangen im Zickzack über die Erde. Alte Fichten brannten wie Zunder. Die Flammen schossen empor, fielen in sich zusammen, und ein Sternenregen von Funken stieg zum Himmel auf. Das Feuer hatte den letzten bewaldeten Teil unseres Pfades überquert, weniger als eine Stunde nachdem wir ihm entronnen waren. Ich erschauerte bei dem Gedanken, welch einen Unterschied eine Stunde macht!

Der Wind blies in unsere Richtung. Funken flogen uns entgegen, über den Fluß. Wir konnten nicht wagen, uns schlafen zu legen, bis endlich um Mitternacht der Wind drehte. Wie gewöhnlich hielten die Männer die ganze Nacht abwechselnd Wache, damit sie uns wecken konnten, falls das Feuer auf unsere Seite des Flusses übersprang.

Am nächsten Morgen waren der Rauch und die Hitze drükkend, trostlos der Anblick der unglücklichen Vögel, deren Nester und Junge verbrannt waren. Verzweifelt flogen sie hin und her. Entenmütter versuchten, ihre Jungen vom Rand des heißen Flußufers fernzuhalten und gleichzeitig aufzupassen, daß sie nicht in gefährliche Strömungen gerieten. Eichhörnchen, Kaninchen und Füchse waren über weite Strecken vernichtet worden. Hier und da rasten die Flammen immer noch. Jahrhundertelang waren dies die Jagdgründe der Kenai gewesen. Nun sah man nur noch verkohlte Überreste. Für die Kenai wäre das auch zu jeder anderen Zeit ein Unglück gewesen. In diesem Jahr war es eine Katastrophe, denn wieder blieb die sommerliche Wanderung der Fische aus.

Im Fischfanglager angekommen, war ich schon halbwegs darauf vorbereitet, daß die Kinder alles vergessen hatten, was sie im vorigen Sommer gelernt hatten. Doch dem war nicht so. Sowohl sie wie ihre Eltern zeigten mir stolz, wieviel mehr sie über den Winter gelernt hatten. Ich hatte Bücher und Schreibmaterial für sie bei Zackar zurückgelassen, und er hatte dafür gesorgt, daß sie auch benutzt wurden. Die älteren Kinder hatten die jüngeren unterrichtet, so gut sie konnten, und hatten alle Bücher gelesen, die ich ihnen dagelassen hatte. Sie hatten alle Rechenaufgaben gelöst, soweit sie sie verstanden. So hatten wir in diesem Sommer schon eine gute Grundlage, und wir alle machten das Beste daraus.

Eines Tages luden die Frauen mich ein, mit ihnen Birkenrinden für Körbe zu sammeln, ein Ausflug von sechzehn Kilometern. Das Wäldchen war vielleicht das reizvollste Fleckchen Erde, das ich je gesehen habe, vorher oder nachher. Die weißen Bäume standen weit auseinander, kerzengerade und ausladend, jeder hatte reichlich Platz. Sie waren nicht lang und dünn gewachsen, sondern hatten Durchmesser von dreißig Zentimetern und mehr. Kurzes hellgrünes Gras, an manchen Stellen fast verborgen unter den weißen Blüten der Moosbeeren, bedeckte den Boden. Ein Bächlein wand sich über den sanft abfallenden Waldboden. Farne spiegelten sich in ihm, und das zarte Laub der Zweige überdachte es.

Der ganze Tag war wie verzaubert. Die Frauen, lachend und glücklich, trugen perlenbestickte Ledergurte um die Taille. Sie zogen scharfe Messer hervor und schälten damit soviel Birkenrinde ab, wie sie tragen konnten. Sie wollten mir nicht erlauben, auch nur ein Gramm selbst zu tragen, doch als wir zu Hause ankamen, teilten sie mit mir, bis ich mehr Birkenrinde hatte als jede andere. Dann sagten sie, sie müßten sie selbst verarbeiten, denn was konnte ich damit anfangen? In der nächsten Woche machten sie mir alle zusammen sieben Körbe aus meinem Anteil: hübsch, wasserdicht und haltbar.

An dem hohen russisch-orthodoxen Feiertag gingen wir, so wie im vorigen Jahr, alle im Dorf zur Kirche, obwohl es in Strömen regnete, als wir die Fahrt von fünf Kilometern den See hinauf in offenen Booten machten. Dieses Mal war der Gottesdienst nicht still. Zackar trat vor die stehende Gemeinde und hielt eine Predigt in der Kenaisprache. Wenn seine Worte so überzeugend waren wie sein Gesichtsausdruck und seine Gestik, war die Predigt ausgezeichnet.

Links einer der sieben Birkenrindenkörbe, die die Frauen aus Nondalton Hannah Breece schenkten. Rechts die geschnitzte Birkenholzschale, die Hannah Breece in Igiugig gekauft hatte. *Pete Butzner*

Hinterher fragte ich ihn danach. Er sagte, daß er unmittelbar nach dem stillen Gottesdienst, dem ich im vorigen Jahr beigewohnt hatte, immer in der Kirche gesprochen und sich dabei auf biblische Wahrheiten gestützt habe, auf Geschichten aus den Sonntagsschullesungen und die Geschichten, die wir uns in seinem Zelt erzählt hatten. Wie Epheme war er ein Philosoph, und ich bin sicher, daß seine Predigten dem Vergleich mit denjenigen standhielten, die so manche verwöhnte Gemeinde in den Vereinigten Staaten zu hören bekommt.

Am Ende dieses Gottesdienstes begannen sich alle Männer lebhaft zu unterhalten. Ich konnte sehen, daß einige der ältesten Männer böse auf die jüngeren waren und versuchten, sie von etwas zu überzeugen. Mehrmals hörte ich das Wort *Lehrerin*, und ich merkte, daß es bei dem Streit um mich ging. Obwohl ich wußte, daß sie meine Freunde waren, sind alte Aberglauben mächtig, und ich hatte Angst, sie, ohne es zu wissen, beleidigt oder einen schweren Verstoß begangen zu haben. Ich fühlte mich sehr allein und weit weg von meinen eigenen Leuten.

Nach einer, wie mir schien, sehr langen Zeit kam Zackar zu mir herüber und sagte, sie wollten mir danken, daß ich durch Feuer und Wasser zu ihnen gekommen war, und sie hätten darüber debattiert, wie sie ihren Dank zum Ausdruck bringen sollten. Sie wollten mir ein heiliges Bild schenken. Die ältesten Leute hätten gemeint, ich würde mich darüber lustig machen, deshalb hatten sie beschlossen, mich zu fragen, ob ich versprechen könnte, nie darüber zu spotten. Ich gab ihm mein Versprechen.

Dann brachte er mir einen Druck der Madonna in einem weißen Holzrahmen. Vor langer Zeit war ihnen das Bild aus Rußland geschickt worden. Alle Dorfbewohner versammelten sich, und es wurde mir mit feierlichem Ernst überreicht.

Sie wußten, daß dies mein letzter Sommer in Nondalton war. Sie wußten, daß ihnen ein harter Winter bevorstand und ich ihnen keine praktische Hilfe bieten konnte, um ihn zu überstehen, doch sie schenkten mir den außergewöhnlichsten und kostbarsten Gegenstand, den die Gemeinde besaß.

15

Das zweite Hungerjahr

Als ich nach meinem Sommer in Nondalton in die Fischfanglager von Iliamna zurückgekehrt war, verlegte ich die Schule wiederum ins Lager, damit die Kinder so lange wie möglich dort bleiben konnten. Da unglücklicherweise die Wanderung der Fische auch dieses Mal ausgeblieben war, waren die Bären hungrig und ihre Lebensgewohnheiten durcheinandergeraten. Das war wohl ein Grund, weshalb sie begannen, sich in Gegenden herumzutreiben, die sie gewöhnlich mieden.

Eines Abends brach ein Sturm los, und ein kalter Dauerregen prasselte hernieder. Meine beiden nächsten Nachbarn im Lager, Mondilla Simeon und seine Mutter, waren auf Eichhörnchenjagd. Ich briet mir ein Bärensteak von einem Jungtier, das sich von Beeren ernährt hatte, und ließ es über dem Feuer, während ich hinunter zum Ufer ging, um Wasser zu holen. Die Pfanne fing Feuer, das Fleisch war ziemlich verkohlt, und der Geruch, der davon ausging, war wohl stark genug, um ganz Alaska zu parfümieren.

Weil ich wegen des Sturms niemanden besuchen konnte und auch niemanden zum Unterhalten hatte, beschloß ich, früh zu Bett zu gehen und beim Licht der Laterne, die über meinem Bett hing, zu lesen. Als ich so friedlich dalag, brach ein ungeheurer Tumult aus.

Alle Hunde im Lager, es waren etwa dreißig, sprangen, heulten und knurrten vor meinem Zelt. Es hörte sich an wie damals, an jenem Sonntagmorgen, als sie mich im Dorf bedrohten. Nur eine lose befestigte Zeltleinwand war zwischen uns. Dann hörte ich draußen ein Tier schwerfällig herumtapsen und wußte, es war ein Bär.

Ich tat, was ich nicht hätte tun sollen. Ich machte die Laterne aus und zitterte im Dunkeln. Die Hunde hörten nicht auf zu knurren und zu kläffen. Es schien eine Ewigkeit zu dauern, doch in Wirklichkeit waren es nur eine oder zwei Stunden. Ich konnte nichts tun als abwarten und mich zusammenkauern. Dann, als die Hunde endlich aufhörten zu lärmen, schlief ich ein.

Um zwei Uhr morgens steckte Old William seinen Kopf in meine Türklappe und sagte: «Viel Angst, Teacher?» Er sagte, ich solle mich beeilen und mit ihnen kommen, denn sie fürchteten, der Bär würde ein paar von uns auffressen. Alle Männer und Jungen im Lager auf meiner Seite des Flusses hatten sich um mein Zelt versammelt. Sie rollten meine Decken zusammen, schickten mich schnell hinaus und marschierten mit mir zum anderen Fischfanglager. Sie besaßen nur noch zwei Gewehre, die nicht verpfändet worden waren, deshalb trugen einige Männer Äxte, und andere hatten Knüppel, und unwillkürlich mußte ich lächeln über unsere komische Parade durch den Wald und um das Kliff herum.

Wegen des Kliffs hatte niemand im Lager auf unserer Seite über dem Brausen des Sturms die Hunde gehört. Doch die Leute im gegenüberliegenden Lager hatten sie über das Wasser gehört und in heller Aufregung versucht, mich zu erreichen. Doch sosehr sie auch manövrierten, sie konnten kein Boot aussetzen, die Wellen waren zu stark. Endlich flaute der Sturm so weit ab, daß zwei junge Männer in *bidarkas* herüberkommen und das Lager auf meiner Seite des Flusses aufwecken konnten. Inzwischen war der Bär, verfolgt von den Hunden, entkommen.

Am nächsten Morgen konnten wir sehen, daß das große, schwerfällige Tier neben meinem Zelt im Gras gelegen hatte. Neben seinen großen Fußstapfen sah man die Spuren eines kleinen Bären. Wir vermuteten, daß die alte Bärenmutter von dem Geruch meines verbrannten Steaks angelockt worden war. In dieser Nacht verlegte ich meinen Schlafplatz in einen leeren Fischspeicher.

Das Wetter war in diesem Winter 1911/12 äußerst ungewöhnlich. Obgleich die Luft bitterkalt war, blieb die Erde warm. Der Schnee täuschte. Von oben sah er flaumig und harmlos aus, doch darunter war er geschmolzen, so daß man, wenn man auf ihm ging, bald in Wasser einsank. Schneeschuhe waren nutzlos in diesem Matsch. Der See und die Flüsse waren unsicher. Um die Mitte des Winters waren Schneebretter und riesige Lawinen zur Gefahr geworden.

Alte Leute erzählten mir, daß ihnen vor langer Zeit ihre Väter bereits solche Verhältnisse geschildert hatten. Sie waren auf das Feuer gefolgt, das auf einem Berg ausgebrochen war. Rauch und Asche hatten sich auf sie niedergesenkt, obwohl das Feuer weit entfernt war. Das seltsame Wetter war zu dem Verschwinden der Fische eine zusätzliche Sorge. In der Kirche war die Bibel von ihrem Pult gefallen, was als besonders schlechtes Omen galt.

Die Männer fragten mich, ob sie mit den Frauen und Kindern in der Schule essen dürften. Ich wußte, wenn sie den ganzen Winter in ihren Häusern und in der Schule herumsaßen, dann würden sie sterben. So machte ich ihnen einen Vorschlag, mit dem sie einverstanden waren. Sie sollten Baumstämme in den Schulhof bringen, etwa drei Meter lang und an ihrem dünnen Ende dreißig Zentimeter dick. Von jedem Baum würde davon eine Menge Feuerholz für sie abfallen. Sie könnten allein arbeiten oder zusammen, wie sie wollten.

Für je drei Stämme konnten sie einen Fünfzig-Pfund-Sack Mehl aus dem Geschäft erhalten. Für jeden einzelnen Stamm konnten sie ein Pfund Tee, zwei Pfund Schmalz und (flüstern wir es!) Tabak bekommen. Ich rationierte Zuckerstangen, die sie zu ihrem Tee essen konnten, denn in ihrem geschwächten Zustand war es nicht ratsam, ihnen Zucker anzuvertrauen.

Ich teilte auch gelegentlich getrocknete Früchte aus, und wenn ich genau wußte, daß ein Mann selbst keine Fische hatte, sorgte ich dafür, daß er mindestens dreimal wöchentlich welche bekam.

Zu der Zeit, als ich mit den Männern diese Vereinbarung – Arbeit im Austausch gegen Notvorräte – traf, hatte ich keine Möglichkeit, die Behörden von Alaska von diesem Arrangement zu unterrichten. So tat ich auf eigene Verantwortung einfach das, was ich für das beste hielt. Die Rechnungen des Geschäfts waren aus dem Notfonds genehmigt, den ich bei der Regierung ausgehandelt hatte. Im kommenden Frühling würde ich Schuldscheine zugunsten des Geschäftsinhabers unterschreiben und sie an das zuständige Regierungskomitee schicken, das alle Rechnungen genau prüfen würde, bevor sie bezahlt wurden. Nur in den dringendsten Notfällen konnte das Geld sofort geschickt werden.

Wir hatten keine Todesfälle über Winter, aber nur drei Hundegespanne waren noch übrig, und diese waren reduziert und die Tiere geschwächt. Die Männer mußten hart arbeiten und konnten nur ihre eigene Kraft einsetzen, um die schweren Stämme über matschige Pfade zu ziehen. Doch dabei blieben sie aktiv, und das hatte ich beabsichtigt.

Seit ich zum Iliamnasee gekommen war, hatte ich von einer jungen Waliserin, Mrs. Miller, und ihrem betagten weißen Ehemann reden hören. Sie lebten in einer entlegenen Gegend. Ihren Lebensunterhalt verdienten sie sich mit Fallenstellen in der Wildnis. Jeder wußte etwas Freundliches über Mrs. Miller zu sagen, doch wenig über ihren Mann, abgesehen davon, daß er sie die ganze Arbeit tun ließ. Er war nicht beliebt. Bevor ich Nondalton verlassen hatte, war eine junge, von der Reise erschöpfte Frau vor meinem Zelt erschienen. Sie war schüchtern, fast furchtsam, und schrecklich ungepflegt: barfuß, barhäuptig, ein paar Zähne fehlten ihr, und andere waren verfault.

Ich nahm sie bei der Hand und sagte: «Ich freue mich so, Sie kennenzulernen, Mrs. Miller. Seit ich hierher kam, habe ich gehofft, Sie würden mich einmal besuchen kommen.» Tränen strömten ihr übers Gesicht. Sie sagte, sie habe Angst gehabt zu kommen, weil ihre Kleider so verschlissen und ihre Zähne so schlecht seien. «Aber Ihre Augen und Ihre Haare sind so schön», ermunterte ich sie. «Die Zähne und das Kleid fallen gar nicht auf.» Sie fragte begierig, ob ich wirklich denke, ihre Augen und ihre Haare seien schön. Vor langer Zeit habe sie das auch gedacht, aber jetzt sei sie nicht mehr so sicher.

In den ein oder zwei Stunden, die sie bei mir verbrachte, erzählte sie mir ein Erlebnis, das sie und ihr Mann im vorigen Winter gehabt hatten. Sie wohnten neben ihren Fallen in einem Zelt, von dem aus sie sich auf Schneeschuhen um die Fallen kümmern konnte, während ihr Mann im Zelt wartete. Sie hatten so wenig Erfolg, daß sie sich gemeinsam vom Zelt entfernten, um einen besseren Platz zu suchen, und sie wurden von einem Schneesturm überrascht. Sie krochen in ihre Pelzschlafsäcke, legten sich in den Schnee und ließen sich von den weichen, flaumigen, trockenen Flocken zuschneien. Es war warm, sagte sie, aber drückend. Sie wußte nicht, wie lange sie dort gelegen hatten, als sie das Gefühl hatte, daß sie an die frische Luft mußte, sonst würde sie ersticken. Lieber würde sie im Schneesturm umkommen. Obwohl ihr Mann protestierte, arbeitete sie sich mühsam aus dem tiefen Schnee heraus. Später stellten sie fest, daß sie mehr als zwei Tage dort zugebracht hatten und daß der Sturm sich erst eine oder zwei Stunden, bevor sie sich befreite, gelegt hatte.

Etwa einen Monat später sah ich Mrs. Miller wieder, als sie und ihr Mann im Fischfanglager von Iliamna übernachteten. Ich lud sie beide zum Essen zu mir ein. Im Verlauf unserer Unterhaltung erwähnte Mr. Miller, daß er früher einmal wohlhabend gewesen sei. Das war mir schon bekannt. Ja, fuhr er mitteilsam fort, es habe Zeiten gegeben, da habe er über fünfzigtausend Dollar verfügt, doch er habe sie durch Spekulation verloren. In Alaska erfuhr man von Bekannten nur das, was sie freiwillig über ihr früheres Leben erzählten; man fragte sie nicht aus oder versuchte, ihre Geheimnisse auszuspionieren. Ich glaube, er wollte mich schockieren oder einen Streit anzetteln, denn er sagte unaufgefordert, daß er stolz darauf sei, seinen Wohlstand durch Whiskyhandel am Klondike verdient zu haben.

Mir war klar, daß er zu alt war, um seine Ideale zu ändern, und er konnte den Himmel nicht erreichen, um einen Stern vor seinen Wagen zu spannen[1], deshalb sagte ich nichts. Statt dessen bat ich Mrs. Miller zu singen. Sie sang tatsächlich, und sie machte ihrem walisischen Erbe Ehre, denn ihre Stimme war außergewöhnlich schön, und sie sang und sang. Sie sagte, sie liebe die geistlichen Lieder, denn die hätte sie gesungen, als sie Mitglied der Christian Endeavor Society in Wales gewesen war. Ihr Mann fuhr sie an: «Aber denk dran, du glaubst das Zeug jetzt nicht mehr. Du hast zu viel Verstand!», worauf sie verängstigt schaute und nichts mehr sagte. Am nächsten Morgen stand er neben ihr und gab ihr Befehle, während sie ihre Sachen zusammenpackte und sich das ganze Bündel auf den Rücken lud.

Das nächste Mal begegnete ich Mrs. Miller während meiner Reise zur Küste. Eine Frau in Koggiung hatte begonnen, sich für sie zu interessieren, und sie und ich richteten ihre Kleider her und gaben ihr, was sie sonst noch für ihr Leben im Freien brauchte, um nett auszusehen und etwas mehr Bequemlichkeit zu haben. In Gegenwart ihres Mannes sagte ich ihr, wenn ihrem Mann etwas passieren sollte, dürfe sie jederzeit zu mir kommen und ich würde für sie sorgen, bis sie sich entschieden habe, wie es weitergehen solle. Der treusorgende Gatte meldete sich: «Und was werden Sie für mich tun, wenn sie zuerst stirbt, nehmen Sie mich dann auf?»

Ich antwortete einfach und unmißverständlich: «Gott bewahre!»

Nicht lange danach starb ihr Mann im Winter ganz plötzlich, während sie acht Kilometer von ihrer Hütte entfernt waren und ebensoweit von einer Kupfermine, wo Bergarbeiter kampierten. Sie ließ den Leichnam ihres Mannes im Schnee liegen und benachrichtigte die Bergarbeiter von seinem Tod. Diese stellten eine Gruppe zusammen, die sein Begräbnis in die Wege leitete und die Mrs. Miller half, ihre Angelegenheiten zu ordnen und einen Führer zu finden, der sie ins Dorf Iliamna brachte. Schneeschuhe waren für sie wegen des ungewöhnlichen Wetters in diesem Winter nicht zu gebrauchen, und sie mußten viele weite Umwege machen, weil die Winterpfade so gefährlich waren.

Mrs. Millers einzige Freunde lebten in Wales, und sie hatte kein Geld, um eine so weite Reise zu unternehmen. Es war auch sinnlos für sie, in die Vereinigten Staaten zu gehen, weil sie dort niemanden kannte, noch nicht einmal sonst irgendwo in Alaska. Doch noch ehe der Winter um war, heiratete sie einen guten Mann aus unserem Teil des Landes. Er sorgte für sie und sie für ihn, und endlich hatte sie ein richtiges Zuhause.

Als der Frühling nahte, schöpften alle in Iliamna neue Hoffnung. Zunächst einmal hackten die Frauen Löcher in das Eis am Rande des Flusses, wo es nicht zu matschig war, und sie fingen genug Äschen, um das ganze Dorf damit zu versorgen. Sie hielten das für ein Omen, daß in der kommenden Saison eine gute Fischwanderung zu erwarten wäre. Und die zwei Mangeljahre nahmen sie als eine Lehre, besser vorzusorgen und einen ertragreichen Garten anzulegen.

In der Schule machten wir über Winter große Fortschritte. Sie wurde jetzt in Klassen eingeteilt und so ziemlich wie jede andere moderne Schule geführt. Washington stellte die neuesten Bücher und Lernmittel zur Verfügung. Die Schüler waren auch recht fortgeschritten in Musik, die sie liebten, und sie malten hübsche Bilder mit Wasserfarben. Die Jungen arbeiteten gern mit Hammer und Nägeln, und die Mädchen waren gut im Schnittmusterzeichnen und Kleidernähen.

Nun war alles so weit gediehen, daß eine neue Lehrerin mich ablösen konnte. Ich wäre noch länger geblieben, wenn es wirklich nötig gewesen wäre, doch was ich mir vorgenommen hatte, das hatte ich erreicht. Wir konnten bei weitem keine

Spitzenleistungen aufweisen, doch die Schüler waren geistig geweckt worden. Sie hatten Durst nach etwas Besserem, als sie es bisher gekannt hatten. Das ist die wichtigste Stufe zum Fortschritt auf dem Wege zu einer höheren Zivilisation. Nur ihre eigene geistige Energie kann sie in ihrer Entwicklung weiterführen.

So stählte ich mein Herz, um mir ein neues Arbeitsfeld zu suchen, etwas, wo ich nötiger gebraucht wurde. Das Ministerium in Washington gewährte mein Gesuch, Iliamna Mitte April zu verlassen, um Ferien zu machen, bevor ich eine neue Stelle antrat.

Die Leute in Iliamna waren ebenso traurig über meinen Fortgang, wie ich es war, sie zu verlassen. Sie brachten mir als Abschiedsgeschenke die hübschesten Sachen des Dorfes, Schätze, die noch aus den wohlhabenden Tagen der Seeotterjagd stammten: eine Korallenkamee, eine japanische Emailbrosche, eine goldene Anstecknadel mit einer bourbonischen Lilie und ein paar Stücke feines russisches Porzellan. Ihre Gaben zurückzuweisen hätte sie verletzt. Ich hatte nichts von vergleichbarem Wert, um es ihnen zu schenken, doch ich ließ ihnen alles da, was ich entbehren konnte.

16

Warten auf den Dampfer

Mitte April waren die Sommerpfade noch nicht passierbar, deshalb verlief meine Reise zum Ende der Bucht auf einer anderen Route als die früheren. Mr. Brown sollte diesmal mein Führer sein. Die Nacht vor meinem Aufbruch machte er es mir in seiner Herberge für Reisende bequem, die hinter dem Dorf lag.[1]

Normalerweise wären wir mit dem Hundeschlitten gefahren, doch wegen des ungewöhnlichen Wetters war der Pfad aufgeweicht. So mußten wir die Reise mit einem zehn Kilometer langen Fußmarsch beginnen, zu dem wir um zwei Uhr morgens aufbrachen. Ich freute mich nicht gerade auf diese Plackerei durch den Schneematsch, doch sie wurde unerwartet zu einer Freude. Ein Freund Mr. Browns aus der Umgebung von Lake Clark kam in der Nacht meines Aufbruchs in Iliamna an, und da Mr. Brown wußte, daß er und ich am Susquehanna River in Pennsylvania zu Hause waren, richtete er es so ein, daß wir um ein Uhr morgens zusammen frühstücken konnten.

Wir hatten beide seit Jahren niemanden mehr aus unserer Heimat gesehen, und als wir entdeckten, daß wir gemeinsame Freunde hatten, konnten wir beiden Wanderer nicht aufhören zu reden. Es wurde uns bewußt, wie sehr wir das gute alte Susquehanna liebten. Nachdem wir mit dem Frühstück fertig waren, bestand er darauf, mit mir zu gehen, so daß die Zeit verging, als seien es nur wenige Kilometer gewesen. Als ich am

Ende der Wanderung auf dem Hundeschlitten davonglitt, winkte mein Freund aus Pennsylvania mir zum Abschied nach.

Auf diesem Winterpfad gab es drei gefährliche Strecken. Die erste war ein Anstieg von neunzig Metern, eine Art besonders steile Felsbank. Für Wanderer war von oben bis unten ein dikkes Seil angebracht worden, an dem man sich festhalten konnte. Das Seil war jedoch einige Meter unter dem Schnee begraben, denn die Pfade waren so erbärmlich, daß nur wenige sie benutzt hatten. Das Seil nützte uns also nichts. Wegen der kalten Winde im Canyon war der Schnee von einer harten Kruste überzogen, und die Felsbank sah aus wie eine Marmorwand. Als mir klar wurde, daß ich da hinaufklettern mußte, fragte ich mich, wie in aller Welt ich das fertigbringen sollte. Und nachdem ich endlich oben war, fragte ich mich, wie in aller Welt ich das geschafft hatte.

Einer der Führer nahm ein Beil in die eine Hand, und mit der anderen hielt er mich fest. Er hackte Stufe für Stufe, und ich folgte in seinen Fußspuren. Oben angelangt, war ich fast erschöpft, und er auch. Uns beiden war klar, daß ein falscher Schritt uns in die Tiefe gestürzt hätte, und wo wir landeten, wären wir im Schnee begraben worden. Vermutlich waren wir deshalb so müde, als die Anspannung nachließ.

Er ermahnte mich, keine Bewegung zu machen, sondern nur stehenzubleiben, wo ich war, während er auf seinen eigenen Spuren den Pfad, den er gehackt hatte, hinunterstieg, um die Männer mit den Hunden und dem Gepäck abzuholen. Sie brauchten seine Hilfe, um für die Hunde einen etwas langsamer ansteigenden Pfad bis zur Spitze der Felsbank anzulegen.

Das dauerte etwa zwei Stunden, und was während dieser Zeit in mir vorging, kann ich nur schwer beschreiben. Da war natürlich zunächst einmal die Aussicht: ein Berggipfel hinter dem anderen, einige zackig und schroff, andere abgerundet und kuppelförmig. Der Himmel grau, die Erde wie Marmor. Bei solchen Dimensionen kommt einem zu Bewußtsein, wie winzig doch ein einzelnes Menschenwesen ist. Das sagt sich leicht, doch es tatsächlich zu fühlen ist niederschmetternd. Meine Seele war von trostloser Einsamkeit erfüllt. Dann kam die Angst. Was tun, wenn plötzlich Wölfe auftauchen würden? Mit Anstrengung machte ich mich von dieser Vorstellung frei. Und mit meiner ganzen Willenskraft beschloß ich, diese Herrlichkeit auf dem Gipfel der Erde zu genießen, damit die Wartezeit mir als ein wunderbares Erlebnis in Erinnerung bleiben würde und nicht als ein einsames Grauen, das mich noch bis in meine Träume verfolgte.

Auf der anderen Seite dieses Berges verlief ein drei Kilometer langer, äußerst gefährlicher Pfad. Er führte durch einen schluchtartigen Paß zwischen zwei Bergen und war von Lawinen bedroht. Auf der einen Seite waren bereits ungeheure Schneemassen heruntergerutscht, und hoch oben vom Gipfel des anderen Berges drohte eine riesige überhängende Schneebank herabzustürzen. Es war uns bewußt, daß jede Bewegung,

Hundeschlitten auf dem Pfad vom Dorf Iliamna zum Ende der Iliamna Bay. *Hannah Breece collection*

jedes Geräusch diese Lawine auslösen konnte. Die kleinen Füße der Hunde verursachten nur die winzigsten Vibrationen. Während dieser drei Kilometer sprach niemand ein Wort.

Unsere letzte böse Strecke verlief über drei Kilometer eines Flusses, wo das Eis an vielen Stellen aufgebrochen und nirgendwo noch fest genug war, um vollkommene Sicherheit zu gewähren. Während drei Männer bei dem Schlitten blieben, ging einer voraus und klopfte das Eis ab, manchmal drehte er sich um und wechselte den Kurs. Die Hunde waren weit genug hinter ihm, so daß ihr Fahrer nicht jedesmal anhalten, noch nicht einmal die Fahrt verlangsamen mußte, während er und die Hunde den Kurs änderten. Die Geschwindigkeit trug uns über das Eis, bevor es nachgeben konnte, ein Zögern hätte in einer Katastrophe enden können.

Die Hütte am Ende der Bucht kam mir vor wie eine herrschaftliche Villa. Die Führer blieben nur lange genug, um sich Pfannkuchen zu backen, Speck zu braten und Kaffee zu kochen, ihre erste Mahlzeit des Tages und meine auch. So müde sie auch um sechs Uhr abends schon waren, sie mußten sofort zum Dorf zurückkehren, weil die Pfade bei Nacht fester gefroren waren als bei Tag. Nach ihrem Aufbruch war ich ganz allein am Ende der Bucht. In der Nacht wurde die Stille ab und zu von einem gedämpften vibrierenden Geräusch unterbrochen, das in einem Brüllen wie von plötzlichem Donner endete, und ich betete, daß meine Führer auf ihrer Heimfahrt nicht unter Tausenden Tonnen von Schnee begraben würden.

Früher in diesem Winter war ein junger Kenai aus unserer Nachbarschaft, der ein Eskimomädchen aus dem Westen geheiratet hatte, unter einer Lawine begraben worden. Als seine Frau hörte, was geschehen war, rannte sie zu der Stelle und ging nicht fort, bis man seinen Leichnam ausgegraben hatte. In der Nacht nach seinem Begräbnis schlich sie unbemerkt aus ihrem Haus und legte sich auf sein Grab. Am Morgen fand man sie tot unter der Decke des in der Nacht gefallenen Schnees.

Ich hatte erwartet, nur diese eine Nacht in der Hütte am Ende der Bucht zu bleiben, weil mich am nächsten Tag ein Boot zum A. C. Point bringen würde. Doch ein Sturm kam auf, und aus der einen Nacht wurden sechs Tage. Das war ermüdend, denn das einzige Möbelstück in der Hütte war eine Holzkiste zum Sitzen, es gab kein Bett. Doch durch diese Verzögerung brauchte ich wenigstens nicht zu fürchten, den Dampfer zu verpassen. Mir war klar, daß derselbe Sturm, der mich isolierte, verhinderte, daß die *Dora* in das Cook Inlet einfahren konnte. Ich hatte Zeitschriften, Näharbeit, Papier und Bleistifte mitgebracht, und wenn auch diese Wartezeit von fast einer Woche einsam war, so war ich doch beschäftigt und nicht unglücklich. Es war tröstlich zu denken, daß die alten Zeitschriften einmal neu gewesen waren.

Als der Sturm nachließ, erschien Mr. Brown und brachte mich mit dem Boot zum A. C. Point. Dort war ich nicht einsam, denn Martha und Mr. Nielsen waren da, sie warteten ebenfalls auf die Ankunft des Dampfers. Mehrere Männer harrten in dem großen verlassenen Gebäude aus, das fast zur Ruine verfiel. Die *Dora* mußte nun jeden Tag kommen.

Alle suchten wir eifrig den Horizont nach ihrem Rauchkringel ab. Als wir ihn endlich sahen, da fuhr das Schiff statt in unsere Richtung an der Einfahrt des Inlet vorbei, ostwärts in Richtung Seward. Die See war zu rauh, als daß sich das Schiff in das Inlet hätte wagen können. Nun hatten wir nichts mehr, wonach wir Ausschau halten konnten, und wir waren alle traurig und erwarteten, daß es einen Monat oder sogar längern dauern würde, bevor die *Dora* zurückkehrte. Meine Aussicht auf Ferien schwand dahin.

Obwohl meine Hütte warm war, verbrachte ich tagsüber nicht viel Zeit darin. Weit oben am Berghang, auf einer Felsbank, die durch einen überhängenden Felsen geschützt war, breitete ich einen Fellteppich aus und brachte als Windschutz eine Zeltleinwand an. Dort saß ich und blickte auf die offene See, ein großartiger Anblick, denn es stürmte fast ununterbrochen. Hin und wieder vernahm ich ein kurzes, scharfes Bellen, doch das waren nur Füchse. Manchmal hörte man das Geräusch von rutschenden Schneemassen. Doch einige Male spürte ich mehr, als daß ich es hörte, ein knirschendes, polterndes Geräusch aus der Tiefe der Erde, als ob Felsen unter mächtigem Druck zerbarsten. Jedenfalls hatte ich diesen Eindruck, denn die Erschütterung kam weder von der See noch von Lawinen.

Nachdem wir achtzehn Tage gewartet hatten, erschien die *Bertha* am Horizont, ein beträchtlich größeres Schiff als die *Dora*. Sie beförderte Minenarbeiter mit ihren Frauen zu den Goldfeldern und nahm Fracht auf. Ein Nachteil ihrer Größe war, daß die alte glitschige Strickleiter, die an ihrer Seite herabhing, noch länger war als die der *Dora*. Mr. Inglis, jener Zahlmeister, der mich nach Afognak gebracht hatte, war jetzt der Zahlmeister auf diesem Schiff. Er sagte, sie seien froh, mich

Der A. C. Point, scherzhaft Camp Patience (Lager der Geduld) genannt. *James Carter collection, Alaska State Historical Library*

lebend zu sehen. Ich bekäme die beste Kajüte und den besten Service, den das Schiff zu bieten hatte. Fünfundzwanzig Nächte lang hatte ich nicht mehr in einem Bett geschlafen.

Wir stoppten bei mehreren kleinen Dörfern entlang der Westseite des Cook Inlet, um Fracht und Passagiere auszuladen. Die Flutwellen hatten ihren Höhepunkt erreicht und spülten weißes Wasser bis weit ins Land hinein. Ich war erstaunt, welchen Aufschwung manche Städte wie Seldovia oder Seward – und weiter südlich und östlich Valdez, Cordova und Katalla – genommen hatten. Sie waren kaum als dieselben Orte wiederzuerkennen, die sie vor sechs oder sieben Jahren gewesen waren. Seward war immer noch sehr geschäftig, doch leider fehlte es wieder einmal an Kapital, um die Eisenbahnstrecke fertigzustellen.

Die *Bertha* war auf dem Weg nach Seattle, das auch mein Reiseziel war. Die erste Vorahnung, daß diese Reise ungewöhnlich sein würde, kam mir beim Anblick einer riesigen Schule von Hunderten von Walen, die von Westen her kamen und nach Süden abbogen, so schnell sie schwimmen konnten. Wir waren jetzt auf offener See, kein Land war mehr in Sicht. Am folgenden Nachmittag wurde das Wasser sehr unruhig, was seltsam war, denn es war nicht windig oder gar stürmisch. Doch die Wellen stiegen höher und höher und schufen tiefe Täler. Dann nahm das Wasser sonderbare Formen an. Vier große Wellen kamen aus vier Richtungen und bildeten einen Moment lang eine hohe und vollkommene Pyramide, als sie aufeinanderstürzten. Wohin wir auch blickten, die riesigen Wasserpyramiden waren überall.

Die *Bertha* rollte in den tiefen Wellentälern. Wir konnten das nur von unseren Kajüten aus beobachten, auf Deck war es zu gefährlich. Manchmal richtete sich das Schiff so langsam wieder auf, daß es aussah, als müßten wir uns überschlagen. In jener Nacht fürchteten wir, nicht zu überleben. Der Funker konnte wegen atmosphärischer Störungen weder Funksprüche empfangen noch aussenden.

Jemand – in der Dunkelheit wußte ich nicht, wer – tastete

sich zu meinem Fenster vor und fragte, ob ich Angst hätte. Ich antwortete wahrheitsgemäß, ich hätte zwar keine Angst, glaubte aber, daß wir untergehen würden. Man konnte nichts tun, als still zu liegen und abzuwarten.

Um zehn Uhr am nächsten Morgen hatten wir die gefährliche Strecke hinter uns gelassen. Doch später am Tag, als wir beim Essen saßen, machte die *Bertha* eine plötzliche Halbdrehung, und ebenso plötzlich wirbelte sie zurück. Das tapferste Herz wurde schwach in diesem Moment, denn wir hatten uns am Rande des Strudels der Dixon Entrance befunden, zwischen den Gewässern von Alaska und British Columbia. Dieser Strudel ist wie ein Fegefeuer mit dem Himmel auf der anderen Seite. Welches Land der Himmel ist, hängt davon ab, in welche Richtung man fährt. Wenn unser guter Kapitän nicht augenblicklich den Kurs geändert hätte, dann hätten wir das Schicksal so manchen Schiffes geteilt, das in diesem gefährlichen Gewässer untergegangen ist.

Meine Ferien in Seattle waren kurz, aber schön – bis auf die herzzerreißenden Briefe der Menschen, die von dem Vulkanausbruch des Katmai betroffen waren. Der Katmai ist mit derselben Bergkette verbunden, auf der ich mich befand, als ich so lange am Cook Inlet auf den Dampfer wartete. Die warme Erde, das Knirschen der Felsen unter der Felsbank, der Exodus der Wale aus dieser Gegend und die schrecklichen Pyramidenwellen waren alle durch die große Eruption verursacht worden.[2]

Und bald schon brach ich auf, um meine neue Stelle anzutreten – in Fort Yukon, hoch oben im Norden.

17

Zum Polarkreis

Juneau, heute die amerikanische Hauptstadt von Alaska, hätte keinen größeren Gegensatz zu Sitka, der alten russischen und ersten amerikanischen Hauptstadt, bilden können. Sitka war so reizend mit den schneeweißen Häusern, die, überdacht von seegrünem Moos, sich zwischen die dunklen Fichten schmiegten. Sitka war drollig und doch würdevoll, wie eine liebe, vornehme alte Dame, die in ihrem Lehnstuhl schlummert. Juneau war ein strammer junger Bursche, der zu seiner Arbeit schreitet. Die Siedlung hatte sich geschwind in eine moderne Stadt verwandelt, mit Kaufhäusern, Regierungsgebäuden, einer Gouverneursvilla und einer höheren Schule, die nicht schlechter war als Schulen in Seattle oder anderswo. Das erstaunlichste für mich waren die Autos überall auf den Straßen.

Als Regierungssitz war Juneau eine saubere Stadt. Alle Spielsalons und Tanzsäle in Alaska waren seit langem gesetzlich verboten, und diese Gesetze wurden in Juneau durchgeführt, was auch in allen anderen Städten des Territoriums der Fall sein sollte.

Skagway, nördlich von Juneau und nahe an der Grenze zu British Columbia gelegen, war der Ausgangspunkt zum Yukon. Jedermann, der sich in Skagway auskannte, wohnte bei Mrs. Pullen. Mrs. Pullen war Witwe geworden, als ihre beiden Söhne noch klein waren. Sie leitete eine so gute Pension, daß niemand das Fehlen eines modernen Hotels vermißte. Sie war berühmt für ihren Frühstückstisch. Die Gäste saßen zu zweien oder dreien an kleinen runden Tischen, in deren Mitte auf dem schneeweißen Tischtuch ein flacher Topf mit der Milch vom Abend zuvor stand. Die Sahne hatte sich dick und schwer abgesetzt. Die Gäste konnten sich davon nehmen, soviel sie wollten. Mrs. Pullen besaß die Fähigkeit, wahre Eleganz – glänzend poliertes Silber und feines Porzellan – mit einer gemütlichen Atmosphäre zu verbinden, so daß jeder sich bei ihr heimisch fühlte. Kein Wunder, daß alle wiederkamen.

Ab Skagway fuhren wir mit der Eisenbahn bis zur Endstation in Whitehorse an den Quellflüssen des Yukon. Von hier an bildeten Flußdampfer die einzige Möglichkeit, zwischen der Küste und den Siedlungen am Yukon zu reisen. Daher fanden alle Frachtbeförderung und die meisten Passagierreisen praktisch nur in der Periode zwischen dem Tauwetter des späten Frühjahrs und dem Frost im Frühherbst statt. Zwischen Whitehorse und Dawson waren die Dampfer klein, ganz ähnlich wie die unverwüstliche *Dora*.

Da die navigierbaren Fahrrinnen sich ständig verschoben, war es alltäglich für die Dampfer, auf unter Wasser verborgenen Sandbänken auf Grund zu laufen und von einem «toten Mann» befreit zu werden: Einige Matrosen des aufgelaufenen Schiffes ruderten zum nächsten Ufer und wickelten dabei ein schweres Seil von einer Rolle ab. Am Ufer gruben sie ein tiefes Grab und sägten einen schweren Baumstamm in Mannshöhe ab, legten ihn da hinein und füllten die Erde wieder auf. Auf ein Signal hin drehten die Matrosen auf dem Schiff das Seil auf ihre Ankerwinde oder Gien, wie sie es nannten. Da sich der «tote Mann» nicht bewegen konnte, mußte der Dampfer es tun.

Ich war überrascht, wie unschuldig und unauffällig das Wasser des Klondike aussah. Es gehört offenbar nicht viel dazu, die Welt aufzurütteln, wenn schon ein solches Gewässer und was darinnen war, soviel Aufregung verursachen konnte.

In Dawson, einer sehr britischen Stadt, mußten wir durch den Zoll. Ich hatte ein neues Harmonium, das an sich hoch verzollt werden mußte. Doch ich wußte, daß auf Werkzeuge kein Zoll erhoben wurde. Als also der Zollbeamte es begutachtete und grimmig dreinblickend bemerkte, daß es neu sei, sagte ich: «Ja, aber es ist für die Benutzung in der Schule bestimmt, und es ist mein Werkzeug.»

«Wie erklären Sie das?» fragte er streng. Das, was ich gerne als mein irisches Erbe bezeichne, kam mir zu Hilfe. «Ich stelle darauf Quietschlaute her, Sir», gab ich ihm zur Antwort. Er brach in Gelächter aus und ließ das Instrument durchgehen.

Von Dawson aus waren die Flußschiffe groß und bequemer als viele der Dampfer, die die Meeresküste befahren. Eagle war eine Stadt so typisch amerikanisch, wie Dawson britisch war, und ich freute mich, wieder dort zu sein, wo die Stars and Stripes über mir wehten. Der nächste Ort von Bedeutung war Circle City, so benannt, weil sie laut einer falschen Vermessung angeblich vom Polarkreis durchschnitten wurde, der in Wirklichkeit viel weiter nördlich liegt. Nach einigen weiteren Reisetagen erreichten wir den Polarkreis und dreizehn Kilometer nördlich davon Fort Yukon.

Diese Siedlung, die mein neues Zuhause sein würde, bestand hauptsächlich aus einem Indianerdorf, das sich etwa eineinhalb Kilometer am Flußufer entlang erstreckte. Es gab dort eine Grundschule und ein Lehrerhaus, die beide in einem großen Blockhaus untergebracht waren. Das episkopalische Missionshaus lag flußabwärts vom Dorf, ein großes, quadratisches, zweistöckiges Gebäude mit vorgebauten Schlafsälen und Veranden. Am Ende von Fort Yukon standen der Blockbau einer Episkopalischen Kirche, vier Geschäfte und Pensionen, zu denen auch ein gutbesuchtes Restaurant für weiße Männer gehörte, die in der Umgebung Fallen stellten. Die Geschäfte dienten hauptsächlich den Bedürfnissen der Eingeborenen. Es waren Handelsposten, die Pelze entgegennahmen und sie gegen handgearbeitete Artikel eintauschten.

Die ständig ansässigen Weißen waren der episkopalische Erzdiakon des Yukongebiets, Hudson Stuck, der oft abwesend war, um die vielen anderen, weit auseinanderliegenden Siedlungen zu betreuen, die zu seinem Verantwortungsbereich gehörten. Ferner Dr. Grafton Burke und seine Frau, beide in den Zwanzigern, mit ihrem kleinen Kind, die Ladenbesitzer und ich. Dr. Burke war der Missionsarzt. Ich hatte gehört, daß seine Frau sehr liebenswürdig sei, und ich hoffte, sie würde mich mögen, denn ich hätte auf ihre Freundschaft großen Wert gelegt.

Wesentlich bei meiner Arbeit in Fort Yukon war, mit den Missionaren gemeinsame Sache zu machen. Als staatlich angestellte Lehrerin war ich nicht verpflichtet, mich ihnen unterzuordnen, doch es war klar, daß die Repräsentanten zweier großer Institutionen, Regierung und Kirche, zusammenarbeiten sollten, wenn die Lebensverhältnisse der Ureinwohner es erforderten. Das war besonders notwendig, als ernste Probleme auftauchten, die die Gesetze zum Schutze der Interessen und des Wohls der Eingeborenen betrafen.

Die Urbevölkerung von Fort Yukon waren athabaskische Indianer, gemischt mit schottischem Blut. Die Siedlung war früher eine britische Garnison und der Pelzhandelsposten der Hudson's Bay Company gewesen, bevor die Region aufgrund einer neuen Vermessung den Vereinigten Staaten als Teil von Alaska zugewiesen wurde.

Der Wirtschaftszyklus eines Jahres begann im September, wenn die Eingeborenen zur Jagd der großen weißen Kaninchen auszogen, von denen sie unzählige erbeuteten. Sie wurden das Stück für fünfundzwanzig Cent verkauft. Dann wurden den langen Winter hindurch andere, wertvollere Pelztiere in riesigen Mengen in Fallen gefangen.

Eine kleinere, doch wichtige Form des Handels florierte im Sommer, wenn Hunderte von Ausflugsreisenden Fort Yukon zu Schiff besuchten und während des kurzen Aufenthalts auf den Ausflugsdampfern wohnten. Sie kauften Pelzmäntel und Hüte und Lederwaren, mit Perlen und Stachelschweinborsten bestickt. Die Eingeborenenfrauen, besonders die älteren, waren ständig mit dem Nähen von Pelzkleidung und mit dem Gerben von Elch- und Karibuleder beschäftigt, das sie nicht nur für den Bedarf ihrer eigenen Familien, sondern auch zum Verkauf zu verzierten Kissen, Handschuhen, Gürteln und Mokassins verarbeiteten. Die Frauen und Kinder trugen für gewöhnlich hübsch verzierte Kleidung. Die Mütter hatten ihre Babys auf dem Rücken bei sich, sie hingen in perlenbestickten Gurten.

Nahrung gab es reichlich. Sie bestand aus gebratenen Kaninchen, Enten, Moorhühnern, Königslachs und Weißfisch, die alle im September vorbereitet und für den Winter eingefroren wurden. Was man brauchte, taute man auf, indem man es in kaltem Wasser einweichte. Ein Stück Fleisch oder einen Kohlkopf kleinzuschneiden, der bei dreißig Grad unter Null gefroren war, war, als ob man Eisen mit einer Axt zerkleinern wollte. Fort Yukon hatte auch die Antwort auf meinen Winterhunger nach Brot parat. Ich lernte, daß man Brot ebenfalls einfrieren konnte. Wenn man es gefroren in den Ofen schob und gründlich erhitzte, schmeckte das Brot wie frisch gebacken.

Die Episkopalische Missionskirche mit Friedhof in Fort Yukon. *Hannah Breece collection*

Jede Eingeborenenfrau legte ihren Ehrgeiz darein, sich jedes Jahr drei neue Kleider zu nähen, die sie bei den drei Tanzveranstaltungen trug, die während der Feiertagssaison stattfanden. Es waren modische Kleider, genäht nach den neuesten Schnittmustern, die in den Läden zu haben waren. Sie wurden aus Seide oder Samt geschneidert, die die Geschäfte zu astronomischen Preisen anboten. Die Frauen waren begabte Schneiderinnen mit einem guten Stilgefühl. Die Männer ließen sich ihre Anzüge aus Fairbanks kommen, oder sie fuhren selbst dorthin, um die besten Abendanzüge zu kaufen, die in der Stadt zu finden waren. Sowohl die Männer wie die Frauen besaßen feine modische Abendschuhe, obwohl diese total ungeeignet waren, um darin in Fort Yukon auf der Straße herumzuspazieren. Sie trugen jedoch nie Hüte, denn der Wind war so stark, daß man sie nicht auf dem Kopf behalten konnte. Den Frauen standen Hüte sowieso nicht gut.

Die Häuser waren nicht alle gleich. Doch ein typisches Indianerhaus war solide aus Baumstämmen gebaut, mit dem üblichen einzigen Zimmer, etwa acht auf neun Meter groß, mit einem Eingang an der Seite, der von einer korridorähnlichen Vorhalle geschützt war. An der Eingangsseite befanden sich ein guter Herd, Schränke, ein Eßtisch und genug Stühle für die Familie. In der Ecke dahinter stand eine Garnitur Schlafzimmermöbel, den Boden bedeckte ein Teppich. Am anderen Ende des Raums hatten eine Nähmaschine, ein Grammophon und ein paar Sessel Platz, und entlang der Rückwand zwischen diesem Bereich und der Schlafzimmergarnitur waren schmale Betten eingebaut, gewöhnlich selbst gefertigt. Die Mitte des Zimmers nahm ein riesiger Ofen ein. An den Wänden hingen Gewehre, Pelzmäntel und perlenbestickte Kleidung. In einer Nische der Koch- und Eßecke waren Eimer, alte Schuhe und alles mögliche andere untergebracht. In Truhen wurden die besten Kleider und weitere Schätze aufbewahrt. Das Haus war behaglich warm mit doppelt gerahmten und verglasten Fenstern, und in der Decke bildete eine Öffnung, die man nach Belieben schließen konnte, einen ausgezeichneten Ventilator.

Alles Wasser mußte vom Fluß heraufgebracht werden, doch das beste Wasser gab das geschmolzene Eis, das über das hohe Ufer des Flusses in die Stadt gespült wurde, wenn die Eisdecke im Frühjahr aufbrach. In der Schule und im Lehrerhaus hatten wir einen großen eisernen Tank, der von Old Fred regelmäßig aufgefüllt wurde. Er schleppte das Wasser mit zwei Fünfgallonenkanistern an einem Schulterjoch vom Ufer herauf. Im Sommer war das Wasser so schlammig, daß der Schlamm sich erst ein oder zwei Tage setzen mußte. Ein Ingenieur vom Bergbauamt, der im Sommer kurz vorbeikam, meinte, das Wasser könne vom Fluß hochgepumpt werden, doch ich zweifle, daß ihm klar war, wie kalt die Winter waren.

Alle sprachen englisch, außer zu Hause, wo sie athabaskisch sprachen. Die Kinder hatten biblische Namen: Esau, Jacob, Isaiah, Isaac und John waren die Lieblingsnamen für die Jungen, Mary, Ruth, Sarah und Rachel für die Mädchen. Die Bibel und die Gesangbücher waren in die athabaskische Sprache übersetzt. Ein eingeborener Pfarrer von der Episkopalischen Mission hielt sonntags morgens die Gottesdienste in der Kirche; die Weißen feierten ihren Gottesdienst am Abend.

In früheren Zeiten hatten schottische Trapper und Ladenbesitzer Indianerfrauen geheiratet, und diese Ehen waren gesetzlich geregelt und wurden ernst genommen. Doch später gab es keine Ehen mehr zwischen Indianern und Weißen. Weiße heirateten auch keine Eskimos, die mit ihren Pelzen den Koyukuk River und den Porcupine River herunterkamen.

Diese zwei Flußsysteme und ein dritter Fluß, der Chandalar, wurden im Sommer mit Booten und im Winter, wenn die Flüsse zugefroren waren, mit Hundeschlitten befahren, und die riesigen Gebiete, die diese Wasserwege erschlossen, machten es den Trappern und Händlern möglich, ihren Pelzhandel in großem Umfang zu betreiben.

Die wenigen Bäume waren in diesem Klima verkümmert. Ich zählte Ringe an Bäumen, die nur einen Durchmesser von zwölf bis fünfzehn Zentimetern hatten, und stellte fest, daß sie hundert Jahre alt waren. Die Stämme für den Häuserbau wurden samt und sonders von weiter südlich gelegenen Wäldern als Flöße auf dem Wasserweg transportiert. Die flachen Ebenen, die sich vom Dorf aus, so weit das Auge sehen konnte, erstreckten, waren von schönen, wilden Gräsern bewachsen, die von einem Hauch von Weinrot bis zu Hellrot variierten, dazwischen wuchsen Sommerblumen. Noch bevor der Schnee verschwand, guckten zarte weiße Blüten hervor, die die Eingeborenen Schneeblumen nannten. Später wuchsen überall Vergißmeinnicht und wilde Rosen.

In Fort Yukon fiel selten Schnee. Im August begann man den Frost in der Luft zu spüren, und im Nu war die Erde weiß. Da diese Niederschläge den ganzen Winter über nicht auftauten, entstand eine dicke Schneeschicht, so dicht, glatt und hart, daß ein Pfad fast einem marmornen Straßenpflaster glich. Im Frühjahr verdunstete der Schnee, daher gab es kein Matschwetter. Ganz plötzlich stellten wir fest, daß der Schnee fort war. Dann begann der Staub zu wehen.

Die weiten Ebenen hatten fruchtbares Erdreich, doch ohne Bewässerung war es nicht ergiebig. In Fort Yukon fiel den ganzen Sommer über kein Regen. Da die Vegetationszeit Anfang August zu Ende ging, hätte man denken können, daß Gärten, selbst wenn sie bewässert wurden, unpraktisch seien. Doch meine Schüler bebauten einen ertragreichen Schulgarten, indem sie das Wasser dazu vom Fluß heraufschleppten. Alle üblichen nördlichen Gemüsearten reiften an den sehr langen, sonnigen Sommertagen. Erbsen gediehen besonders gut.

Die großen Ereignisse des Sommers waren die Ankunft der Dampfer, die oft auch Gelehrte und andere bedeutende Persönlichkeiten zu uns brachten. Die Hunde kündigten die Dampfer an. Ein bestimmter Hund pflegte dann das Dorf zu verlassen und ein kleines Stück weiter flußaufwärts oder flußabwärts stehenzubleiben. Er schien zu lauschen. Dann, noch bevor menschliche Augen und Ohren irgendein Zeichen eines Schiffes wahrnehmen konnten, hob der lauschende Hund den Kopf und heulte. Auf dieses Signal hin rannten alle Hunde zu dem entsprechenden Ende der Stadt, und der erste Hund schloß sich ihnen wieder an. Dann standen sie alle still zusammen, bis sie, lange bevor der Dampfer selbst zu sehen war, seinen Rauch erblickten. In diesem Moment heulten ein paar Hunde. Dann waren alle still, bis der Dampfer sein Pfeifen ertönen ließ. Worauf alle Hunde zu heulen begannen und nicht eher aufhörten, als bis das Schiff vor Anker lag und die Laufplanke vom oberen Deck auf die Straße heruntergelassen worden war. Der Anlegeplatz war auf der Straßenseite der Schule gegenüber, denn das Flußufer war dort steil genug, daß die Laufplanke es überbrücken konnte. Die ersten, die das Schiff verließen, waren die Küchenjungen mit Eimern voller Essensresten, die sie an die Hunde verfütterten, was vielleicht erklärt, weshalb die Tiere so aufpaßten. Doch ich konnte nie herausfinden, wie sie die Ankunft eines Dampfers so weit im voraus spüren konnten.

Was meine gewöhnlichen schulischen Verpflichtungen betraf, hatte ich hier ein wesentlich leichteres Leben. Dr. und Mrs. Burke besuchten mindestens zwei- oder dreimal wöchentlich jedes Haus im Dorf. Im Hinblick auf Krankheit mußte ich lediglich dem Arzt jedes Kind melden, das unterernährt oder irgendwie unwohl aussah. Ab und zu, wenn ein mutterloses Kind einen schmutzigen oder verwahrlosten Eindruck machte, brauchte ich es nur Mrs. Burke zu sagen. Sie gab mir entweder Kleider aus ihren Missionskisten, oder sie beauftragte Leute aus dem Dorf, sich um das Kind zu kümmern.

Erzdiakon Stuck hatte einen Stadtrat organisiert, der wie in jeder anderen ordentlichen Stadt die Gemeindeangelegenheiten verwaltete. Ich war zu den Sitzungen immer eingeladen, weil ich die Lehrerin der Regierung war. Die Leute wurden dazu angehalten, mich als eine Beauftragte ihres Landes zu betrachten.

Der Erzdiakon nahm lebhaften Anteil an den Schülern und ihrem Unterricht. So manches Mal trat er leise durch die Tür, und während ich meine Arbeit fortsetzte, ging er zwischen den Bänken auf und ab und half, wo immer ein Kind Ermutigung

Die staatliche Schule von Fort Yukon und ihre Schüler. Hannah Breece ist die größte Gestalt, Mitte hinten. Rechts der Glockenturm der Episkopalischen Missionskirche. Dies ist wahrscheinlich das Schulfoto, das Erzdiakon Stuck auf seinen Lichtbildvorträgen zum Zweck der Spendenbeschaffung zeigte. *Hannah Breece collection*

zu brauchen schien, und schrieb ihm geduldig Buchstaben und Zahlen vor. Manchmal stand er draußen, wenn die Schule aus war. Dann jubelten die kleinen Jungen! Einen trug er auf dem Rücken, und die anderen drängten sich um ihn, bis sie am Tor des Missionshauses angekommen waren. Immer hatte er irgend etwas in seinen Taschen, und wenn sie ihre Leckerei bekommen hatten, machten sich die kleinen pelzgekleideten, kugelrunden Gestalten auf den Heimweg.

So beschränkte sich also die Arbeit der Lehrerin hier hauptsächlich auf den Unterricht in den üblichen Fächern und in handwerklichen Übungen für die Jungen. Doch ich hatte beobachtet, daß die Mädchen und jüngeren Frauen sich weniger mit Leder- und Perlenarbeiten beschäftigten als ihre Mütter und andere ältere Frauen. Deshalb organisierte ich einen Klub mit Preisen für diejenigen, die die besten Handarbeiten anfertigten. Das trug ein wenig dazu bei, das Interesse der jüngeren Frauen an dieser gewinnbringenden Beschäftigung wieder zu wecken. Ich besuchte oft die Familien, hauptsächlich, weil ich mich gerne mit ihnen unterhielt. Ich bewunderte die Arbeiten der Frauen und lehrte diejenigen, die daran interessiert waren, Brot zu backen.

Für die Eingeborenen gab es keine geeigneten Vergnügungsstätten, deshalb hatte ich es mir zur Aufgabe gemacht, häufig für Unterhaltung in der Schule zu sorgen. Die Kinder wie auch die Erwachsenen hatten eine natürliche schauspielerische Begabung. Und sowohl als Schauspieler wie als Zuschauer schienen sie viel Spaß an den Vorstellungen zu haben. So war ich immer beschäftigt.

18

Lange Reisen zum Gerichtshof

Ich hatte mir vorgenommen, so lange in Fort Yukon zu bleiben, bis gewisse ernste Fragen, die die Interessen der Eingeborenen betrafen, gesetzlich geklärt worden waren. Im Zusammenhang mit diesen Problemen wurde ich als Zeugin beim Bundesgerichtshof in Ruby vorgeladen. Dr. Burke und seine Frau kamen mit. Es war eine Reise von achthundert Kilometern flußabwärts auf dem Yukon, hin und zurück sechzehnhundert Kilometer.

Die Fahrt auf einem Flußdampfer war nicht strapaziös, sondern etwa so, als wohne man in einem schönen beweglichen Hotel. Die Kosten waren entsprechend hoch. Das Wasser war so ruhig, daß alle Damen im Aussichtsraum saßen und nähten, lasen oder schrieben. Sobald wir die Ebene hinter uns gelassen hatten, war die Landschaft von einer wilden Schönheit.

Die Regelung unserer Angelegenheiten in Ruby nahm mehrere Wochen in Anspruch. Ruby war eine Goldgräberstadt im frühen Stadium der Besiedlung. Die Straßen waren weder geebnet noch kanalisiert, und an den Kreuzungen waren keine Planken gelegt worden, so daß einem der Schlamm oft über die Schuhe quoll. Die Schule hatte zwei Lehrer, aber nur fünfzehn Schüler.

Auf dem Hin- und Rückweg machten wir Zwischenstation in Tanana, einem Handelszentrum, von dem aus Gemüse für den Winter in alle Richtungen verschickt wurde. Im Juli sahen wir auf unserem Weg nach Ruby blühende Gärten und Blumen. Im August, auf unserer Rückreise, waren die Blumen erfroren und alles mit Schnee bedeckt. Tanana ist auch ein Zentrum für Goldgräber und Holzfäller und außerdem die Basis des Militärpostens Fort Gibbons. Manche Weiße wohnten in eleganten, vornehmen Häusern, andere in bescheidenen, und Tanana rühmte sich einer Kirche, die einer alten englischen Kathedrale nachgebaut war. Die Eingeborenensiedlung lag etwa eineinhalb Kilometer vor der Stadt und hatte eine staatliche Schule und eine Episkopalische Mission mit einem Krankenhausgebäude, das nahezu fertiggestellt war.

Ab Anfang September wurden die Tage in Fort Yukon sehr schnell kürzer, die Sonnenstrahlen standen immer niedriger zum Horizont, und Ost und West rückten näher zusammen, bis nur noch ein schwaches Glühen dazwischen erschien, und

Das kanadische Schiff *Dawson*, einer der Dampfer, die den Yukon befuhren und Sommertouristen, Aufregungen und den Hauch luxuriösen Reisens nach Fort Yukon brachten. *The Albertype Co.*

dann noch nicht einmal dieses, weil uns nun die lange, kalte Nacht umfing. Die Lichter brannten den ganzen Tag, und niemand konnte ohne eine Laterne ausgehen, ganz gleich, ob es Mittag oder Mitternacht war. Doch die Dunkelheit war nicht dicht und schwarz. Der Mond, die Sterne, der Schnee und oft auch das Nordlicht verliehen der Polarnacht den Schimmer einer weichen, samtartigen Decke. Wochenlang sahen wir die Sonne nicht, und Schwermut lastete auf meiner Seele. Ich konnte sie nicht abschütteln. Doch das Leben ging genauso weiter, als ob Tag und Nacht getrennt wären.

Als wir aus Ruby zurückkehrten, hatte die Winterkälte bereits so früh und mit solcher Intensität eingesetzt, daß der Yukon vorzeitig und rasch von der Quelle bis zur Mündung zufror. Wenn es so geblieben wäre, dann hätte man den Fluß gut mit Hundeschlitten befahren können. Doch schwere Herbstregen an den Quellflüssen füllten die Nebenflüsse zum Bersten. Unter der eisernen Eisdecke des Yukon arbeiteten die Fluten mit solcher Gewalt, daß das Eis in Myriaden von Schollen aufbrach, die steigend und fallend den Kanal hinunter in Richtung Beringmeer trieben, ganz ähnlich wie bei dem großen Eisaufbruch im Frühling, wenn das Tauwetter einsetzt.

Doch es war nicht Frühling. Das Eis trieb nicht hinaus in die See. Überall flußauf- und flußabwärts staute sich das Chaos der Eisblöcke. Der Fluß war die einzige Fahrbahn für die Hundeschlitten und auch die einzige Postroute. Wir hofften umsonst, daß die Wegverhältnisse sich bessern würden, doch wir konnten höchstens erwarten, daß die Fahrtroute, die halbwegs passierbar war, bezeichnet sein würde.

Auf diesem Wege mußte ich nach Fairbanks reisen. Ich hatte wiederum eine Vorladung erhalten, der ich Folge zu leisten hatte. Schließlich war es im Interesse der Eingeborenen. In der Schule verlief alles nach Plan, und ich sorgte dafür, daß die Arbeit während meiner Abwesenheit so gut wie möglich weiterging. Ich fürchtete nicht die Kälte, doch ich fürchtete den holprigen Weg, den wir etwa hundertsechzig Kilometer weit durchstehen mußten, bis die Route dem Gebirgszug folgte.

Wir hatten drei Schlitten mit Hundegespannen. In dem einen Schlitten saß Mrs. Burke mit ihrem Kind, Dr. Burke in einem anderen und ich im dritten. Mein Fahrer war Ginnis, seine Frau Rachael war eine gute Freundin von mir. Der Schlitten hatte keine Kufen, er war eher das, was man Toboggan nennt. Sein Rahmen hatte fast die Form eines Kanus und war mit ungegerbter weißer Karibuhaut überzogen. Lappen dieser Haut, deren Ränder durchlöchert waren, hingen über die Seiten des Schlittens hinunter. Ginnis und Rachael legten einen Bärenfellteppich in den Schlitten und ließen die Seiten heraushängen. Darüber breiteten sie eine große Pelzdecke. Dann stieg ich hinein, und sie stopften die Decken und den Teppich dicht um mich herum und deckten mich mit einer weiteren Felldecke zu. Darüber wurden schließlich die Lederlappen geklappt und wie ein Schuh verschnürt.

Auf dem Kopf trug ich unter der Kapuze meines Parkas eine gestrickte Haube, ähnlich einer Fliegermütze. Um den Hals schlang ich lose einen Wollschal, denn bei vierzig Grad unter Null fließt einem der Speichel in Strömen aus dem Mund. Wenn eine Stelle des Schals gefror, schob ich ihn herum, damit ich immer eine trockene Stelle über dem Mund hatte. Kein Kleidungsstück durfte eng anliegend sein. Meine Schuhe waren so groß, daß ich meine Zehen frei bewegen konnte, sonst wären sie erfroren. Drei Paar Handschuhe waren nötig, das erste bestand aus weichen Wollfasern, das zweite waren gestrickte Fäustlinge, das dritte große Pelzfäustlinge mit langen Stulpen.

Wir brachen um zwei Uhr morgens auf. Ich werde nie bereuen, daß ich den Yukon mit seinem gewaltigen Eischaos erlebt habe, doch an diesem ersten Tag schaukelten, ruckelten und hüpften wir über Eiskrusten, bis ich meinte, es nicht mehr aushalten zu können.

Hundeschlittenfahrer fahren nie mit dem Schlitten, es sei denn stehend auf den Kufen eines Yukonschlittens. Bei dem Typ, den wir benutzten, gab es keinen Platz zum Stehen. Ginnis hielt seinen rhythmischen gleichmäßigen Schritt neben dem Schlitten her den ganzen Tag durch. Bevor eine Stunde vergangen war, lag sein Pelzmantel samt Kapuze auf dem Schlitten. Noch eine Weile länger, und sein Wollpullover lag auf dem Mantel, und er schwitzte in Hemdsärmeln. Doch beim kürzesten Halt schlüpfte er so schnell wie möglich wieder in seine abgelegten Kleidungsstücke.

Der Yukon ist tückisch, selbst wenn sich der Pfad in einem normalen Zustand befindet. Über seinen unterirdischen heißen Quellen gibt es viele Löcher, und von manchen steigen explosionsartig kleine Dampfwölkchen auf. Der Leithund eines Yukongespanns, genannt das Maskottchen, hilft nicht, den Schlitten zu ziehen, sondern er geht an einer langen Leine dem ziehenden Gespann ein gutes Stück voraus. Seine Aufgabe ist es, Löcher und dünne Stellen im Eis aufzuspüren und schnell auf einen sicheren Pfad abzubiegen. Das Maskottchen warnt, das Gespann gehorcht.

Am zweiten Morgen jedoch waren die Hunde schwer zu lenken. Der führende Hund des Zuggespanns gehorchte dem Maskottchen nicht. Er schien davon besessen zu sein, auf die Löcher zuzulaufen. Ginnis mußte fluchen und brüllen, um das Gespann dazu zu bringen, dem Maskottchen zu folgen. Sein Fluchen war so unflätig, daß ich ihm schließlich vorhielt: «Ginnis, was würde Rachael sagen, wenn sie dich hörte?»

Er fragte mich, ob er nicht mehr fluchen solle, und ich sagte, gewiß solle er das nicht. Er sagte: «In Ordnung, Teacher.»

Eine Weile ging alles gut, bis die Hunde plötzlich geradewegs auf ein Loch im Eis zuliefen. Ginnis rief vergeblich und gebrauchte sehr anständige Ausdrücke, und wir kamen immer näher an eine schrecklich gähnende Spalte im Eis. Ich rief: «Fluche, Ginnis! Oh, fluch doch schon!» Mit dieser Erlaubnis hatte er die Hunde bald wieder auf den richtigen Weg gelenkt. Die blasphemische Art, in der das vollbracht wurde, geht wahrscheinlich auf mein Konto, doch ich war heilfroh, nicht kalt und starr im Yukon zu liegen.

Wir übernachteten in Rasthäusern, die aus Stämmen erbaut waren. Dort konnten Reisende ihre Hundegespanne versorgen und für sich selbst eine gute Mahlzeit und eine behagliche Unterkunft finden. Je weiter südwärts die Reise ging, um so ebener wurde der Weg, und wir fuhren an prächtigen Fichtenwäldern vorüber. Doch wir waren alle froh, ganz in der Ferne ein winziges beleuchtetes Fenster zu sehen. Auf diesen einsamen Strecken gab es keine Wohnstätten, abgesehen von den Rasthäusern, die alle ziemlich gleich waren. Überall strahlte aus glühendheißen Öfen Wärme, die wir erst genießen konnten, nachdem wir unsere Hände in Schnee und dann in kaltes Wasser gehalten hatten, bis sie nicht mehr so weh taten. Überall gab es die gleichen reichlichen Mahlzeiten und die gleichen bequemen, an der Wand befestigten Betten.

Nach einer Reise von drei Tagen erreichten wir Circle. Weil Samstag war, mußten wir dort bis Montag im Hotel Rast machen. Am Sonntag kamen noch vier Herren aus Fort Yukon an, die während des Sommers in Kamtschatka in Sibirien gewesen waren. Auf ihrer Rückreise war ihr Schiff, die *Wolf*, im Polarmeer an der Küste Nordost-Alaskas festgefroren. Die Gruppe – der Kapitän des Schiffes, ein Reporter der Seattle *Times* und zwei junge Männer aus Boston – war auf Schneeschuhen und mit dem Hundeschlitten nach Circle gelangt, und auch sie waren auf dem Weg nach Fairbanks.

Auch von Circle brachen wir bereits in den frühen Morgenstunden auf. Unsere Reisetage waren sehr lang, doch mittags legten wir in Raststätten, sogenannten «halfway houses», lange Ruhepausen ein, die auf diesem Teil der Reise notwendig waren, denn das Gebirge war gefährlich, die Schneeverwehungen auf den Pfaden besonders hinderlich und die Luft bitter kalt. Ein warmes Essen und eine Rast verkürzten die Tage und gaben den Fahrern die Kraft, abends länger durchzuhalten. So verging ein Tag nach dem anderen, bis wir eine kleine Stadt in der Nähe von Fairbanks erreichten, wo wir wieder über Sonntag ausruhten. Von dort aus kehrten die Fahrer mit ihren Gespannen nach Fort Yukon zurück, und wir fuhren mit einer kleinen lokalen Eisenbahn weiter nach Fairbanks.

Der Zweck unserer Reise nach Fairbanks beschäftigte uns sechs Wochen lang und war eine Quelle großer Sorgen. Doch hatte ich Freunde dort, die ich noch von Seward her kannte und die alles taten, um mir meinen Aufenthalt so angenehm wie möglich zu machen.

Die Einwohner von Fairbanks ließen sich in zwei Gruppen einteilen. Die Mehrheit war vergnügungssüchtig. Doch eine zweite Gruppe bestand aus ruhigen, gebildeten Menschen, die ihr Vergnügen aus geistigen Quellen schöpften und gerne Tennis spielten und Schlittenfahrten unternahmen. Doch ähnliches kann man wahrscheinlich von jeder Stadt der Welt sagen, und so unterschied sich Fairbanks eigentlich nicht von anderen Städten von vergleichbarer Größe in den Vereinigten Staaten.

Nur eine oder zwei Goldminen in der Umgebung waren in Betrieb, ich nahm an, daß es an Kapital mangelte. Die Episkopalische Mission betrieb ein großes Krankenhaus. Die Schulen gehörten zu den besten in Alaska. Die Geschäftsleute von Fairbanks setzten ihre ganze Hoffnung darauf, daß die Regierung die Eisenbahnlinie von Seward fertigbauen werde. Ich hegte keinen Zweifel, daß Fairbanks einmal eine Metropole werden würde, wenn die Stadt erst durch die Seward-Eisenbahn mit dem Pazifik und durch die Tanana-Linie mit dem Yukon verbunden war. In einem künftigen, dicht bevölkerten Alaska wird Fairbanks sicher eine große Stadt sein.

Unsere Rückfahrt nach Fort Yukon war kaum anders als die Hinfahrt, nur nicht so kalt. Die Temperatur lag nie niedriger als vierzig Grad unter Null, und um Mittag war sie höher. Einmal, als der Hundeschlitten durch frischgefallenen Schnee pflügte, stießen die Hunde auf Spuren von Karibus, die dort vor kurzem durchgestreift waren. Die Hunde wurden wild. Der Fahrer konnte sie kaum halten. Er hätte es auch nicht vermocht, doch glücklicherweise waren wir unter Bäumen, und er zerrte das Gespann um einen Stamm herum. Natürlich kippte der Toboggan um, und als ich auf dem Gesicht lag, dachte ich, jetzt müsse ich im Schnee ersticken.

Ich war sehr froh, als ich zu meinen Schülern zurückkam und feststellte, daß die Kinder nicht müßig gewesen waren. Doch die Dunkelheit bedrückte mich unendlich. Als das Licht wieder erschien, wußte ich, daß alle Frauen nun einen Hausputz veranstalten würden. Ganz gleich wie sauber die Häuser während des dunklen Winters zu sein schienen, wenn die Sonne wiederkam, boten sie einen ganz anderen Anblick.

An dem Tag, an dem ein schwaches Glühen zwischen Ost und West zu einem goldenen Saum am Horizont wurde, rannten alle Kinder hinaus, um den oberen Rand der Sonne zu sehen, und sie sangen ihr entgegen: «Schöne Sonne!» Die Schwermut fiel von meiner Seele ab, und ich wußte, daß ich Heimweh gehabt hatte, oh, solches Heimweh nach der Sonne!

Als die Nacht verschwand und der lange Tag uns wieder schien, vertauschten wir die Tag- und Nachtstunden. Jetzt schliefen alle während der heißen Stunden des Tages. Die Türen wurden verschlossen und die Vorhänge zugezogen, denn in der stillen Luft brannte die Sonne noch heißer. Kühle Winde vom Polarschnee bliesen während der sonnenhellen Nachtstunden über das dürre Land, und dann kochten und aßen die Leute ihre Mahlzeiten, die Männer bauten Häuser, ich unterrichtete, die Mütter spazierten mit ihren Babys auf dem Rükken zum Flußufer, es wurde gekauft und verkauft, und die Straßen waren voller Leben.

Im Laufe des Winters war das Eis auf dem Fluß immer dikker geworden, bis es an den kältesten Stellen fast bis zum Grund des Flußbetts gefroren war. Wie sich das Eis der Gewalt des Wassers widersetzte, das unter ihm empordrängte! Endlich zerbarst mit furchteinflößendem Krachen die Eisdecke, die sich über Meilen hin ausbreitete, in Millionen Stücke. Sie brach Tausende von Tonnen Erde aus der Dorfstraße und schleuderte gewaltige Eismassen ins Dorf.

Während des Tauwetters konnte sich niemand zum Fluß wagen, um Wasser zu holen. Nachdem das Eis von unserem Teil des Yukon und vom Tanana River im Süden abgetrieben war, mußten der Chandalar, der Porcupine und Koyukuk im

Norden sich ihres Eises entledigen. Diese Massen verursachten Stauwasser, und die Ufer wurden wieder aufgerissen und machten das Flußwasser dick und schlammig bis weit in den Sommer hinein. Da man das bereits im voraus wußte, wurden alle Wannen, Kessel, Eimer und was man sonst noch hatte mit Eis gefüllt, das über die Ufer geschleudert worden war. In Fässern und Tanks würde dies das einzige klare, reine Wasser sein, bis der Sommer fast halb vorüber war.

Als das Eis aus den Flüssen verschwunden war und die Männer Stämme aus den Wäldern auf Flößen nach Süden beförderten, als die Gärten bestellt und viele Leute in Zelte umgezogen und Pläne für ein Episkopalisches Krankenhaus im Entstehen waren, da war es auch für mich Zeit, etwas Neues zu beginnen. Es gab, soweit ich sehen konnte, keine besonderen Aufgaben mehr für mich in Fort Yukon. Ich hoffte, irgendwo weiter südlich leben und arbeiten zu können und mir Klarheit über die Auswirkungen und die Probleme zu verschaffen, welche die Erziehungsarbeit und andere Maßnahmen den Eingeborenen gebracht hatten.

19

Erfahrungen in Südost-Alaska

Wieder einmal machte ich die Reise flußaufwärts auf dem Yukon, über die White Pass Road nach Skagway und zur Küste. Unser Küstendampfer legte in Sitka an, und ich dachte daran, den dortigen Priester zu fragen: «Wo ist Bischof Innocent?» Seine Antwort war knapp und kurz: «Er ist in Tibet.» Das war alles, was ich über sein Schicksal in Erfahrung bringen konnte.

Für die nächsten zwei Jahre wurde ich nach Wrangell am Pfannenstiel, dem südlichen Zipfel des schmalen Landstreifens von Südost-Alaska, berufen. Wrangells mildes Wetter war ein Kontrast zu dem Klima in Fort Yukon: Die Sommer waren nicht allzu warm, die Winter aber zu warm für viel Schnee. Es regnete und regnete, ein sanfter, stetiger Niederschlag, der niemandem etwas auszumachen schien.

Obwohl Wrangell an der Küste lag, war es abgeschieden und einsam. Durch die bergigen Inseln, die es an der dem Ozean zugewandten Seite umringten, führten nur zwei Passagen, jede kaum breit genug, um ein Schiff hindurchfahren zu lassen. Auf dem am nächsten zum Meer gelegenen Berg hatte vor einigen Jahren John Muir, der große Naturforscher, die Eingeborenen erschreckt, als er in finsterer Nacht durch einen furchtbaren Sturm spazierte und eine Laterne schwenkte. Im Frühjahr donnerten Lawinen von den Bergen herunter, und der Schneestaub stieg aus tiefen Schluchten empor, in die Millionen Tonnen von Schnee geschleudert worden waren.

Auf der Tundra, die sich nach Osten erstreckte, hatten Goldsucher zahlreiche Claims abgesteckt, von denen aber nur wenige erschlossen wurden. Einer aber, in dem geschürft wurde, die Treadwell-Unterseemine bei Juneau, war angeblich die größte Goldmine der Welt. Daneben lag ein Granatbergwerk[1] und eine Ranch, die mit gutem Erfolg Ginseng anbaute. Die Straßen von Wrangell waren alle mit Planken bedeckt und gut beleuchtet. Das Dunkelgrün der Fichten und das Scharlachrot der Vogel- und der Holunderbeeren machten Wrangell in meinen Augen zu der reizvollsten Küstenstadt Alaskas. Auch Kirsch- und Apfelbäume gediehen gut, doch nur wenige hatten riskiert, sie anzupflanzen.

Dieser Teil von Alaska trug die poetische Bezeichnung «Land des Totempfahls». Das Stammesoberhaupt der eingeborenen Bevölkerung in Wrangell, ein alter Mann namens Shaaks, erzählte mir eine Totempfahlgeschichte über seinen Vater. Diese muß sich während des frühen neunzehnten Jahrhunderts zugetragen haben, vielleicht sogar Ende des achtzehnten Jahrhunderts, da Shaaks wahrscheinlich in den 30er Jahren des neunzehnten Jahrhunderts geboren worden war.

Sein Vater, sagte Shaaks, brach eines Tages, als er unterwegs war, versehentlich seinen starken Wanderstock in zwei Stücke. Er schloß daraus, daß ein böser Geist ihn verfolgte, und um ihn zu besänftigen, ließ er fünfzehn Sklaven töten und unter den Totempfählen von Wrangell begraben. Die Stücke des alten Stocks werden noch in einem behelfsmäßigen Museum in der Nähe von Shaaks' Haus aufbewahrt.

Shaaks, ein kleiner Mann mit grauem Bart und grauem Haar, sah mehr schottisch als indianisch aus. Er war das letzte Stammesoberhaupt von Wrangell, und als er starb – ich war zum Zeitpunkt seines Todes dort –, ging eine jahrhundertealte Tradition zu Ende. Obwohl er hoch geachtet wurde, wollten die Indianer ihr Stammessystem aufgeben, da unter dem Gesetz der Vereinigten Staaten Indianer, die von Stammesoberhäuptern regiert wurden, nicht als Staatsbürger galten.

Bei Shaaks' Begräbnis hielt seine Frau die Totenklage. Sie

war der jüdischen Totenklage sehr ähnlich, weshalb manche Indianer annahmen, daß sie und die Juden gemeinsame prähistorische Ahnen hatten. Wenige Tage nach dem Begräbnis wurde Shaaks' Sohn, der den Ehrgeiz hatte, der Nachfolger seines Vaters zu werden, ermordet. Der nächste Anwärter war Tom Tameree, dessen Vater von Hawaii kam, dessen Mutter aber aus Shaaks' Familie stammte. Er war ein friedfertiger Leutnant in der Heilsarmee, ohne Machtgelüste, und ihm geschah nichts.

In der Vergangenheit waren die Indianer in Wrangell kriegerisch gewesen. Sie und die Haida in British Columbia überfielen einander ständig, um Sklaven zu erbeuten oder um Rache zu nehmen. Die Sklaven, die Shaaks' Vater hatte töten und unter Totempfählen begraben lassen, waren gefangene Haida. Eine der führenden Familien in Wrangell stammte angeblich teils von Haida-Sklaven und teils von der kaiserlichen Familie Österreichs ab. Shaaks war besonders stolz auf den Besitz einer Marmorpyramide, die ihm von der Regierung überreicht worden war, weil er eine Strafexpedition seiner Leute verhindert hatte, die sie unternehmen wollten, nachdem einer seiner Söhne von Angreifern getötet worden war.

Südost-Alaska hatte mich schon lange interessiert, weil es die Heimat von Hunderten von Eingeborenen war, die zur Erziehung in die Vereinigten Staaten geschickt worden waren. Man hatte die Hoffnung gehegt, sie könnten, nachdem sie wieder nach Hause zurückgekehrt waren, die Probleme ihrer Rasse lösen. Auch die älteren Eingeborenen hatten gehofft, daß bessere Tage anbrechen würden, wenn die jungen Leute einmal zurückkehrten. Doch statt dessen wurden die gebildeten Söhne und Töchter für sie zu einem neuen Problem.

In Fort Yukon hatte ich solch einem außerordentlich vielversprechenden Schüler Privatunterricht gegeben. Er war ein intelligenter, höflicher junger Mann namens Walter Harper, der Erzdiakon Stuck auf seinen langen Hundeschlittenfahrten zu begleiten pflegte. Der Erzdiakon hatte Walters Erziehung sorgfältig überwacht und überließ es mir, seine Aufsätze zu korrigieren und ihn in die Anfangsgründe von Algebra und Geometrie einzuführen, um ihn auf den Besuch eines Colleges in den Staaten vorzubereiten. Der arme Walter! Wir erfuhren nie, ob seine glänzenden Aussichten sich erfüllt hätten! Er starb, zusammen mit vielen anderen, die ich kannte, auf einem Dampfer, der in einem Sturm Schiffbruch erlitt.[2]

Die Aussichten von begabten Schülern wie Walter und die lobenswerten Leistungen einiger der Schüler, die aus Alaska in die Vereinigten Staaten geschickt worden waren, schienen hoffnungsvoll. Die Frage, ob man Schüler aus ihren Elternhäusern und ihrem Volk fortschicken sollte, war der Erwägung wert. Doch andererseits kam selten etwas Gutes dabei heraus. Waren die Enttäuschungen und Tragödien dieser jungen Menschen ein Übergangsstadium, das in der Entwicklung einer Rasse durchgemacht werden mußte? Diese Frage hatte mich lange beschäftigt.

Meine letzte Stelle in Alaska, nach zwei Jahren in Wrangell, führte mich zum benachbarten Douglas, eine Insel gegenüber Juneau, wo ich vor dem gleichen Rätsel stand.[3] Ich beobachtete mehrere Einzelfälle und hatte den Eindruck, daß die zurückgekehrten Studenten gänzlich entwurzelt und unzufrieden waren. Ihr Unglücklichsein machte das an fernen Orten erworbene Wissen zunichte, das gedacht war, zur Verbesserung der Verhältnisse ihres Volkes beizutragen. Ich kam zu dem Schluß, daß es sinnvoll ist, eingeborene Kinder und junge Menschen in ihren eigenen Siedlungen zu unterrichten, in Schulen, die ihrer eigenen Lebensweise angepaßt sind.

Aus den Enttäuschungen, die ich beobachtete, konnte ich auch ersehen, daß der Alkohol eine große Gefahr für die einst vielversprechenden, doch unzufriedenen jungen Menschen darstellte. Der Alkohol war der Fluch des Nordens. Ihn zu bekämpfen wurde zu einem wichtigen Teil meiner Arbeit in Wrangell und Douglas. Um dieser Sache willen machte ich zahlreiche Reisen in die Hauptstadt Juneau. Es hatte wenig Zweck, in einer Schule zu unterrichten, wenn

Straße in Douglas. Gewöhnlich war auf den Bürgersteigen hier der Schnee geräumt. Aber Hannah Breece stürzte, als der Schnee liegengeblieben war und man Stufen zu den Türen hineingehauen hatte. *Hannah Breece collection*

das Niveau einer Bevölkerung als Ganzes nicht angehoben werden konnte.

Viele andere, besonders Missionare, hatten sich der guten Sache verschrieben, das Leben der Eingeborenen in Südost-Alaska zu verbessern. Unter denjenigen, mit denen ich zusammenarbeitete oder die mir durch die Erfolge ihrer Arbeit bekannt waren, waren Dr. Hall S. Young, Mrs. William Thomas, Mrs. George Barnes, Reverend und Mrs. S. Bollinger, Reverend und Mrs. David Wagoner, Reverend und Mrs. J. S.

Clarke, Dr. und Mrs. J. P. Mooney, Reverend Corser und Dekan und Mrs. Christian, eine noble Gesellschaft von Männern und Frauen. Es ist schwer, aus der Ferne zu würdigen, welchen Kampf sie auf sich nehmen mußten, und ich zähle es zu den großen Vorzügen meines Lebens, daß ich sie oder ihre Arbeit kennenlernen durfte.

Obwohl Douglas so nahe bei Wrangell lag, war das Klima dort vollkommen anders. Im Winter lag der Schnee manchmal fünf Meter hoch, und bitterkalte Stürme bliesen heftig vom Taku-Gletscher durch die Wasserstraße zwischen den Inseln hindurch und über sie hinweg.

Zu meiner Zeit in Douglas brach das Meer in die große Treadwell-Unterseemine ein und überflutete sie. Alle wurden gerettet, außer einem Goldgräber. Seine Kinder waren meine Schüler. Die Minengesellschaft gab ihrer Mutter zehntausend Dollar, damit die Kinder ohne Not aufwachsen konnten.

In Douglas wurden gewöhnlich Pfade durch den tiefen Schnee gegraben. Doch als die Männer wegen des Unglücks in der Treadwell-Mine wochenlang nicht in der Stadt waren, blieb der Schnee liegen und häufte sich auf den fast verlassenen Straßen. Die Leute stapften einfach darüber. Da der Schnee eine Tiefe von viereinhalb Metern erreichte, überragten die Köpfe der Menschen die Drähte der Telegrafenmasten. Zu den Haustüren mußte man Stufen hinuntersteigen, die in den festgepackten Schnee gehauen wurden.

Als ich mich in einer stürmischen Nacht die Stufen zu meiner Tür hinuntertastete, rutschte ich aus und brach mir ein Bein. Ich hatte Angst, mich zu bewegen, weil ich fürchtete, mein Fuß würde abfallen – so fühlte es sich jedenfalls an. Nur ein einziger Mensch vernahm mein Rufen durch den Sturm, eine Frau, die mit ihrem kleinen Jungen in eines der zeitweise leerstehenden Häuser der Goldgräber eingezogen war. Ich rief ihr zu, was passiert war. Doch obwohl sie mir gerne geholfen hätte, wagte sie nicht, sich mir zu nähern: Sie hatte Angst, der Teufel würde sie holen! Ein hartnäckiger Aberglaube behauptete, daß ein Hilferuf eine List des Teufels sei.

Endlich kam ein hochgewachsener fremder Mann den Pfad entlang. Als er mich sah, hob er mich auf, öffnete meine Tür, setzte mich in einen bequemen Sessel und hüllte mich in Dekken. Er befahl mir, nicht ohnmächtig zu werden, was ich wahrscheinlich getan hätte. Doch seine Stimme strahlte soviel Autorität aus, daß ich glaubte, ihm gehorchen zu müssen. Nachdem er es mir bequem gemacht hatte, zog er eine riesige goldene Uhr aus der Tasche und sagte, er müsse gehen, obwohl er mich nicht gerne allein ließe. Ich versicherte ihm, daß bald jemand kommen würde, und er ging fort.

Während meiner Genesungszeit stellte ich Nachforschungen über ihn an. Es schien, daß nicht ein Mensch sonst in der Stadt diesen Mann gesehen hatte, und auch kein Schiff war an jenem Tag eingelaufen. Ich vermutete, daß er sich über eine der Goldminen informierte und sowenig Aufsehen wie möglich erregen wollte.

Die Männer, die in den Minen in der Nähe von Douglas arbeiteten, kamen aus aller Herren Länder. Als die Vereinigten Staaten in den Weltkrieg eintraten, hatten viele Amerikaner Zweifel, ob diese Männer es zulassen würden, daß die amerikanische Flagge noch im Schulhof gehißt wurde. Doch täglich wurde ohne einen Zwischenfall die Fahne aufgezogen, und viele dieser Männer, deren Loyalität angezweifelt worden war, dienten tapfer den Vereinigten Staaten. In Alaska gab es fast keine Männer mehr. Viele meiner früheren Schüler wurden eingezogen, manche als Flieger, und viele kamen nicht wieder.

Nachdem unser Land in den Krieg eingetreten war, wurde ich zur Präsidentin des Roten Kreuzes für die Eingeborenen von Douglas berufen. Ich bemerkte, daß die Schulkinder dünner wurden und blaß und hungrig aussahen. Auf mein Nachfragen hin erzählten mir ihre Mütter, daß sie nur Fisch aßen, kein Brot, «weil die Leute in den Vereinigten Staaten im Krieg sind und die armen kleinen Kinder dort Brot brauchen». Die Regierungsvertreter waren erstaunt, wie viele Eingeborene aus Douglas Kriegsanleihen unterzeichneten. Die Summe, die sie beisteuerten, war natürlich nicht riesig, doch sie war sehr groß im Verhältnis zu ihrer Anzahl und zu ihren Mitteln.

Die staatlichen Schulgebäude in Douglas waren alle auf Pfählen innerhalb der Flutlinie gebaut worden. Nachts, wenn ich allein war in dem großen leeren Gebäude, unter dem die Wellen peitschten und schlugen und auf dessen Dach der Schnee sich häufte, hatte ich oft das Gefühl, daß es buchstäblich keine Sicherheit im Himmel über mir und auf den Wassern unter mir gab. Manchmal schwebte ein Eisberg von beträchtlicher Größe munter heran, und es war nicht ungewöhnlich, daß Dächer in Sichtweite unter dem Gewicht des Schnees einstürzten.

Doch von meinen Fenstern aus konnte ich auch die Gebäude sehen, wo die Goldstampfmühlen und Pochwerke Tag und Nacht dröhnten und stampften. Auf dem Berg glommen Lichter aus vielen Reihen von Fenstern und schmiegten sich an seinen schützenden Hang. In welche Richtung ich auch blickte, auf Minen mit den Namen Thane, Juneau, Treadwell oder Little Mexico, mein Auge traf auf ein funkelndes Meer elektrischer Lichter.

Auch bildlich gesprochen begann das Licht nun hell zu erstrahlen. Die Männer und Frauen von Alaska hatten das Geschäft mit Alkohol für illegal erklärt.[4] Die Regierung würde die Seward-Eisenbahnlinie fertigbauen und die Außenwelt mit der Arktis verbinden. Es gab Hoffnung und Möglichkeiten für die Ureinwohner des Landes, diese dankbaren, liebenswerten Menschen. Das Getrappel der Füßchen der Malamute-Hunde würde ersetzt werden durch das Brummen von Flugzeugen, die die Post über große Flüsse und vereiste Ebenen tragen. Die Erinnerung an Tanzsäle und Spielhöllen würde verblassen, ersetzt durch staatliche Schulen, Kirchen und Krankenhäuser. Und ich war froh, daß ich ein kleines Stückchen des Wegs bahnen durfte für bessere Verhältnisse in diesem unbeschreiblich schönen, herrlichen Land.

Was in Hannah Breece' Aufzeichnungen unerwähnt bleibt

Erziehungspolitik in Alaska und die Rolle Sheldon Jacksons

Hin und wieder spielt Hannah Breece auf die Ziele der staatlichen Erziehungspolitik an oder erwähnt, daß das, was sie tat, mit diesen übereinstimmte. Was für eine Politik war das? Und stimmte die Arbeit von Hannah Breece tatsächlich mit deren Zielen überein? Diese letzte Frage kann man durchaus – wenn auch mit gewissen Einschränkungen – bejahen.

Die Richtlinien der Politik, offiziell dargelegt von Sheldon Jackson in einem 1892/93 an den Kongreß gegebenen Bericht, lauteten:[1]

> ... ein Werk von großer Bedeutung auf einem neuen und unerprobten Gebiet und mit unbekannten Schwierigkeiten. Es war ein Werk so einzigartig, daß die Erfahrungen der Vergangenheit ... nicht die einzige Richtschnur sein konnten ...
>
> Englische Schulen sollten unter einer Bevölkerung aufgebaut werden, deren größerer Teil die englische Sprache weder sprach noch verstand ...
>
> Ein Volk, dessen größerer Teil unzivilisiert ist, sollte in den Regeln der Hygiene, der Gesundheitsfürsorge, der Verbesserung von Behausungen, in besseren Methoden der Haushaltsführung, des Kochens und der Bekleidung, in einträglicheren Arbeitsformen, in Ehrlichkeit, Keuschheit, der Heiligkeit ehelicher Beziehungen und allem, was den Menschen erhebt, unterwiesen werden. Folglich ist es in der Schule notwendig, neben der gewöhnlichen Einübung im Lesen, Schreiben und Rechnen die Mädchen in Haushaltsführung, Kochen und Gartenbau, im Zuschneiden, Nähen und Flicken zu unterrichten und die Jungen im Schreinern und anderen Formen der Holzarbeit, im Stiefel- und Schuh-

> machen und den verschiedenen Handwerksarten der Zivilisation.
> Einem Volke sollten die Vorteile einer Erziehung geboten werden, von welchem breite Schichten zu unwissend sind, um sie zu schätzen, und die eine gewisse Form des Drucks benötigen, um sie in der Folge zu verpflichten, ihre Kinder regelmäßig zur Schule zu schicken. Es war ein System von Schulen für ein Volk, das zwar insgesamt nur teilweise zivilisiert ist, das aber als Anwärter auf die amerikanische Staatsbürgerschaft eine Zukunft hat.[2]

Diese Politik, an der sich Hannah Breece in den vorgeschriebenen Fachgebieten orientierte, war die Schöpfung eines einzigen Mannes, von Sheldon Jackson, und sie wurde lange Zeit von demselben Mann durchgeführt. «Regierungspolitik» war Sheldon Jacksons Politik.

S. Jackson war presbyterianischer Geistlicher, geboren im Mai 1834 als Sohn einer religiösen Familie in Minaville, New York. Er studierte am Union College in Schenectady und am Theologischen Seminar in Princeton. Er war ein kleiner Mann, 1,60 Meter groß, und der Vorstand der Presbyterianischen Missionsgesellschaft hatte ihn mit der Begründung abgelehnt, er sei zu zart und schwächlich, um die Härten der Missionsarbeit im Ausland durchzustehen. Statt dessen beauftragte die Kirche ihn, im amerikanischen Grenzland zu arbeiten, wo er unter weißen Pioniersiedlern und Durchreisenden in den Territorien der Rocky Mountains und bei den Indianern in vielen Teilen des Westens als Geistlicher wirkte. Überall, wo er hinkam, gründete er Kirchen und zeichnete sich durch Ausdauer, Energie, Tapferkeit und gelegentlich auch durch tollkühnen Starrsinn aus. Er heiratete mit fünfundzwanzig, und seine Ehe war glücklich, doch sein ständiges Reisen erlaubte ihm wenig Zeit zu Hause. Seine Frau war das perfekte Muster einer Missionarsgattin, ihrem Mann treu zur Seite stehend. Tapfer und ohne zu klagen zog sie ihre Kinder unter schwierigen Bedingungen groß, denn die Familie mußte häufig den Wohnsitz wechseln.[3]

1877, dreiundvierzig Jahre alt, ging S. Jackson auf eigene Initiative und mit der Unterstützung eines Gönners und Lehrers aus Seattle nach Alaska und gründete auf dem als «Pfannenstiel» bezeichneten südlichen Landstreifen eine Missionsschule in Fort Wrangell.

Zur damaligen Zeit wußten die Amerikaner nichts über Alaska, den Besitz, den sie zehn Jahre zuvor erworben hatten, abgesehen von bruchstückhaften Informationen, die ihnen von Walfängercrews aus Neuengland und ein paar anderen beutegierigen Abenteurern, Soldaten und Matrosen aus kleinen Garnisonen und Küstenwachstationen zugetragen wurden. Wie Sheldon Jacksons Biograph J. A. Lazell aufzeigt, hatte die Region, nachdem die Russen sie verlassen hatten, keine Zivilregierung mehr gehabt. Es gab dort weder Beamte noch Gerichte oder Richter, auch keine amerikanischen Dokumente inklusive Zensuszahlen und keine Schulen, außer einigen wenigen, die den russischen Kirchen angeschlossen waren und von Rußland unterstützt wurden. Die einzige amerikanische Grundschule, die weiße Staatsbürger in Sitka gegründet hatten, war vier Jahre vor S. Jacksons Ankunft in Alaska aufgelöst worden.

Zwischen 1877 und 1884 unternahm Sheldon Jackson zwei weitere Reisen in dieses große unbekannte Land, hielt etwa neunhundert Reden über Alaska vor Gruppen von amerikanischen Kirchenleuten und Politikern und gründete fünf Missionsschulen. Er schrieb auch ein Buch, *Alaska*, das 1880 erschien. Zugleich mit seinen Reden begründete dieses Buch seinen Ruf als Amerikas führender Kenner dieser Region. Das Frontispiz zeigt ein Porträt von Sheldon Jackson, auf dem er erschreckend fanatisch aussieht.[4]

Der Text und die Illustrationen des Buchs sind noch erschreckender. Er zeichnete die Eingeborenen als kaum noch menschenähnliche Teufel: rasende Männer, die Hunde bei lebendigem Leibe verspeisten, Kannibalen, die ihre Zähne in frische Leichen schlugen, Mörder kleiner Kinder, Unholde, die kleine Mädchen sexuell mißbrauchten, Polygamisten, böse

Zauberer, sinistre Medizinmänner, Frauen, die ausnahmslos prostituiert wurden, nackte Männer, die sich wie stolze Pferde zur Schau stellten, Folterer, Verstümmeler, Sklavenhalter, Mörder und so weiter. Allein schon ihre Begräbnisriten seien mit ihrem Geschrei und Geheul, ihrem Singen und Trommeln eine Beleidigung für das «zivilisierte Ohr».

Dieses reißerische Buch ist seit langem vergriffen, und man findet nur selten noch ein Exemplar. (Das eine, das mich belehrte, befindet sich in der Abteilung für seltene Bücher des Baranov-Museums in Kodiak.) Wenn Bewunderer Sheldon Jacksons es überhaupt zur Kenntnis nehmen, gehen sie nicht auf seinen Inhalt ein. Einer versuchte es vor mir als eine «Propagandaschrift» zu rechtfertigen, die eigens in der Absicht verfaßt wurde, Kirchenmitglieder zu guten Werken und Politiker zu energischem Eingreifen zu bewegen. Das Bekämpfen der Indianer war zu jener Zeit noch immer eines der Hauptanliegen der Amerikaner: «Custer's Last Stand», die militärische Niederlage der Amerikaner in der Schlacht am Little Bighorn River hatte 1876 stattgefunden, nur ein Jahr bevor Jackson

Sheldon Jackson, Radierung auf dem Frontispiz seines Buches *Alaska. Erschienen New York 1880*

zum erstenmal Alaska besuchte, der lange erbitterte Feldzug der Vereinigten Staaten gegen die Nez-Percé-Indianer in Montana war erst 1877 zu Ende gegangen.

Vielleicht war *Alaska* tatsächlich nur eine zynische Anthologie gräßlicher Details, die Jacksons Propagandazwecken diente. Doch nachdem ich mir Stichproben seiner späteren und nüchterner klingenden Berichte angesehen habe, glaube ich, daß diese peinliche Polemik ernst zu nehmen war, insofern nämlich, als sie die Gefühle ihres Autors wahrheitsgetreu widerspiegelt. Jedenfalls bezeugt er, abgesehen von abstrakt frömmelnden Bekundungen seiner Besorgnis um ihr Wohlergehen, keinen Respekt vor der Lebensweise nichtchristianisierter Ureinwohner, und sein Urteil ist oft genug vernichtend.

Nicht nur Sheldon Jacksons Schriften verraten, daß er es zum Programm erhoben hatte, die Lebensweise der Ureinwohner mit Stumpf und Stiel auszurotten und vollkommene Kontrolle über sie auszuüben. In seinem Internat für Jungen und Mädchen in Sitka (das sich inzwischen zu einem College entwickelt hat, das seinen Namen trägt) wurden die Schüler aufgenommen, nachdem ihre Eltern einen Fünfjahresvertrag unterzeichnet hatten. Sie wurden so vollkommen in diese Institution eingebunden, daß keinerlei Kontakte mit ihren Familien oder Einflüsse aus ihren Kommunen sie berühren oder noch mehr verderben könnten, als sie es bereits wären. Die Erziehung selbst würde diese Individuen gefährden, wenn sie nicht ständig überwacht würden, erklärte Jackson vor dem Kongreß:

> (Je) aufgeweckter das Mädchen war, um so mehr war sie in Gefahr; denn wenn sie in der Schule gut zurechtkam, begann sie, sich netter zu kleiden, ihr Haar zu kämmen und sich reinlicher zu halten, der stumpfe, teilnahmslose Gesichtsausdruck wich dem Licht der Intelligenz, und sie wurde anziehender und folglich beliebter. Um diese Mädchen zu retten, benötigte es der Gründung eines «Heims», in dem sie untergebracht und der Kontrolle ihrer Mütter entzogen werden konnten . . .[5]

1880, in demselben Jahr, in dem sein Buch *Alaska* erschien, machte Sheldon Jackson sich daran, Alaska unter den protestantischen Kirchen, die bereit waren, Missionsstationen mit angeschlossenen Schulen oder Waisenhäusern zu errichten, aufzuteilen. Die Kartellierung, auf die sich alle einigten, teilte den Presbyterianern den südlichen Landstreifen zu, wo S. Jackson bereits Schulen gegründet hatte, und Point Barrow hoch im Norden, wo eine weitere Mission geplant wurde. Die Baptisten bekamen Kodiak und Cook Inlet; die Episkopalen, die bereits eine Mission in Fort Yukon eröffnet hatten, bekamen den Teil des Yukon, der zu Alaska gehörte; die Methodisten erhielten die Aleuten und die angrenzenden Shumagininseln, die Mährischen Brüder die Täler der Flüsse Kuskokwim und Nushagak und die Kongregationalisten die Gegend am Kap Prince of Wales. Die russisch-orthodoxe Kirche wurde weder ins Gespräch gebracht, noch wurde ihr ein Gebiet zugewiesen. In den Augen der protestantischen Missionare war sie wenig besser als das Heidentum.[6]

Selbst mit dieser effizienten Art, ihre Bemühungen zu rationieren, waren die Mittel der Kirchen zu spärlich, und die Autorität, die ihre Missionen ausüben konnten, war zu schwach, um Alaska zu kontrollieren und zu zivilisieren. Auch konnten sie nicht genügend Schulen unterstützen, um dieses riesige Territorium mit den Hunderten von sehr kleinen Siedlungen zu versorgen. S. Jackson und seine Anhänger versuchten, das Abgeordnetenhaus zum Handeln zu bewegen: Aufgrund ihrer Bemühungen erklärte der Kongreß Alaska zu einem District – erst 1912 wurde Alaska zum Territorium erklärt –, und 1884 wurde eine Zivilgesetzgebung eingeführt. Damit wurde die bisherige Militärverwaltung abgelöst.

Ironie des Schicksals: Eine der allerersten Früchte der Zivilregierung war ein Vormundschaftsprozeß, den S. Jacksons Schule in Sitka verlor. Eine Indianerin aus dem Staat Washington verlangte, daß die Schule ihre Nichte entließ, die von ihren Eltern dort angemeldet worden, die aber inzwischen verwaist war. Die Schule lehnte ab. Die Tante beantragte daraufhin bei dem neuen Zivilgericht die Erteilung eines Vorführungsbefehls, welchen das Gericht gewährte. Als nächstes beantragte ein Elternteil eines anderen Schülers einen Vorführungsbefehl. Ihm wurde nicht nur die Vormundschaft zugesprochen, sondern der Richter entschied daraufhin auch, daß jeder mit einer Geldstrafe belegt oder inhaftiert würde, der zu verhindern suchte, daß ein Kind die Schule verließ. Prompt lief die Hälfte der 104 Schüler der Schule davon.

Man kann das verstehen, wenn man in Betracht zieht, welch strenges Regiment in der Schule herrschte. Es wurde den Schülern untersagt, ihre Muttersprache zu sprechen, nicht nur während der Unterrichtsstunden, sondern Tag und Nacht. «Ohne gesetzliche Vollmacht», hieß es in einem Bericht der Schule über ihr Programm, «war es sehr schwierig, auf die Kinder den Druck auszuüben, der erforderlich war, um die besten Ergebnisse im Englischsprechen zu erzielen.» Wenn die Schüler der Schule von Sitka nicht Unterricht genossen, waren ihre Tage mit endlosen Pflichten und Plackereien ausgefüllt. Man ist allein vom Lesen der Liste ganz erschöpft. In der langen, grauenhaften Beschreibung mühseliger Schulaktivitäten – Schrubben, Flicken, Lampen putzen, Einmachen, Toiletteneimer reinigen, Baumstumpf entfernen, Holz fällen, Wege ebnen und so fort – wird kein einziges Wort über Sport, Spiele, Unterhaltung, Kunst oder Freizeit verloren. Um es ganz deutlich zu sagen, die Kinder waren kleine Sklaven. Man kann sich nur wundern, weshalb die andere Hälfte der Schülerschaft sich nicht aus dem Staub machte, als sich die Gelegenheit bot.

In demselben Jahr, in dem der Kongreß die Zivilregierung eingeführt hatte, wurde auf S. Jacksons Drängen hin im Innenministerium eine Erziehungsbehörde für Alaska geschaffen. Im folgenden Jahr wurde S. Jackson mit ihrer Verwaltung betraut. Doch der Kongreß war damals wie auch später so knauserig mit seiner Zuweisung von Mitteln, daß S. Jackson weiterhin mit kirchlichen Schulen aushalf. Das Ergebnis war ein System, das staatlich unterstützte Schulen (der Teil des Netzwerks, der Hannah Breece beschäftigte) mit Missionsschulen, sogenannten Vertragsschulen, kombinierte, die Almosen von der Regierung erhielten. 1904, als Hannah Breece in das System eintrat, waren Hunderte kleiner Siedlungen noch immer ohne Schulen, einschließlich derjenigen, die lautstark nach ihnen verlangten, wie Iliamna, Nondalton, Stony River oder die Eskimos, die Hannah Breece in der Gegend von Iliamna kennenlernte.

S. Jackson beharrte auf seiner Überzeugung, daß nur Zwang den Schulbesuch garantieren könne. Während seiner gesamten zweiundzwanzigjährigen Amtszeit beschwor er den Kongreß, die Schulpflicht zum Gesetz zu machen, doch der Kongreß schreckte immer wieder davor zurück. Die Militärregierung in Sitka hatte, bevor das Zivilrecht eingeführt wurde, die richtige Idee. Ein Kommandeur eines US-Schiffes, das dort stationiert war, ein gewisser Captain Henry Glass, «ließ für jedes Kind ein Schildchen aus Blech anfertigen, das ihm angeheftet wurde, und wenn ein Kind während der Schulstunden auf der Straße erwischt wurde, dann mußte der indianische Polizist die Nummer des Schildchens aufschreiben und melden, oder aber der Lehrer mußte jeden Tag melden, welche Nummern von welchen Häusern fehlten. Am nächsten Morgen wurde der Indianer, zu dessen Haushalt das fehlende Kind gehörte, aufgefordert zu erscheinen, um sich für die Abwesenheit des Kindes zu rechtfertigen. Wenn das Kind vorsätzlich gefehlt hatte, wurde der Haushaltsvorstand mit einer Geldstrafe belegt oder ins Gefängnis gesperrt. Ein paar Fälle von Geldstrafen genügten ...»

Die Unterschiede zwischen Hannah Breece' und Sheldon Jacksons Erziehungsstil sind offensichtlich. Hannah Breece verließ sich auf ihre Erfindungsgabe, um den Unterricht so zu gestalten, daß die Kinder gern zur Schule gingen. Weit entfernt davon, die Eltern vor den Kopf zu stoßen, verstand sie es, die Familien für die Schule zu begeistern. Ihre Auffassung von erzieherischer Bereicherung ging weit über die offiziellen Richtlinien hinaus. So bemühte sie sich zum Beispiel, die Augen ihrer Schüler für die große Welt zu öffnen, die jenseits ihres engen Erfahrungsbereichs lag, durch Geographieunterricht, durch Geschichten und Bilder vom Leben anderer Völker und durch Naturkunde, die über rein wirtschaftliche und praktische Interessen hinausging. Neue Spiele oder Spielsachen, die ihnen geschickt wurden, wurden als Beweis wahrgenommen, daß Menschen in der Ferne von ihnen wußten und sich für sie interessierten. Nicht nur erzählte sie ihren Schülern über Wahlen und die abstrakte Idee, daß Menschen ihre Regierung demokratisch lenken können, sondern sie ließ auch in Angelegenheiten der Klassen abstimmen und hielt sich an die Ergebnisse. Oft wußte sie wahrscheinlich im voraus, wie das Wahlergebnis ausfallen würde, aber ganz sicher konnte sie nicht sein. Manchmal ließ sie wie ein Meinungsforscher die Kinder die Hände heben, um sich einen Eindruck zu verschaffen, bevor sie eine Entscheidung traf. Zumindest bei einer Gelegenheit brach sie das Tabu gegen den Gebrauch anderer Sprachen als des Englischen, als sie die Thanksgiving-Proklamationen des Präsidenten und des Gouverneurs in der Übersetzung in die Kenaisprache vorlesen ließ. In der Schule durften die Kinder ihre Muttersprache nicht sprechen, und sie half ihnen nicht mit Redewendungen in ihrer Muttersprache aus, die sie wahrscheinlich aufgelesen hatte. Aber sie bestrafte auch kein Kind, das in der Schule oder beim Spielen in seine eigene Sprache zurückfiel, so wie es in vielen anderen Schulen in Alaska der Fall war.

Der grundlegende Unterschied zwischen S. Jacksons und Hannah Breece' Erziehungsauffassung war ihre ganz und gar unterschiedliche Idee eines Erziehungsziels. Für S. Jackson war Erziehung ein Mittel der Kontrolle, für Hannah Breece hingegen bedeutete Erziehung Menschenbildung. In den staatlichen Archiven findet sich ein Brief von Hannah Breece an einen griesgrämigen Vorgesetzten, in dem sie ihre Entscheidung für die Lieferung von Brennholz verteidigt. Sie gab zu, daß sie bei der Vergabe des Auftrags nicht wie ein «vernünftiger Geschäftsmann» gehandelt habe. (Sie hatte einen Steigerer, der Eingeborene beschäftigen wollte, einem Rivalen vorgezogen, der es nicht wollte.) Und dann fügte sie in Klammern hinzu: «Aber ich bin eine Frau und kann nicht denken und sprechen wie ein Mann.»

Was hatte sie wohl damit gemeint? Hannah Breece erkannte, daß manche Männer fair handelten und Menschen, für die sie verantwortlich waren, betreuten und förderten. Sie mochte Männer, die solche Eigenschaften zeigten, Männer wie Zackar, der Dorfälteste von Nondalton, oder wie die beiden Baptistenmissionare, mit denen sie zusammengearbeitet hatte, und den russischen Bischof Innocent. Doch viele kleine Beobachtungen und ebenso viele kleine Auslassungen in ihrem Erinnerungsbuch lassen vermuten, daß sie dachte, Männer, wenn sie die Macht dazu hatten, wollten meist andere Menschen kontrollieren und waren nur zu oft bereit, diejenigen, über die sie Macht hatten, auszunutzen. Sie glaubte, daß Frauen sich normalerweise anders verhielten. Es gibt viele Formen der Kontrolle und viele Formen der Förderung und Betreuung, und man mag die Gültigkeit ihrer Beurteilung bezweifeln. Doch es ist klar, daß sie das, was sie als einen Geschlechtsunterschied sah, bei sich selbst nicht zu ändern bereit war.

Sheldon Jackson war nicht nur ein Mann, der alles unter Kontrolle haben mußte, er war auch unerbittlich, wenn man ihm in die Quere kam. Zum Beispiel entledigte er sich des Richters, des US-Staatsanwalts, eines US-Marshals und des Gouverneurs, kurzum aller, die mit ihm in den Vormundschaftsfällen und verschiedenen anderen Prozessen im Zusammenhang mit seiner Schule in Sitka in Konflikt geraten waren. Er forderte von Washington, Untersuchungen über sie anzustellen und sie aus ihren Ämtern zu entfernen. Wie konnte Hannah Breece diesen herrschsüchtigen und intoleranten Mann bewundern?[7]

Doch Sheldon Jackson war kein eindimensionaler Zuchtmeister, sondern ein durchaus komplizierter Mensch. Trotz all seiner Wut und Verachtung war er gewiß kein Sadist. Früh in seiner Laufbahn verließ er eine Schule für Choctaw in Oklahoma, weil es ihm mißfiel, daß die Jungen mit Peitschenhieben bestraft wurden. Ohne Zweifel betrachtete er seine rigorosen Richtlinien und Methoden, die er gegen Ureinwohner anwandte, weniger als Zwang denn als Ausdruck von Besorgnis.

Seinen amerikanischen Kollegen brachte er Wertschätzung, Vertrauen und eine partnerschaftliche Einstellung entgegen – nicht scharfe Kritik, Mißtrauen und das dominierende Verhalten, das er sich für Ureinwohner und seine weißen Feinde (deren es viele gab) vorbehielt.

Hannah bewahrte wenige Briefe auf. Unter dem Dutzend, die ihr viel bedeuteten, war einer von Sheldon Jackson, den er schrieb, kurz nachdem sie die Arbeit in ihrer ersten Stellung in Afognak aufgenommen hatte:[8]

> Gnädige Frau,
> habe Ihren Brief vom 1. Oktober erhalten, und er kommt mit guten Nachrichten, wie den Wahlergebnissen, die wir in den letzten zwei oder drei Tagen erfuhren.[9]
> Ich kann Ihnen nicht sagen, wie sehr ich mich freue, daß Sie mit diesen Kindern fertig werden. Sie haben einen sehr wichtigen Aufgabenbereich, und einen, in dem Sie viel Gutes bewirken können. Ich habe oft festgestellt, daß die abgelegenen und unerreichbaren Orte der Erde, die aus diesem Grunde von vielen Arbeitern gemieden wurden, sich als die fruchtbarsten herausstellten.
> Am 11. Oktober bestellten wir für Sie 10 yds. Schultafelleinwand, 3 Dutzend Schiefertafeln, 3 Kästen mit Schiefergriffeln, 3 Gesangbücher mit Noten und 9 Gesangbücher ohne Noten und ein halbes Dutzend kleine Scheren. Sie sind gerade hier im Amt eingetroffen und werden Ihnen sofort zugestellt. Außerdem schicken wir Ihnen 4 Dutzend Schulbücher für das erste Schuljahr, 6 Dutzend Schreibblocks und ein halbes Ries Kanzleipapier.
> Außerdem erhielt ich Ihren Erfolg betreffend vom Leiter der Schulbehörde einen sehr anerkennenden Brief.
> Am 2. November schickten wir Ihrer Schule einige neue Schulbänke. Doch Sie haben die Schule so erweitert, daß sie

nicht ausreichen werden. Wenn Ihre Schule so groß wird, daß Sie sie nicht alleine bewältigen können, sollten Sie lieber die Schüler teilen und einige Klassen am Vormittag und andere am Nachmittag unterrichten. Lassen Sie mich wissen, ob Sie noch mehr Schulbänke benötigen und ob im Schulgebäude Platz genug ist, um sie aufzustellen.

Ihr sehr ergebener
(unterzeichnet) Sheldon Jackson
U. S. General Agent of Education in Alaska

Nachdem wir uns von unserer Verwunderung erholt haben, daß der oberste Verwaltungsbeamte für Erziehung in Alaska sich mit drei Dutzend Schiefergriffeln und einem halben Dutzend kleiner Scheren befaßte, wird uns klar, was Hannah Breece so beeindruckte: Er kümmerte sich persönlich um ihre Bedürfnisse, er stand hinter ihr als ein Helfer, der es gut mit ihr meinte.

Jackson zeigte den Kollegen eine Seite seiner Persönlichkeit und eine völlig andere den Menschen, die er als unüberbrückbar fremd betrachtete. Hannah Breece stimmte mit S. Jacksons Ziel überein, die Zivilisation zu verbreiten. Doch Hannah Breece hatte nur ein Gesicht, egal mit wem sie es zu tun hatte und wo immer sie auch war. Deshalb schlich sich in ihren Klassenräumen die menschenfreundliche Ausbildung von Bloomsburg, Pennsylvania, in Sheldon Jacksons Schulpolitik für Alaska ein und durchlöcherte dessen harten Kern von Ablehnung und Kontrolle.

Das Rentierprojekt

Der Rentier-Superintendent, der sich Hannah gegenüber so herzlos benommen hatte, war ein norwegischer Lappe namens Hedley E. Redmyer, der 1883 in die Vereinigten Staaten eingewandert war. Redmyers Briefe in den Regierungsarchiven zeigen, daß er fließend englisch schrieb in mustergültiger Handschrift. Jackson muß Vertrauen in ihn gesetzt haben, wenn er ihm die Verantwortung für eine so abgelegene Rentierherde der Regierung übertrug statt für eine Rentierstation in der Nähe einer Mission, wo er unter strengerer Aufsicht gestanden hätte.

Weder die Ermittlungen gegen Redmyer noch seine darauffolgende Entlassung waren auf Hannah Breece' Bericht über ihn zurückzuführen. Nach den Entschuldigungen und Sympathiebekundungen, die sie von allen öffentlichen Stellen erhalten hatte, scheint ihrem Bericht keine weitere Beachtung geschenkt worden zu sein.

Die Untersuchung Redmyers wurde mehr als anderthalb Jahre später durch einen anderen Brief ausgelöst. Ein Mechaniker namens Albert W. Young hatte wegen angeblicher Unterschlagungen von H. E. Redmyer zusammen mit Pete Anderson, der den Handelsposten in Iliamna Village führte, nach Washington geschrieben. Dieser Brief hatte Folgen: Redmyers Gehaltszahlungen wurden eingestellt, und schließlich wurde er wegen finanzieller Unregelmäßigkeiten entlassen. Dies erklärt wahrscheinlich auch, weshalb Hannah Breece' liebe Freundin Olga nicht mehr in Iliamna war, als sie 1909 dorthin zurückkehrte. Olgas Mann Pete Anderson war ein selbständiger Ladenbesitzer, deshalb konnte er von der Regierung nicht entlassen werden. Der Skandal hatte es ihm wohl gratsam erscheinen lassen, mit seiner Familie und seinem Geschäft Iliamna zu verlassen, und er war nach Nondalton gezogen.

Diese Rentierstation war nur eine von vielen und Teil eines großartigen Projekts, das Sheldon Jackson ersonnen hatte. Jackson hatte sich in den Kopf gesetzt, Rentierzucht zu betreiben, als Teil seines Plans, ein neues Alaska zu schaffen. Rentierzucht war darin so vorrangig wie Christianisierung und Erziehung. Er glaubte fest daran, mit einer Kombination dieser drei Elemente das Leben der Ureinwohner völlig verändern zu können.

Ihm schwebte ein Rentierschlittenexpreß vor, der Frachtgut über Schnee und Eis zu Walfangflotten und Bergwerken in der Wildnis transportierte und der Missionsstationen und Handelsposten überall von Point Barrow im höchsten Norden bis nach Afognak und Kodiak im Süden mit Post beliefern würde. Er zeichnete die Hauptlinien und Nebenlinien in eine Karte ein, die dem Entwurf eines Eisenbahnnetzes mit Bahnhöfen, Schaffnern und Stationsvorstehern glich. Todernst machte er sich daran, Geldmittel vom Kongreß und Zuschüsse von Missionsgesellschaften aufzutreiben.

Jackson vertrat den Standpunkt, daß gezähmte Rentiere die Eskimos mit Fleisch, Häuten und Knochen, mit Beschäftigung und Geld versorgen und sie damit vor der Ausrottung bewahren könnten. Er glaubte, daß die wilden Karibus mit der Zeit ebenso verschwinden würden wie die wilden Büffelherden der amerikanischen Prärien. Indianer, frühere Karibujäger, könnten dann zahme Rentierherden halten. Auch für die Bevölkerung der Aleuteninseln, die seit dem Zusammenbruch des Seeotterhandels verarmt war, sollten Rentiere die Rettung bedeuten. Und das wichtigste für Sheldon Jackson: Heidnisch-barbarische Jäger würden zu christlichen Herdenaufsehern gezähmt und in den Stand der Zivilisation erhoben.[10]

Zunächst einmal mußte er Rentiere bekommen und Leute, die mit ihnen umgehen konnten. 1892 reiste er nach Sibirien, um Rentiere zu kaufen und samojedische Herdenaufseher anzuwerben. Hunderttausende von Kilometern reiste er noch auf der Suche nach Rentieren, nach Hirten und nach Geld, um alles zu bezahlen. Von seiner ersten Reise brachte er nur 170 Tiere mit, 1893 nur 127 und 1894 nur 48. Jede Einkaufsreise während des kurzen Sommers führte hin und her entlang gefährlicher, unbekannter Küsten, nur um hier oder dort um ein paar Tiere zu feilschen. S. Jackson hatte den Plan, eine ständige Einkaufs- und Anwerbestation in Sibirien einzurichten, wo Herden und Hirten versammelt und zur Abreise bereit sein sollten, wenn Schiffe ankämen. Doch er mußte diesen Plan aufgeben, nicht zuletzt weil die samojedischen Hirten, die er angeworben hatte, eine solche Enttäuschung waren. Sie ließen zu, daß die zahmen Rentiere sich mit Karibus vermischten und wieder verwilderten. Sie kümmerten sich nicht um die Jungtiere, die eine unglaublich hohe Sterberate aufwiesen. Sie waren erschreckend grausam zu den Tieren. Wann immer sie Lust hatten, töteten sie heimlich regierungseigene Tiere und aßen sie. Alles in allem gaben sie ein schlechtes Beispiel für die Einwohner Alaskas, die sie doch belehren und zivilisieren sollten.[11]

S. Jackson setzte auf ein Programm, das systematisch wie eine Lehre durchgeführt werden sollte. Es sollte dazu dienen, die Herden und die Anzahl der Herdenaufseher zu vermehren. Jeder junge Mann, der unter der Leitung einer Station beschäftigt war, erhielt seine Bezahlung in Form von Rentieren. Am Ende von vier oder fünf Lehrjahren würde er den Grundstock für eine eigene Herde besitzen, da er auch die Kälber behalten durfte. Von den ausgebildeten Lehrlingen wurde erwartet, daß sie selbst wiederum Lehrlinge ausbildeten und bezahlten. So sollten sich Herden wie auch Hirten vervielfachen.

1897 gab S. Jackson die sibirischen Herden und die Samojeden auf. Er hatte vielversprechende Berichte über die skandinavischen Lappen gehört. Also schickte er einen Vertreter nach Nordskandinavien, dem es gelang, fünfhundert lappländische Rentiere zu kaufen und Anstellungsverträge mit dreiundvierzig Lappländern, fünfzehn Norwegern und zehn Finnen abzuschließen. Mit ihnen kamen ihre Familien, neunzehn Frauen und sechsundzwanzig Kinder, von denen die meisten noch sehr klein waren.

Zum damaligen Zeitpunkt war Sheldon Jackson vierundsechzig und litt häufig unter starken Schmerzen, doch er schiffte sich nach Nordnorwegen ein, um diese Leute samt einer Ladung von dreihundert Rentieren, zweihundert Schlitten sowie Moosballen als Futter für die Tiere nach Alaska zu begleiten.

Die Überfahrt muß unvergeßlich gewesen sein. Sie wurde von Jacksons Biograph Arthur J. Lazell beschrieben. Die

Schwierigkeiten begannen schon am Dock. In der letzten Minute weigerten sich die Lappen plötzlich, an Bord zu gehen. Sie erwarteten die verzögerte Lieferung von vier Fässern Whisky. Als die Fässer ankamen, ließ S. Jackson sie von der Polizei beschlagnahmen und den Lappen sagen, sie hätten die Wahl, an Bord oder ins Gefängnis zu gehen.

Schließlich – nach endlosen Verzögerungen durch Stürme, Nebel und Schneestürme, durch die Suche nach einem Schiff, das man chartern konnte, und den schwierigen Bedingungen der Quarantäne – begann die Reise mit einem lärmenden Gelage im Zwischendeck, wo die Skandinavier untergebracht waren. Es war ihnen geglückt, ein paar Flaschen zusammen mit ihren Habseligkeiten einzuschmuggeln, und der feuchtfröhliche Höllenlärm dauerte die ganze Nacht. Am nächsten Tag zog der erste einer Reihe nordatlantischer Mittwinterstürme auf, die während der dreiwöchigen Überfahrt kaum jemals nachließen. Die Skandinavier waren entsetzlich seekrank, und ihr Quartier war naß und verschmutzt. In Jacksons Kabine stand das Wasser knöcheltief.

Die Tiere waren an Deck in einem guten, stabilen Pferch untergebracht, doch die Stürme waren so heftig, daß der Pferch drohte nachzugeben. Ein neuer Pferch mußte gebaut und die Tiere beim Rütteln und Stampfen des Schiffes hineingetrieben werden. Unter den Kindern brachen die Masern aus.

In New York wurden Tiere, Schlitten, Futter und Menschen in einen Zug nach Seattle verladen, wo ein Dampfer sie erwarten sollte. Das Schiff verspätete sich um neun Tage, und das Futter ging zu Ende. Eine Ersatznahrung tötete ein Dutzend Rentiere und machte viele andere krank. Als die Herde in Südost-Alaska ausschiffte, konnten die Tiere sich nicht mehr auf den Beinen halten. Moos zur Fütterung sollte angeblich schon auf sie warten, doch es war nicht da, weil eine telegrafische Bestellung an einen acht Kilometer entfernten Ort sich um eine Woche verzögert hatte. Auch die Zelte und die übrige Ausrüstung, die für die Rentiermänner und ihre Familien bestellt worden waren, kamen nicht rechtzeitig an. Die Rentiere waren zu krank und schwach, um es bis zu den nahegelegenen Moospolstern zu schaffen. Schnell wurde Moos gesammelt und den Tieren gebracht, doch bis das Schiff ankam, war die Hälfte der Tiere bereits verendet, und weitere starben in den folgenden Wochen. Sheldon Jackson als der Urheber dieses Fiaskos wurde heftig kritisiert und verspottet.

Vor diesem Hintergrund betrachtet, kann man verstehen, weshalb Hannah Breece' Beschwerde über Redmyer kurz abgefertigt wurde. Ein fähiger – oder angeblich fähiger – Herdenführer wurde hoch geschätzt, ganz gleich wie unritterlich er sich benahm. Und gemessen an den Strapazen und Sorgen aller, die in den Rentiertraum verwickelt waren, waren Hannah Breece' unglückselige Tagesreise und ihre schmerzenden Füße belanglos.

Zwischen 1892 und 1906 waren im Durchschnitt jährlich weniger als hundert Rentiere erfolgreich nach Alaska importiert worden, doch bis 1906 hatten sich die 1260 importierten Tiere auf 12826 vermehrt. Fünfzehn Stationen waren zwischen 1899 und 1906 eröffnet worden, eine davon war die in Iliamna. Sie beschäftigten insgesamt achtundsiebzig Lehrlinge, unter ihnen die sechs jungen Eskimos, die Hannah Breece unterrichtete. Inzwischen gehörte die Hälfte der Herden Ureinwohnern. Fast fünfhundert Tiere waren als kommerzielle Beförderungsmittel abgerichtet worden. Sheldon Jackson betrachtete diesen Erfolg als eine Zurechtweisung der Skeptiker. 1909, kurz vor seinem Tod, hörte er mit Genugtuung, daß Sir Wilfred Grenfell, der Gründer einer Mission für Fischer in Neufundland, das Rentierprojekt für so erfolgreich hielt, daß er überlegte, es in Neufundland zu wiederholen.

Alaskas Rentierbestand erreichte seinen Höchststand 1930 mit angeblich 600000 Tieren, doch das war vielleicht übertrieben, denn 1950 waren es nur 25000. Für diesen jähen Niedergang wurden verschiedene Ursachen verantwortlich gemacht: Überfälle von Wölfen und Adlern (eine große Bedrohung für die Kitze), Überweidung, übermäßiges Schlachten und das Vermischen der Herden mit wilden Karibus.

Der tiefere Grund aber, sagte mir ein Historiker, der sich mit der Sache beschäftigt hatte, lag darin, daß das Projekt aus der Sicht der Ureinwohner sinnlos war. Elche und Karibus verschwanden nicht, wie Jackson geglaubt hatte, und aufgrund von Jagdbeschränkungen gibt es noch immer viele davon; tatsächlich sind die Bestände heute im Anwachsen. Für einen Eingeborenen ist es vernünftiger, das Fleisch und die Häute, die er braucht, durch die Jagd auf wildlebende Karibus zu erhalten, die selbst für sich und ihre Jungen sorgen, als Rentiere einzupferchen, sie vor anderen wildlebenden Tieren zu schützen, ihre Kitze aufzuziehen und Futter für sie beschaffen zu müssen.[12]

Heutzutage gibt es nur noch wenige zahme Rentiere in Alaska, sie sind kaum von wirtschaftlichem Nutzen und haben keinerlei soziale Funktion. Das gleiche gilt allgemein für die Nutzviehhaltung in Alaska. Im Laufe der Jahre hatten viele erfahrene Rancher aus dem amerikanischen Westen geglaubt, daß Gegenden wie Wood Island, Kodiak und das Matanuska Valley bei Anchorage ideal für die Aufzucht von Rindern oder Schafen seien, doch alle Versuche schlugen fehl. Wenn Wölfe und Bären die Tiere nicht erledigten, dann waren es die vergleichsweise hohen Kosten der Aufzucht und des Absatzes.

Was die beiden anachronistischen Formen der winterlichen Landreisen betrifft – mit Hunde- und Rentierschlitten –, so überlebten nur Hundeschlittenrennen, heute ein Wettbewerbssport.[13] Niemand aber scheint sich noch für Rentiere zu begeistern, trotz Santa Claus. Viele der Männer, die S. Jackson zu Herdenaufsehern bestimmt hatte, um einen langsamen und konsequenten Aufstieg in die Zivilisation zu tun, haben verantwortungsvolle Stellungen im Luftfrachtgeschäft und im Lufttaxiservice.

Bei all seinen exzentrischen Eigenschaften war S. Jackson ein weitverbreiteter Typus: der Alleswisser (dessen Wissen sich angeblich sogar bis in die Zukunft erstreckte), der in einen Teil der Welt samt Bevölkerung eindringt, mit Phantasien, wie er alles verändern will, und der sich daranmacht, das in die Tat umzusetzen. S. Jackson glaubte, daß ihm seine Autorität direkt von Gott verliehen war, und manchmal sagte er das auch deutlich.[14]

Für Hannah Breece aber waren die Rentiere, nachdem sie sich in Iliamna niedergelassen hatten, auch weiterhin ein Ärgernis, wie wir noch sehen werden.

Die Bürokratie[15]

Als Hannah Breece die Schule und das Lehrerhäuschen in Iliamna zum ersten Mal sah, stellte sie fest, daß deren Standort äußerst ungeschickt ausgewählt war und die Pfade gefährlich schienen. Das war aber nur die eine Hälfte.

Sie wandte sich umgehend an ihren höchsten Vorgesetzten in Alaska mit der Bitte, graue Tapete oder Wandverkleidung zu bewilligen, um die schwarze Teerpappe an den Wänden des Klassenzimmers zu verdecken, die von abblätternder Farbe fleckig war. Sie bat außerdem, ihr auch einen besseren Schutz gegen die Kälte zu liefern. Beflissen fügte sie hinzu, dies seien geringfügige Probleme, die sie ihren Vorgängern nicht anlasten wolle, denn die hätten «in der kurzen Zeit, die sie hier waren, Wunder getan». Und wenn sie die Wahl zwischen ihrem Haus und der Schule hätte, «dann möchte ich lieber, daß das Schulzimmer schön ist, denn diese Kinder leben in so schäbigen Behausungen». Da die erbetene Wandverkleidung nicht im selben Winter zu ihr gelangte, heftete Hannah Breece etwas Papier an die Wände. Zwischenzeitlich erfuhr sie, daß die Wandverkleidung ungeschützt auf einem entfernten Dock lag und jetzt wahrscheinlich verrottet war.

Im April, nachdem sie den Winter in diesen Gebäuden erlebt hatte, schrieb sie eine weitere Wunschliste. Es erwies sich als Glücksfall, daß die Tapete nicht angekommen war, denn das Papier, das sie angeheftet hatte, war von dem eindringenden Regen schmutzig und unansehnlich geworden. «Nach vielem Nachdenken» sei sie zu der Überzeugung gelangt, daß es nichts Besseres zur Verkleidung gäbe als schweres Segeltuch, um Wind und Kälte abzuhalten. Es sei überdies sowohl sicherer als auch billiger zu befördern. Freilich würde Segeltuch zwei gute Schichten Farbe erfordern, doch Holz ebenso. Das Dach und der Fußboden müßten gestrichen werden, um Verschleiß vorzubeugen. Nicht zuletzt waren die Wände des Blockhauses undicht. Die Ritzen waren so schlecht gefüllt, daß der Wind die Füllung herausgeblasen hatte. Diese Mängel zogen astronomische Mengen Brennholz nach sich. Und das war ein weiterer Punkt: Es gab keinen Holzschuppen. Durchnäßtes Holz, das von einem Holzstapel draußen hereingebracht wurde, nahm zuviel Raum im Klassenzimmer ein, weil es tagelang trocknen mußte und das Zimmer unangenehm feucht machte. Es gab keinen Platz, wo man Kleinholz hacken konnte, außer im Klassenzimmer. Sie skizzierte einen Plan für einen Holzschuppen und betonte, daß sein Boden über den Erdboden erhöht werden müsse. Für das Schulzimmer benötigte sie zusätzlich einen Schrank mit einem Schloß daran, um die Lebensmittel sicher zu verwahren.

Das Lehrerhäuschen war Wind und Wetter noch stärker ausgesetzt und noch kälter als das Schulhaus. Die Fensterrahmen waren nicht abgedichtet und mußten herausgenommen werden, um das Versäumnis nachzuholen. Doch sie waren so fest an die Balken geschraubt worden, daß man sie zerstören mußte, um sie zu entfernen. Hannah Breece bezweifelte, ob die Zimmer im Obergeschoß jemals im Winter bewohnbar gemacht werden könnten. Die offene Treppe, die zu ihnen hinaufführte, «eine Falle und ein Wahnsinn in diesem Klima», mache es unmöglich, den ersten Stock zu heizen, deshalb müsse die Treppe mit einer Tür und einer Trennwand abgesperrt werden. An dem steilen Pfad zum Fußweg war ein Geländer dringend erforderlich, weil der ebene Weg zum Dorf im Winter glatt wie ein Gletscher war und ihn deshalb niemand benutzte.

Von einem «cleveren» weißen Mann habe sie erfahren, daß das Grundstück nie vermessen worden war und somit für

Übergriffe offen sei. Deshalb drängte sie, daß die Grenzen festgelegt würden, wobei genügend Platz für einen Schulgarten auf einem flachen sonnigen Stück Land nahe beim Häuschen berücksichtigt werden möge.

Sie fügte eine knappe formelle Wunschliste bei, die alles enthielt, bis hin zu Haken, Türknauf und der Arbeit, die in Auftrag gegeben werden müßte, und sie unterließ nicht hinzuzufügen: «Information, Land der Regierung der Vereinigten Staaten betreffend.»

Dies alles ging an Mr. William T. Lopp in Nome, der nun der Leiter der Erziehungsabteilung in Alaska war. Obwohl Hannah Breece es wahrscheinlich nicht wußte, so versetzten diese Forderungen Mr. Lopp doch in eine unangenehme Lage. Informationen, in die Hannah Breece nicht eingeweiht war, sind heute jedem, der daran interessiert ist, in Archiven des Innenministeriums auf Mikrofilm zugänglich, die verstreut in verschiedenen Bibliotheken in Alaska, Seattle und Washington liegen. Das Archiv, das ich besuchte, in dem das Material über die Iliamna-Schule und die Rentierstation zu Hannah Breece' Zeiten verwahrt wird, befindet sich in Anchorage.

Architekt und Bauherr der Schule war Dr. Henry O. Schaleben, von dem wir noch mehr hören werden. Nachdem er seine Arbeit an der Schule beendet hatte und das Ergebnis Mrs. Breece hinterließ, beantragte er eine Kostenüberschreitung von zweihundert Dollar über die bewilligten viertausend hinaus. Die Überschreitung war eine so ernste Angelegenheit, daß sie den Weg durch zahlreiche Ebenen der Bürokratie bis zum Sekretär des Innenministeriums zurücklegen mußte. Er bewilligte den Antrag auf Geheiß der Erziehungsbehörde seines Ministeriums, die sich wiederum auf das verließ, was der Leiter seiner Behörde in Seattle geschrieben hatte, und dieser Mann hatte sich auf Versicherungen von niemand anderem als Mr. Lopp verlassen.

Mr. Lopp hätte Hannah Breece' Forderungen und ihre Begründungen auf denselben bürokratischen Weg schicken müssen – wenn auch in diesem Falle nicht bis zum Sekretär des

Innenministeriums – wie seine früheren Versicherungen über die befriedigende Arbeit des Architekten. Wie peinlich für Mr. Lopp!

Es wird nicht klar, wieviel von Hannah Breece' Wunschliste er nach und nach bewilligte. Anscheinend bekam sie nie den Holzschuppen, doch sie erhielt den Schrank fürs Klassenzimmer. Und als der Sommer kam, beschäftigte sie einen Arbeiter, der Erde um die beiden Gebäude aufschüttete und die Ritzen zwischen den Balken abdichtete. Sie ließ den Arbeiter die Erde zu beiden Seiten des Pfades abtragen, so daß dieser gleichzeitig verbreitert und sicherer gemacht wurde, und ließ ihn ein Geländer anbringen. Mr. Lopp beschwerte sich über die Kosten der Arbeit, und sie antwortete, aus Mangel an Geräten, selbst ein Schubkarren fehle, sei die Arbeit zeitraubend gewesen.

In ihren Aufzeichnungen malt Hannah Breece uns ein sonniges Bild ihrer Beziehungen zu Lieferanten und Vorgesetzten – so sehr, als man versucht ist zu glauben, sie würde innerhalb einer Bürokratie arbeiten, die auf wundersame Weise Tüchtigkeit mit Flexibilität paarte und Umsicht mit mitfühlendem Vorstellungsvermögen. Doch Mrs. Breece läßt einfach die Fehlleistungen, die Kleinlichkeiten, Beschränktheiten und Versäumnisse, die ihr so viele Enttäuschungen und Sorgen bereiteten, aus.

Hannah wurde routinemäßig von Mr. Lopp wegen der Schulkosten, die sie einreichte, schikaniert, und wenn seinem Scharfblick etwas entging, dann gewiß nicht der Behörde in Seattle. Zum Beispiel waren unter ihren bescheidenen Kosten für die Sommerschule im Fischfanglager von Nondalton die für die Vorbereitungen einer patriotischen Feier zum 4. Juli. Sie stellte Tee, Mehl, Rosinen und Süßigkeiten für die Kinder zur Verfügung. Sie stiftete auch den Preis einer Harmonika für den Jungen, der sie am besten spielen konnte. Am Schluß ihrer Forderung steht die Anmerkung der Behörde in Seattle: «Süßigkeiten und Harmonika nicht bewilligt, 1.60 Dollar.»

Mr. Lopp gehörte zu einer bürokratischen Schicht, die aus Gründen, die ich später erklären werde, zwischen die Behörde in Washington und Angestellte wie Hannah Breece geschoben worden war. Er war ein Pfarrer der Kongregationalistenkirche aus Indiana und zudem einer der ersten vier Lehrer für Eskimos, die Sheldon Jackson aus vierundzwanzig Bewerbern ausgewählt hatte. Sie hatten auf Anzeigen in kirchlichen Nachrichtenblättern geantwortet. Mr. Lopp war einer von S. Jacksons frühesten und loyalsten Statthaltern in dem großen Rentierprojekt, und in dieser Eigenschaft hatte er bei einem Schiffbruch im hohen Norden bemerkenswerte Heldentaten vollbracht.[16]

Dr. Schaleben, der Architekt und Erbauer der haarsträubend schlechten Schule und Lehrerbehausung von Iliamna, war ein junger Arzt, der mit seiner Frau Gertrude Ramslund Schaleben in Minnesota angeworben worden war[17]. Unmittelbar nach seiner Einstellung erhielt er den Auftrag, die Schule in Iliamna zu entwerfen und zu bauen. Das Ehepaar sollte dann dort seßhaft werden. Seine Frau sollte die Lehrerin sein und er als Beamter des Gesundheitsdienstes und Arzt zahlreiche Eingeborenendörfer betreuen. Das war der Plan. Jedoch nach einem Winter in ihrer neuen Schule und Wohnung wurden sie (auf wessen Initiative, ist den Archiven nicht zu entnehmen) nach Koggiung am Beringmeer versetzt, wo Dr. Schaleben eine weitere Schule bauen sollte. Vermutlich hatte der Arzt aus seiner Erfahrung etwas gelernt, denn das Ehepaar blieb an dieser Schule, und Mr. Schalebens Bruder, ebenfalls Lehrer, schloß sich ihnen an. Der Umzug der Schalebens nach Koggiung war der Grund, weshalb der Posten in Iliamna, den Hannah Breece sich so sehr gewünscht hatte, ihr schließlich zufiel.

Hannah Breece erwähnt in ihren Erinnerungen, daß sie, als sie auf ihre Irrfahrt geschickt worden war, um eine Schule auf der Rentierstation zu eröffnen, die Erlaubnis hatte, dort ein oder zwei Gebäude errichten zu lassen. Keine Erlaubnis hatte sie, in Iliamna, wo die Schule eigentlich sein sollte, zu bauen oder Geld auszugeben, und sie wandte sich in dieser Angelegenheit an Washington. Der nächste Schritt wäre konsequenterweise gewesen, sie nach Iliamna zu verpflichten und ihre

Bauerlaubnis nach dort zu übertragen. Das ist schlicht und einfach auch das, was Hannah Breece gehofft und erwartet hatte. Und wir dürfen sicher sein, ihre Gebäude wären gut abgedichtet, auf festem Grund gebaut, mit einem Holzschuppen ausgestattet und selbstverständlich auf vermessenem Land errichtet worden.

Die Behörde in Washington verpatzte das, weil 1906, im Jahr von Hannah Breece' vergeblicher Reise zur Rentierstation, eine zusätzliche bürokratische Reform in die Wege geleitet wurde. S. Jackson (in seinem Brief an Hannah, siehe S. 239) hatte sich zu früh über die Wahl von Präsident Theodore Roosevelt gefreut. Wegen Ärgers in Alaska über den dortigen Einfluß presbyterianischer Missionspolitik und über Presbyterianer in hohen Stellungen sowie Klagen über die fehlende Selbstverwaltung verlangte Roosevelt einen Bericht zur Situation. Der Verfasser des Berichts, Frank C. Churchill, ein Beamter des Innenministeriums, äußerte sich extrem negativ über S. Jacksons Verwaltung der Schulen, das Rentierprojekt und die Vermischung von Verpflichtungen gegenüber Staat und Kirche. S. Jacksons Biograph A. J. Lazell sagt, F. Churchill habe seine Kritik mit ungenügenden oder überhaupt keinen Beweisen begründet und eigene Vorschläge gemacht. Churchill bemerkte jedenfalls: «Ich wüßte keine negative Kritik über die Qualität der Dienstleistungen der beschäftigten Lehrer zu äußern.»

Als rasche Reaktion auf die Feindseligkeit gegenüber dem presbyterianischen Einfluß verlangte Roosevelt den Rücktritt von Gouverneur Brady, einem Unternehmer, der zugleich aber das Pech hatte, als Protegé Sheldon Jacksons nach Alaska gekommen zu sein. Als Gouverneur war Brady tatsächlich kein besonders eifriger Unterstützer von Jacksons Missionspolitik (zum Beispiel war er kein Prohibitionist), und er war auch keinem wirtschaftlichen Druck unterworfen. Er war wohl der gerechteste und fähigste Gouverneur, den Alaska bisher gehabt hatte. S. Jackson wurde nicht zum Rücktritt als Leiter der Erziehungsbehörde aufgefordert, doch im folgenden Jahr, 1907, trat er aufgrund seines Alters und seiner schlechten Gesundheit freiwillig zurück – mit wenig Dank von der Regierung. Er starb 1909.

Churchill empfahl unter anderem dringend, daß möglichst Personen mit medizinischen Kenntnissen als Lehrer in der Arktik und Subarktik beschäftigt werden sollten, außerdem, daß sowohl von Nome wie auch von Washington aus schärfere bürokratische Kontrolle über Schulen und Rentierstationen ausgeübt werde.

Die Kleinlichkeit von Mr. Lopp und der Behörde in Seattle in Dingen wie Harmonikas und vielem anderen, daß zum Beispiel Reisekostenformulare nicht umgangen werden durften, selbst wenn sie nicht geliefert worden waren, oder die Beauftragung eines Arztes ohne jede Erfahrung im Bauwesen, eine Schule zu bauen, gehörten offensichtlich zu den Versuchen – um es bürokratisch auszudrücken –, neue Richtlinien durchzusetzen. Was Hannah Breece betraf, war die Reform keine Verbesserung, im Gegenteil.

Etwa gleichzeitig mit seiner Versetzung von Iliamna nach Koggiung wurde Dr. Schaleben zum Bezirksinspektor von vier Schulen ernannt, eine davon war die in Iliamna. Hannah Breece hatte sich sehr darauf gefreut, die Schalebens kennenzulernen, und erwartete gespannt einen versprochenen Besuch des Arztes, um mit ihm über ihre Arbeit zu sprechen, seinen Rat einzuholen und ihm ihre Berichte vorzulegen, die an Mr. Lopp und dann nach Washington weitergeleitet werden sollten. Doch der Besuch des Arztes fand nicht statt, auch ging er kaum auf ihre Mitteilungen ein, so daß sie offenbar daraus schloß, daß er an der Schule und ihrer Arbeit uninteressiert war. Als sich das Schuljahr im April seinem Ende näherte, unternahm sie enttäuscht einen drastischen Schritt und überging den uninteressierten Arzt. Sie schickte ihren Bericht über den Schulbesuch und andere schulische Angelegenheiten einem anderen Arzt, Dr. Romig, dem Bezirksschulinspektor von Seward. Sie benutzte die unaufrichtige Entschuldigung, daß sie hoffe, da Dr. Schaleben mit «Hilfsinspektor» und nicht mit

«Bezirksinspektor» unterzeichnete, nichts Unrechtes zu tun. Seward sei der logischere Sitz für den Schulrat von Iliamna, wagte sie zu behaupten. Sie erhielt eine freundliche Antwort mit einem Lob über ihren Bericht und ihre Arbeit und der Versicherung, daß die Berichte nach Washington weitergeleitet würden. Doch wurde auch richtiggestellt, daß Seward nicht für Iliamna zuständig sei.

Damit war Hannah Breece wieder auf den uninteressierten Dr. Schaleben zurückverwiesen. Bevor das zweite Schuljahr begann, unternahm sie auf eigene Initiative ihre gefährliche Reise nach Koggiung, um endlich mit dem Arzt persönlich ins Gespräch zu kommen und seine Entscheidungen und Vorschläge über das Nothilfsprogramm zu hören. Die Vorschläge sollte er dann weiterleiten (wahrscheinlich an Mr. Lopp) und auf Antwort warten. Ihre in den Erinnerungen nicht näher angegebenen Schulangelegenheiten, die sie erledigen mußte, betrafen Nondalton. Nach ihrer Rückkehr von der Sommerschule im Fischfanglager hatte sie einen langen Bericht über die dortige Schulsituation geschrieben sowie einen Bericht über ihre Arbeit im Sommer, und sie schlug für den nächsten Sommer eine sechsmonatige Schulperiode in Nondalton vor, die beginnen sollte, sobald das Schuljahr in Iliamna zu Ende war. Sie gab diesen Bericht dem Arzt und erhielt die Versicherung, daß er seine eigene Empfehlung hinzufügen würde.

Offenbar war diese Zusammenkunft mit dem Arzt nicht besonders erfreulich. Die Schalebens luden sie nicht einmal zum Essen in ihr Haus ein – unter den gegebenen Umständen ein ungewöhnlicher Verstoß gegen die Gastfreundschaft oder eine Brüskierung. Sie waren jung, und vielleicht wirkte Hannah Breece auf die Schalebens wie eine langweilige alte Umstandskrämerin, oder vielleicht war es ihnen peinlich, daß sie wußte, wie schlecht die Schulgebäude in Iliamna waren.

Doch viel schlimmer war das Schicksal ihres Vorschlags für Nondalton. Er wurde in Washington nie auch nur in Erwägung gezogen, denn ihre Berichte und anderes Material waren dort überhaupt nicht eingetroffen, ja, sie waren noch nicht einmal bis zu Mr. Lopp gelangt. Hannah Breece erfuhr dies zufällig, unmittelbar bevor der Winter sie vom Verkehr abschnitt und es für weitere Mitteilungen nach Washington zu spät war. Doch Hannah Breece nahm zu Dr. Schalebens Gunsten an, daß er seine versprochene Empfehlung zwar abgeschickt habe, sie jedoch ohne begleitendes Material für die Empfänger keinen Sinn ergäbe. Soweit in den Archiven ersichtlich, gibt es allerdings keinen Hinweis, daß Dr. Schaleben irgend etwas abgeschickt hatte. Das war eine bittere Enttäuschung für Hannah Breece.

Zwei Monate nachdem sie feststellen mußte, daß ihr Vorschlag in ein schwarzes Loch gefallen war, erhielt sie endlich einen Besuch von Dr. Schaleben in seiner Eigenschaft als Arzt. Er war der in ihren Aufzeichnungen erwähnte Arzt, der die Kranken untersuchte, ihr Ratschläge über deren Behandlung erteilte und dessen Frau ihr ein Huhn und einen Liter gefrorene Milch geschickt hatte.

Es muß bei ihrem Besuch in Koggiung gewesen sein, als der Arzt ihr den unerwünschten Titel «Assistentin des Direktors» der Rentierstation aufhalste. Zu all seinen vielen anderen Pflichten und Titeln war der Arzt jetzt auch noch Leiter der Rentierstation. Der Nachfolger für Mr. Redmyer hatte sich ebenfalls nicht bewährt, und so hatte man dem Arzt auch noch dieses Amt aufgebürdet. Die Aufgabe, die er Hannah Breece übertrug, schien einfach zu sein: Sie sollte dafür sorgen, daß ein Rentier aus der Herde eines Ureinwohners zu Samuel Foss, einem weißen Geschäftsmann in Iliamna, befördert wurde, damit sollte eine Schuld beglichen werden.

Die genauen Einzelheiten dieser Angelegenheit sind zu langweilig, um sie wiederzugeben. Doch das Ergebnis war, daß Mr. Foss und seine Frau – sie behauptete, eng mit den Schalebens befreundet zu sein, was Hannah Breece glaubte – versuchten, Hannah zu bedrängen, ihnen erst zweieinhalb, später drei Rentiere aus der Herde des Ureinwohners zu geben. Als Hannah Breece bei ihrer schriftlichen Vollmacht für ein Tier blieb, machten Mr. Foss und seine Frau Front gegen sie unter den

Weißen. Entweder mußte Dr. Schaleben seine Anweisungen ändern oder Hannah Breece anderweitig unterstützen. Doch obwohl sie ihm ausführlich und in offensichtlicher Aufregung darüber berichtete, ließ er die häßliche Situation einfach weiterschwelen.

Während dieses zweiten Winters trug Hannah Breece außerordentlich schwer an ihrer Isolation. Sie hatte sich bei einer Gruppe von Weißen noch unbeliebter gemacht, weil sie die Einfuhr einer großen Ladung Whisky zu verhindern suchte. Ein Teil einer früheren Lieferung war illegal an Ureinwohner verkauft worden, und sie wußte, daß das wieder geschehen würde. Außerdem behaupteten ein paar Männer unter den Ureinwohnern, daß die Nahrungsmittel aus der Nothilfe ein Geschenk der Weißen in Washington waren und Hannah Breece nichts damit zu tun habe. Sie hatte Grund anzunehmen, daß diese Ureinwohner von den Weißen, die sie sich zu Feinden gemacht hatte, angestachelt worden waren.

Sie hatte niemanden, mit dem sie über die Probleme sprechen konnte, außer dem Berichterstatter der Regierung, einem Angestellten, ohne dessen Rat, wie sie später nach Washington schrieb, sie völlig allein dagestanden hätte. Sie begann auch, sich zu fürchten. Im März, als der Winter sich seinem Ende näherte, schrieb sie in einem privaten Brief an Elmer E. Brown, der nun Sheldon Jacksons Stelle bekleidete, es sei ihr zu Ohren gekommen, daß Gegner beabsichtigten, sie in diesem Sommer von hier zu vertreiben. Sie fügte ihren Antrag bei, noch für ein drittes Jahr nach Iliamna verpflichtet zu werden. Sie schrieb:

> Ich habe keine Angst um meine Stellung (solange Sie nur die wahren Verhältnisse verstehen). Ich habe zu großes Vertrauen in das Ministerium, als daß ich glauben könnte, man würde mich zurückrufen, ohne die Wahrheit zu kennen. Sie erinnern sich, ich habe ein Monatsgehalt von 100 Dollar ausgeschlagen, um zu diesen Leuten zu kommen, und ich würde nicht darum bitten, zu bleiben, wenn ich nicht

glaubte, es sei im besten Interesse der Arbeit hier. Ich kann mit den Indianern auskommen, und wenn es bekannt wird, daß *Sie* zu mir stehen, werden die anderen Schwierigkeiten wieder in Ordnung kommen.

Doch wenn es irgendwie herauskommt, daß ich diesen Brief geschrieben habe (Doktor Schaleben nicht ausgenommen), dann möchte ich genug Zeit haben, um rasch aus diesem Land herauszukommen. Ich bin zu einsam ...

Ich mache mir ziemliche Sorgen um meine Stellung ... Es wäre schrecklich, den ganzen Winter hierbleiben zu müssen, wenn eine andere Lehrerin geschickt werden würde. Oktober ist ein unsicherer Monat, und ich glaube, in den letzten zwei Jahren ist im September kein Schiff mehr (bis A. C. Point) gekommen. Hier gibt es keine freie Hütte, und ich wüßte nicht, was ich tun sollte.

H. Breece machte darauf aufmerksam, daß das Amt des Regierungskommissars seit dem vergangenen Oktober nicht besetzt war, und sie empfahl den Berichterstatter Thomas Hanmore als einen integren Mann mit wenigen Feinden, der einen unvoreingenommenen Bericht über die Verhältnisse geben könne. Der letzte Absatz des Briefes ist im Plauderton geschrieben über einen lieben Freund aus Alaska, der in Seattle Präsident Taft kennengelernt hatte. Der Präsident habe ihm ein Foto in einem Ebenholzrahmen mit einer persönlichen Widmung geschenkt. Damit wollte sie offensichtlich andeuten, daß, wenn ihr Alptraum Wahrheit würde und sie sich von der Außenwelt abgeschnitten und verlassen in Iliamna befände, der Präsident es erfahren würde. Ihr Griff nach diesem kläglichen Strohhalm politischen Drucks – ihr so unähnlich – zeigt, wie beunruhigt sie gewesen sein muß.

Ihr Brief trägt den Stempel des Empfangstags in Washington, 20. Mai 1911. Am selben Tag erhielt das Ministerium einen Brief von Hannah Breece' Nichte Martha Robison mit der Mitteilung, sie habe seit vergangenem Oktober weder direkt noch indirekt von Miss Hannah Breece etwas gehört und ihre

Familie und Freunde seien allmählich sehr beunruhigt. Wahrscheinlich schadete es nichts, daß Miss Robison auf einem Papier mit dem Briefkopf ihres Arbeitgebers, des Presbyterian Board of Home Missions, geschrieben hatte. Fünf Tage später erhielt sie zur Antwort, das Ministerium habe soeben Briefe von Miss Breece erhalten, die ersten seit Oktober, und sie sei «gesund und munter, glücklich in ihrer Arbeit, und sie ersuche um ihre Wiedereinstellung für ein weiteres Schuljahr, das im September beginnt».

Bald darauf bekam Hannah Breece die Bestätigung ihrer Wiedereinstellung. Sie erhielt sogar eine Gehaltserhöhung auf 95 Dollar monatlich. Der Alptraum war vorüber.

Hannah Breece war nicht die einzige, die unter der Sorglosigkeit ihres Schulinspektors zu leiden hatte. Ihre Nachfolger als Lehrer in Iliamna waren ein Mann namens J. L. Brown und seine Frau. In ihrem ersten Winter schrieb Mr. Brown an Mr. Lopp, daß Dr. Schaleben ihm Verpflichtungen bezüglich der Rentierstation übertragen habe. Brown hatte festgestellt, daß der Herdenführer «schlechten Gebrauch von seiner Autorität» mache und Tiere schlachte, nur um eine große Leistung aufzuweisen. Als Brown dem Herdenaufseher sagte, er müsse sich um seine Herde kümmern, weigerte sich der Mann. Mr. Brown suspendierte ihn und forderte seine Entlassung. Dr. Schaleben aber, anstatt die Suspendierung zu unterstützen, verlangte, daß Brown den Mann wieder zur Arbeit schickte. «Will er, daß ich ihn mit Gewalt zurückschicke?» schrieb Brown und fügte hinzu, der aufsässige Herdenaufseher habe nun den Eindruck, daß Brown niemanden suspendieren dürfe, und er würde unter den anderen Herdenaufsehern Unruhe stiften. Brown schloß seinen Brief an Mr. Lopp folgendermaßen: «Ich möchte mich über niemanden beschweren. Daher möchte ich Sie nur bitten, diese Stelle am Ende des Jahres als offen zu betrachten und mich entweder anderswohin zu schicken oder mir zu gestatten, den Dienst zu quittieren.»

Es ist schwer, Mr. Schaleben zu beurteilen. Er und seine Frau wurden als heroische, tatkräftige, charmante Menschen und engagierte, begabte Lehrer viel bewundert. Sie gelten noch heute als hervorragende Pioniere der Erziehung in Alaska.

Wir können mit Sicherheit annehmen, daß der Arzt überarbeitet war. Er war der einzige Arzt, der die Einwohner in einem Umkreis von mehreren tausend Quadratkilometern betreute. Wenn man seine vielen zusätzlichen Pflichten in Betracht zieht, braucht man sich nicht zu wundern, daß er manche Bitten um Gehör und um Entscheidungen zurückwies und es anderen überließ, die Konsequenzen zu tragen, so gut sie konnten. Seine eigenen Briefe an Vorgesetzte strahlen Optimismus und Selbstvertrauen aus.

Die Probleme in Fort Yukon

Mit ihrer guten Ernährung, ihren Teppichen und Abendkleidern aus Satin waren die Ureinwohner in Fort Yukon viel reicher als diejenigen in Afognak, Iliamna und Nondalton. Eine Lehrerin, deren Ziel es war, Kindern zu helfen, den ersten Schritt aus der Armut zu tun, warum wählte sie eine so wohlhabende Siedlung? Und warum wählte sie, die anstrengende Aufgaben bevorzugte, eine bereits gut etablierte Schule, wo nach ihren eigenen Worten die Lebensbedingungen und Arbeitsverhältnisse leicht und routinemäßig waren? Hannah erwähnt nur, daß ihr die Interessen der Eingeborenen am Herzen lagen.

Auf heutige Verhältnisse übertragen, hätte sie sich eine Gemeinde ausgesucht, die in Geld schwimmt, doch von Problemen wie Kokain und Aids heimgesucht wird. Alkohol in rauhen Mengen – teils mit Lizenz importiert und dann illegal an Eingeborene weiterverkauft, teils durch zum Beispiel Postboten eingeschmuggelt – demoralisierte und tötete die Ureinwohner von Fort Yukon, und erschreckend viele starben an Krankheiten, die bei ihnen bisher unbekannt gewesen waren. Hudson Stuck, der Erzdiakon von Yukon, hatte die Statistiken

Dr. Henry O. Schaleben, zweiter von rechts, mit einheimischen Führern. *Mrs. Ray F. Schaleben*

der steigenden Sterblichkeit und fallenden Geburtenrate in diesem und anderen Handelsstützpunkten im hohen Norden verfolgt. Er schloß daraus, daß die athabaskischen Indianer vom Aussterben bedroht waren, wenn nicht Gesetze gegen skrupellose Weiße, die sie ausbeuteten, in Kraft gesetzt würden oder wenn sie sich nicht in entfernte, von Weißen isolierte Siedlungen zurückzogen.

Doch das Gesetz war machtlos, weil eine Anzahl korrupter Bezirkspolizeichefs mit den Gesetzesbrechern im Bunde waren. Fort Yukon war eine weit offene, lasterhafte Stadt, reichlich ausgestattet mit Saloons, Spielhöllen und Bordellen. Mit Alkohol als Lockmittel wurden junge Indianerfrauen zur Prostitution verleitet, und Väter und Ehemänner wurden überredet, ihre Töchter und Frauen gegen Alkohol, seidene Schirme und anderen «glitzernden Tand» einzutauschen.

Erzdiakon Stuck hatte Hannah nicht nur zum Unterrichten nach Fort Yukon kommen lassen, sondern sie sollte am Kampf um die Durchführung der Gesetze mitwirken. In ihren Erinnerungen erwähnt sie die Institution eines Stadtrats der Ureinwohner, an dem sie als Vertreterin der Regierung teilnahm. Mit diesem Gemeinderat versuchte der Erzdiakon, eine teilweise Selbstbestimmung sowie die Selbstdisziplin der Ureinwohner zu fördern. Hauptsächlich hatte der Rat die Funktion, die Indianer, die dem Alkohol verfielen, zu ermahnen und wenn nötig zu bestrafen. Diese Maßnahmen erwiesen sich als wirkungslos, und daher gingen während Hannah Breece' zweitem Jahr in Fort Yukon der Erzdiakon und seine wenigen Verbündeten zum Angriff über.

Zu diesem Zweck versuchte der Erzdiakon Dr. Grafton Burke, einen jungen Missionsarzt der Episkopalkirche, für den Posten des US-Kommissars und Friedensrichters zu gewinnen. Der Arzt weigerte sich, bis Stephen Crow, ein junger indianischer Trapper, den er kannte, erfror, weil er sinnlos betrunken war, und Frau und zwei kleine Kinder zurückließ, die die Burkes in ihre Obhut nahmen. Der Händler, der Crow den Whisky verkauft hatte, ging straflos aus, weil sich kein öffentlicher Ankläger fand, der ihn strafrechtlich verfolgen wollte. Dies empörte Dr. Burke dermaßen, daß er einwilligte, das Amt zu übernehmen. Der Erzdiakon sorgte dafür, daß der Richter F. E. Fuller in Fairbanks ihn berief. Die Stelle war unbesetzt und auch nicht begehrt, da kein Gehalt für sie vorgesehen war. Doch konnte, wie der Titel Kommissar besagt, der Amtsinhaber für seine Amtsgeschäfte wie zum Beispiel das Registrieren von Claims oder das Ausstellen von Lizenzen Gebühren oder Kommissionen erheben.

Als Kommissar und Friedensrichter repräsentierte Dr. Burke die Kraft des Gesetzes, und er war ermächtigt, Zeugen vorzuladen, örtliche Rechtsfälle zu entscheiden und sie gegebenenfalls an ein Geschworenengericht weiterzuleiten. Ohne auch nur die geringste Zeit zu verschwenden, klagte er drei Weiße an und lud sie vor ein Geschworenengericht in Ruby. Zwei von ihnen wurden beschuldigt, Alkohol an Ureinwohner verkauft zu haben, und einer wurde angeklagt, in eheähnlicher Gemeinschaft mit einer Ureinwohnerin zu leben. Das

Beweismaterial gegen alle drei schien hieb- und stichfest zu sein.

Die Anklage auf eheähnliche Gemeinschaft bedeutet nichts anderes als die Beschuldigung, vom Ertrag der Prostitution zu leben. Der Erzdiakon schrieb in einem Artikel in einer New Yorker Zeitung zu dem Fall, es sei nicht nötig, solche Männer zu beschreiben, weil Robert Service in den «Balladen vom Yukon» dies bereits in seiner Beschreibung des *erbärmlichen Weißen* getan habe, und er habe diesen «verabscheuungswürdigen Typen» nicht zu schwarz gemalt. Hier sind die ersten zwei und die letzte Strophe des Gedichts «The Low-Down White»:

Heut ist Zahltag im Bergwerk, wenn die
bärtigen brutalen Kerle herunterkommen;
heut nacht gibt's Geld wie Heu in den Straßen,
und ich hab mein Indianerweib in die Stadt geschickt,
mit ihrem verhärmten Gesicht und einem roten Band
geflochten in ihr braunes Haar.

Und ich weiß, im Morgendämmern wird sie heimwärts
torkeln mit den Flaschen, eins zwei drei –
eine für sich selbst, um ihre Schande zu ertränken,
und zwei große Flaschen für mich,
damit ich den vergesse, der ich heute bin, und den
Mann, der ich einmal war . . .

Wenn der Morgen graut, wird sie kommen, und der
Morgen graut schon bald; ich sehe seinen bösen
  Schimmer,
wie ein Grablicht durch eine frostige Scheibe
in einer Nacht voll Jammer und Weh;
und dort kommt sie an der tristen Baracke vorbei
rasch wankend durch den Schnee.[18]

Der erbärmliche Weiße, den Dr. Burke verklagte, war ein junger Bursche, dessen brandigen Arm der Arzt vor ein paar Jahren gerettet hatte. Nun stellte er absichtlich seine «ungesetzliche eheähnliche Gemeinschaft» zur Schau, um den Arzt herauszufordern. Die beiden Whiskyverkäufer waren von der gleichen Sorte wie einer, dem wir bereits in Hannah Breece' Erinnerungen begegnet sind: Mrs. Millers Ehemann. Offensichtlich hatten aber die beiden aus Fort Yukon bessere Beziehungen als Mr. Miller.

Hannah Breece unternahm die luxuriöse Reise auf dem Yukondampfer, um bei der Anklageerhebung gegen die drei Männer vor dem Geschworenengericht in der kleinen Stadt Ruby am Yukon als Zeugin auszusagen. Die Reise war ein Erfolg, alle drei wurden angeklagt.

Dann, im Januar 1914, fanden ihre Prozesse in Fairbanks statt, bei welchen Hannah Breece ebenfalls aussagte – der Grund für die lange Hundeschlittenfahrt und die nicht näher bezeichneten Sorgen, die sie erwähnte. Der Ankläger, Staatsanwalt Mr. James J. Crossley, war ein mutiger Mann, der seit Jahren gegen die Erteilung von Alkohollizenzen gekämpft hatte, die offensichtlich den Verkauf von Spirituosen an Indianer förderten. Den Verteidiger schien das Beweismaterial, das Mr. Crossley vorbrachte, nicht zu beunruhigen, er behauptete lediglich, daß Mrs. Burke und Hannah Breece versuchten, die eingeborenen Zeugen durch Nicken oder Kopfschütteln zu beeinflussen, mit ja oder nein zu antworten.

Das Geschworenengericht in Fairbanks, das sich ausschließlich aus weißen Männern zusammensetzte, beriet zehn Minuten über jeden Fall und erklärte jeden der Angeklagten für nicht schuldig. Einer der vielen Vorwürfe, die von seinen Feinden gegen Mr. Crossley erhoben wurden, war, daß er ein «politischer Opportunist» sei, der «die Lebensweise des Westens» nicht verstehe. In diesem Falle ließ er das ungeschriebene Gesetz unberücksichtigt, daß kein weißer Mann in einem Prozeß, in den Ureinwohner verwickelt sind, gegen einen anderen Weißen aussagt und daß die Aussage eines Ureinwohners niemals gegen die eines weißen Mannes Geltung haben dürfe.[19]

Als die Burkes und Hannah Breece nach ihrer Niederlage in

Fairbanks nach Fort Yukon zurückkehrten, wurden sie zur Zielscheibe des Zorns von Ladenbesitzern, Salooninhabern und Händlern, die Indianer ausbeuteten.[20] Das war zu erwarten gewesen. Es war um so vernichtender, weil fast alle anderen Weißen in der Siedlung sich entweder von ihnen abwandten oder sie mieden. Erzdiakon Stuck war bei dem Prozeß nicht zugegen gewesen und erlebte auch nicht dessen Nachwirkungen in Fort Yukon. Er befand sich auf einer Dienstreise in Angelegenheiten der Kirche und der Regierung in New York und Washington. Doch in einem Artikel, der in der *New York Evening Post* erschien, schilderte er die Probleme:

> In Fort Yukon gab die staatlich angestellte Lehrerin, Miss Hannah Breece, Dr. Burke die loyalste Unterstützung und ließ sich von ihrem Anteil an Ablehnung und Unbeliebtheit nicht abschrecken ... Dieser junge Arzt, seine treue Gemahlin und die Lehrerin behaupten eine kleine Festung zur Verteidigung der Indianer ...

Dr. Burke war die Hauptzielscheibe. Seine Feinde versuchten, ihn wegen strafbarer Handlungen als Kommissar absetzen zu lassen. Als dies keinen Erfolg hatte, erhielt er anonyme Drohungen, und vor dem Missionsgebäude, wo die Burkes wohnten, wurden Schüsse abgefeuert. Dann zerstörte eine Dynamitexplosion die Veranda und sprengte die Fenster heraus. Einmal verfolgte ein betrunkener ehemaliger Bezirkspolizeichef den Arzt mit einer Pistole und einer Bärenklaue. Der Arzt schlug ihn mit seinen Fäusten bewußtlos. Früher hatten des Arztes «ansteckendes Lächeln, seine jugendlich gute Laune und seine Bereitwilligkeit, kostenlos Wunden zu vernähen und gebrochene Knochen von Weißen und auch Indianern einzurichten», ihn zum beliebtesten Mann der Stadt gemacht, wie Erzdiakon Stucks Biograph berichtet. Jetzt war er der am meisten verhaßte, obwohl man ihm widerwilligen Respekt zollte, weil er den Mann mit der Pistole und der Bärenklaue zusammengeschlagen hatte.

Eine Kampagne von nicht näher bezeichneten Verleumdungen richtete sich gegen Hannah Breece. Was immer auch die Schmähungen und Beschwerden waren, sie waren ernst und hartnäckig genug, um den Erzdiakon zu veranlassen, in Seattle und Washington für sie und Mr. Crossley zu bürgen und sie in einem Brief an Mr. Lopp zu verteidigen:

17. Juli 1914
An Bord des Dampfers *Delta*
bei Tanana, Alaska

Sir,
aus zuverlässiger Quelle ist mir bekannt, daß gewisse Personen in Fort Yukon Beschwerden gegen Miss Hannah Breece, die dortige staatlich angestellte Lehrerin, vorgebracht haben, und ich möchte Sie hiermit davon in Kenntnis setzen, daß diese Personen sehr unliebsame Bürger sind, und einige von ihnen sind noch nicht einmal Staatsbürger. Das gesetzestreue Element und die besten weißen Einwohner von Fort Yukon sind auf der Seite von Miss Breece, die in diese Auseinandersetzung hineingezogen wurde, weil sie als Zeugin von mir in meiner Eigenschaft als staatlicher Ankläger vorgeladen wurde, in unserem gemeinsamen Bemühen, die schrecklichen Zustände von Unmoral, Verbrechen und Laster zu bereinigen, die in Fort Yukon existieren, und die lasterhaften Weißen daran zu hindern, die besagten Indianer von ihrem Land zu vertreiben, auf dem sie seit so langer Zeit gelebt hatten.[21]
Nicht nur hat Miss Breece auf der Seite von Recht und Ordnung gestanden, sie hat auch, als sie in den Zeugenstand gerufen wurde, die Wahrheit gesagt, und dies weckte die bittere Feindschaft der gesetzlosen Elemente, die sie auf jede nur denkbare Weise behelligt und beleidigt haben.
Außerdem war A. F. Stowe, der erste Hilfspolizist, der hierhergeschickt wurde, ein Gewohnheitstrinker, und er wurde ausfallend gegenüber Miss Breece, denn er hatte sich auf die Seite der gesetzlosen Elemente geschlagen. Nach seiner Entlassung wegen Trunkenheit wurde der neue Hilfspolizist

Thomas E. Wonecoff, der ein Mitglied des Geschworenengerichts war, das versuchte, den Kommissar Dr. Grafton Burke wegen Vergehen in seinem Amt und anderer erfundener Klagen vor Gericht zu bringen, nur weil Dr. Burke versuchte, das Gesetz in Kraft zu setzen, nach Fort Yukon geschickt, als Belohnung für seine Dienste, weil er versuchte, Dr. Burke als Kommissar entfernen zu lassen und den Staatsanwalt ebenfalls, weil sie sich bemühten, für die Einhaltung der Gesetze und für Ordnung und Anstand in Fort Yukon zu sorgen. Und auch er versucht ohne Zweifel, Miss Breece das Leben schwerzumachen. Dieser Wonecoff wurde von seinem Pfarramt sowohl in der Episkopalkirche wie auch der Methodistenkirche entlassen und ist in jeder Hinsicht absolut unzuverlässig.

Miss Breece hat ihr Bestes getan, um die Indianer in Fort Yukon vor den boshaften Weißen zu schützen, und sie war den Indianerkindern in Fort Yukon eine edelmütige Mutter und hat ihren Lebensstandard gehoben.

Dr. Burke und Miss Breece bekleiden in Fort Yukon beide sehr schwierige Stellen, und meiner Meinung nach sollte jeder Regierungsbeamte, der den Indianern in Alaska zu helfen wünscht und der Ordnung und Anstand gewahrt und die Gesetze eingehalten wissen will, zu diesen beiden halten und ihnen jede Hilfe gewähren, was sowohl Richter F. E. Fuller und ich nach unseren besten Kräften versucht haben. Sollten Sie noch an weiteren Einzelheiten über die Verhältnisse in Fort Yukon interessiert sein, werde ich Ihnen gerne Auskunft geben.[22]

Später in demselben Jahr erhob Mr. Crossley erfolgreich Klage gegen weiße Übergriffe auf Indianerland (Vereinigte Staaten gegen Cadzow) in einem Prozeß, bei dem Richter Fuller den Vorsitz führte. Dies verursachte einen Aufruhr in ganz Alaska, und auf beide Männer wurde in Washington ein so intensiver politischer Druck ausgeübt, daß Präsident Woodrow Wilsons Administration sie beide aus ihrem Amt entließ.

Dr. Burke, der beabsichtigt hatte, zur medizinischen Fortbildung in die Vereinigten Staaten zurückzukehren, doch seine Abreise wegen des Prozesses und Handgemenges verschoben hatte, verließ Fort Yukon später im selben Jahr 1914, um im Bellevue Hospital der Medizinischen Fakultät der Cornell University in New York weiterzustudieren. Die Burkes kehrten 1916 nach Fort Yukon zurück. Da die Siedlung mit einem Nachfolger gestraft war, der weit weniger tüchtig war und dessen Frau als «zänkisch» galt, wurden sie von vielen früheren Kritikern reumütig willkommen geheißen. Die Burkes blieben in Fort Yukon bis zum Tode des Arztes, der 1937 im Alter von fünfundfünfzig Jahren an Krebs starb. Ältere Leute in der Gemeinde, die ihn als Kinder kannten, schwärmen heute noch von ihm.

Hannah Breece führte das Schuljahr noch zu Ende und trat dann ihre neue Stelle in Wrangell an. Warum hat sie ihr mutiges Eintreten für die Gerechtigkeit und seine Folgen in ihren Erinnerungen nicht erwähnt? Wohl kaum deshalb, weil es zu schmerzlich war, dabei zu verweilen. Sonst hätte sich wohl nicht unter den wenigen Briefen, die sie aufbewahrte, eine unterzeichnete Kopie des Briefes von Mr. Crossley an Mr. Lopp befunden. Ich habe Grund zur Annahme, daß sie sich gerne an diese turbulenten Ereignisse erinnerte. Darüber werde ich im nächsten Abschnitt des Buches berichten.

Es gab auch noch andere Gründe: Wie ich eingangs erklärte, stellte Hannah Breece ihr Erinnerungsbuch aus Briefen an ihre Familie und an Freunde zusammen. Vielleicht hatte sie ihre Briefpartner nicht beunruhigen und bekümmern wollen – so wie sie auch jede Anspielung auf ihre Ängste vermied, die sie in ihrem zweiten Winter in Iliamna fast zur Verzweiflung trieben. Doch ich vermute einen anderen Hauptgrund. Sie konnte diese Ereignisse kaum beschreiben, ohne die sittenlosen und erbärmlichen Zustände zu erwähnen, die damals unter den Ureinwohnern von Fort Yukon herrschten, und sie war entschlossen, daß sie nicht denselben Rassisten und Heuchlern, die sie bekämpfte, Material in die Hände spielen würde, was diese nur zu gerne aufgegriffen hätten.

Bei zwei Gelegenheiten überlegte Hannah Breece, den Schuldienst in Alaska zu verlassen, und erkundigte sich beim Amt für Indianerangelegenheiten (ebenfalls im Innenministerium) über die Möglichkeit, ihre frühere Arbeit unter den Indianern im Westen der Vereinigten Staaten wieder aufzunehmen. Beide Male gab der Alaska Service ihr zu verstehen, daß man nichts gegen ihre Versetzung einzuwenden hätte. Die erste Gelegenheit war nach ihrer Irrfahrt zur Rentierstation, als sie dann auf Wood Island festzusitzen schien.

Das zweite Mal war im Januar 1915, als sie sich, nach den Problemen in Fort Yukon, bei dem Amt für Indianerangelegenheiten entweder als Lehrerin oder vorzugsweise als Gemeindehelferin bewarb, die Hausbesuche machte und Frauen und Mädchen in den Künsten der Haushaltsführung und des Gartenbaus unterwies. Sie ließ auch durchblicken, daß sie am liebsten bei den Navajo arbeiten würde. Hier ist die vollständige Antwort, die sie erhielt:

> Gnädige Frau,
> in Beantwortung Ihres Schreibens vom 19. Januar möchte ich Ihnen mitteilen, daß, selbst wenn Sie wieder für eine Wiedereinstellung im Service in Frage kämen, Sie nicht zur Gemeindehelferin ernannt werden könnten, solange Sie nicht die erforderlichen Prüfungen abgelegt haben. Außerdem sind gegenwärtig keine Stellen im Navajogebiet offen, und auch ist dem Amt nichts bekannt von irgendwelchen offenen Stellen in absehbarer Zeit, für die Sie in Frage kommen könnten.
>
> Mit vorzüglicher Hochachtung
> (Stempel) E. B. Meritt
> Hilfskommissar

Möglicherweise hielt man sie für zu alt. Eine Notiz, die ihrer Bewerbung angefügt wurde, erwähnt, daß sie 1902 «43 Jahre alt und jetzt etwa 56 Jahre alt» war. Tatsächlich war sie fünfundfünfzig; keinesfalls ein hohes Alter für Lehrerinnen in solchen Stellungen.

Es ist aber auch möglich, daß sie sich den Ruf erworben hatte, für die Interessen der Ureinwohner Partei zu ergreifen und sie zu verteidigen. Sicher hatten die Beamten des Amtes für Indianerangelegenheiten den aufsehenerregenden Artikel Erzdiakon Stucks[23] in der New Yorker Zeitung gelesen, der vor weniger als einem Jahr erschienen war und in dem er die staatlich angestellte Lehrerin Miss Hannah Breece als eine Person beschrieb, die eine kleine Festung zur Verteidigung der Indianer behauptete. Sie müssen von seinen vielen Vorträgen über die Zustände und Ereignisse am Yukon gewußt haben – einige davon hatte er in Washington gehalten –, in denen er Hannah Breece namentlich lobend erwähnte.[24] Das Amt für Indianerangelegenheiten war, gelinde gesagt, nicht gerade dafür bekannt, die Interessen und Rechte der Indianer zu verteidigen. Nun, sie erhielt eine kalte und schroffe Antwort, eine unmißverständliche Botschaft: «Wir würden Sie nicht mit der Feuerzange anrühren.»

Kolleginnen

Eines Tages, als Hannah Breece meine Familie in Scranton, Pennsylvania, besuchte, begleitete ich sie zu einem Waisenhaus und Pflegeheim. Ich war damals elf Jahre alt. Wir besuchten eine alte Dame, die mit Hannah Breece zusammen in Fort Yukon unterrichtet hatte.

Sie war bettlägerig und in einem winzigen Zimmer untergebracht, aus einem schmalen Fenster ging der Blick auf eine Tankstelle, und mit nichts als einem eisernen Feldbett, einer trüben Lampe, die das kleine weiße Gesicht der alten Frau beleuchtete, und einer zerkratzten Kommode eingerichtet. Zwei Küchenstühle wurden für uns hereingebracht.

Dann – zu meiner Überraschung, denn die Umgebung hatte mich auf ein trauriges und langweiliges Martyrium vorbereitet – erfüllte eine Flut von Gelächter und Schwatzen das Zimmer. Es handelte sich um Leute, die ich nicht kannte, und Begebenheiten, die ich nicht verstand, und zu meinem Bedauern habe ich nur einen einzigen Satz behalten: «Er war von Syphilis zerfressen.»

Als die alte Dame das sagte, legte Hannah Breece den Finger an die Lippen, und die beiden hielten inne und warfen Seitenblicke auf mich. Ich verstand, daß ich nicht gehört haben sollte, was sie gerade gesagt hatte, und deshalb erinnere ich mich noch daran. Da die alte Dame es mit einem Kichern hervorgebracht hatte, war es wahrscheinlich Klatsch über jemanden, den sie nicht mochten. Auf unserem Heimweg sagte meine Tante, die alte Dame sei ein tapferer und wunderbarer Mensch und sie würde bald sterben.

Einige Jahre später, während eines ihrer seltenen Besuche, fuhren mein Bruder Jim und seine spätere Frau Kathy Hannah Breece zu einer armen Bergarbeitersiedlung außerhalb von Scranton, um eine andere alte Lehrerin aus Alaska zu besuchen. Jim und Kathy warteten draußen im Auto vor dem kleinen, baufälligen Haus, deshalb haben sie nicht einmal einen Fetzen der Unterhaltung mitbekommen, an den sie sich entsinnen könnten. Doch beide erinnern sich, wie freudig die beiden alten Frauen sich begrüßten und wie viel der Besuch Hannah Breece bedeutete.

Man fragt sich, wie viele alte, verarmte Alaska-Lehrerinnen über Amerika verstreut lebten: Menschen mit Erinnerungen, so lebhaft und so ungewöhnlich wie die von Hannah Breece.

Hannah mochte die anderen Lehrerinnen, und sie war gerne mit Menschen zusammen, die sie in Alaska gekannt hatte. Ein Besuch bei Dr. und Mrs. Coe führte sie 1915 zum ersten Mal nach McMinnville in Oregon. Dr. Coe war der Leiter der Baptistenmission gewesen, der sie in Wood Island eingestellt hatte, und seine Frau hatte Hannah Breece überredet, noch ein zweites Jahr dort zu bleiben.[25] Erzdiakon Stuck schrieb an Hannah Breece, sie solle sich gut in McMinnville erholen, verschrieb aber Tätigkeit als die beste Form der Erholung. Sie muß sich wohl genügend Tätigkeit in McMinnville verschafft haben, um den Entschluß zu fassen, dort zu unterrichten, nachdem sie Alaska verlassen hatte, und später dort auch ihren Ruhestand zu verbringen.[26]

Zu der Zeit, als sie mit mir die alte Lehrerin aus Fort Yukon besuchte, lebte Hannah bereits in McMinnville, und auf unserem Heimweg erzählte sie mir, der Ort habe, soweit sie wisse, das beste Klima auf der Welt. Es sei kühl und mild. Sie habe dort auch eine Menge guter Freunde, fügte sie hinzu. Später habe ich erfahren, daß McMinnville eine Hochburg der Baptisten war, mit einer bemerkenswert starken und aktiven Gemeinde. Der Ort war in Oregon bekannt als eine progressive Stadt mit einer guten Verwaltung, die um das Wohl der Kinder und anderer Bürger besorgt war. Das muß natürlich ein Anziehungspunkt für Hannah Breece gewesen sein, doch mehr noch die Anwesenheit eines Lehrerseminars und der Gesellschaft, die sich ihr damit bot. Einwohner von McMinnville, die Hannah Breece' Vortrag über ihre Erlebnisse als Lehrerin in Alaska gehört hatten, waren es auch, die sie veranlaßten, ihre Briefe zu sammeln und das Manuskript zusammenzustellen.

Es ist merkwürdig, daß Hannah Breece in ihren Erinnerungen ihre Kolleginnen nicht erwähnte. Sie hatte in Wood Island, Fort Yukon und später in Wrangell und Douglas mit anderen Lehrern zusammengearbeitet. Doch sie nennt sie nicht namentlich, geschweige denn, daß sie sie charakterisiert oder von ihren Erlebnissen berichtet. Sie hoffte und erwartete, daß ihre Aufzeichnungen noch zu ihren Lebzeiten veröffentlicht würden, was natürlich bedeutete, auch zu Lebzeiten der anderen Lehrer und Lehrerinnen. Vielleicht wollte sie nicht einzelne Kollegen herausstellen und damit andere vernachlässigen oder gar vor den Kopf stoßen. Oder vielleicht meinte sie, nur für sich selbst sprechen zu dürfen und es anderen überlassen zu sollen, für sich zu sprechen.

Wundersame Errettungen

Nach ihrer langen Wartezeit am A. C. Point im Jahre 1912 begrüßte der Zahlmeister Mr. Inglis Hannah Breece an Bord des Schiffes mit der Bemerkung, er sei froh, sie lebendig zu sehen. Er machte keinen Witz. Tödliche Unfälle waren in Hannah Breece' Alaska etwas Alltägliches. Ebenso die Erzählungen der Überlebenden, wie sie mit knapper Not davongekommen waren – was manchmal ans Wunderbare grenzte. Hannah Breece berichtet zwei solcher Vorkommnisse aus ihrer eigenen Erfahrung.

Viele Menschen glauben, daß jeder von uns seinen persönlichen Schutzengel hat. Das ist ein verführerischer Gedanke, doch ebenso wie meiner Tante sind mir weltlichere Erklärungen sympathischer. Hannah Breece erklärte sich das plötzliche Auftauchen des geheimnisvollen Fremden, der sie rettete, als sie sich in Douglas das Bein gebrochen hatte – eines Fremden, den kein anderer sah –, damit, daß ihn Geschäfte in die Stadt geführt haben mußten, die so geheim waren, daß er mit Erfolg vermied, gesehen zu werden. Doch das ist ziemlich lahm und unwahrscheinlich, wenn man weiß, daß an jenem Tag kein Schiff eingelaufen war. Auf jeden Fall konnte auf dieser Insel, die nur per Schiff zu erreichen war, die Ankunft, Anwesenheit und Abreise eines Fremden – zumal eines so hoch gewachsenen, vornehm aussehenden Fremden – kaum unbemerkt geblieben sein.

Und daß er eine riesige goldene Uhr herauszog und auf sie sah, macht die Sache nicht wahrscheinlicher, im Gegenteil. Die Kleidung, die der Mann eingemummt gegen die Kälte mitten im Winter getragen haben muß, war wohl kaum geeignet, lässig eine Taschenuhr herauszuziehen und wieder einzustecken. Auch würde zu dieser Zeit und an diesem Ort kein Reisender eine Verabredung genau auf die Stunde und Minute im voraus treffen; er hatte Glück, wenn er sich an den vereinbarten Tag halten konnte.

Hannah Breece, etwa 70 Jahre alt, in ihrem Garten in Oregon.
Hannah Breece collection

Ich denke, es war so: Hannah muß sich in jener Nacht selbst gerettet haben, sie schaffte es durch die Haustür, ergriff ein paar Decken, befahl sich selbst, nicht ohnmächtig zu werden, und ließ sich in einen Sessel fallen. In ihrer Not («Haben Sie gehört, was mit Miss Breece passiert ist? Sie ist erfroren! Vor ihrer eigenen Haustür!») vollbrachte sie die fast übermenschliche Leistung, mit Hilfe einer Halluzination ihre Schmerzen und Todesangst zu überwinden: die Halluzination einer guten alten pennsylvanischen Autoritätsfigur der frühen 1860er Jahre, die in seiner Westentasche eine prachtvolle goldene Taschenuhr trug – eine Uhr, die in den Augen eines kleinen Kindes «riesig» war.

Hannah Breece versuchte nicht einmal, sich die irrationale Angst zu erklären, die sie mit knapper Not davor bewahrte, unter die Eisdecke des Sees in Wood Island zu rutschen. Doch sie bringt uns auf die Spur: Jemand aus der Schule holte täglich Wasser zum Putzen aus dem See und steckte jedesmal eine Stange in das Loch. Wie der Hund, der in der Geschichte von Sherlock Holmes gerade in der Nacht nicht bellte, so war hier die entscheidende Tatsache, daß eine neue Stange fehlte, die normalerweise da gewesen sein müßte.

Das Fehlen der Stange muß Hannah Breece gewarnt haben, auch wenn sie in ihrer Eile, die Verspätung aufzuholen, sich dessen nicht bewußt war. Hannah Breece war eine Virtuosin im Gebrauch ihrer Intuition: Beobachtungen, die sich subtil und rasch zu Urteilen fügten, ohne bewußte Analyse. Sie war gewohnt, ihrer Intuition zu vertrauen. Dies war eine ihrer gewöhnlichen, alltäglichen Fähigkeiten, die sie zu einer so hervorragenden Lehrerin machten, und diese Intuition hatte ihr wahrscheinlich in dieser Situation das Leben gerettet.

Wer war der russische Mönch Gregory?

Spruce Island, eine kleine Insel zwischen Kodiak und Afognak, wurde 1912 von dem großen Ausbruch des Katmai erschüttert und mit Asche bedeckt. Dies wäre der geeignete Moment gewesen, wo sich, wie er es vorhergesagt hatte, das Grab des Mönchs Gregory hätte öffnen müssen. Hannah Breece hatte Erzählungen von seinem asketischen Leben und rätselhaften Begräbnis bereits in Afognak und später in Kodiak gehört.

Doch kein Grab tat sich auf, weder damals noch später. Doch noch erstaunlicher ist, daß der Gregory aus Hannah Breece' Geschichte jetzt so vollständig vergessen ist, daß man sich fragen muß, ob eine derartige Person jemals existierte. Die Folklore, die Hannah Breece hörte, könnte die Geschichte zweier verschiedener Mönche miteinander verschmolzen haben – möglicherweise war sie auch eine etwas verworrene Version des Lebens eines berühmten Mönches von Spruce Island namens Herman.[27]

Wenn Gregory und Herman ein und dieselbe Person waren, dann wurde der Mönch, den Hannah Breece beschrieb, tatsächlich ein Heiliger. 1970 wurde Herman von der russisch-orthodoxen Kirche als der erste Heilige Alaskas kanonisiert. Heute ruhen seine Gebeine, die von Spruce Island herübergebracht worden waren, in dem hölzernen Kuppelbau der Kirche der Heiligen Auferstehung in Kodiak in einem goldenen Sarg neben dem Altar.

Pilger, sowohl geistliche als auch weltliche, kommen heutzutage von weit her, um an seiner Gruft zu beten, und sie besuchen auch eine Kapelle über seinem ursprünglichen Grab bei Monks Lagoon in einem dichten Wald auf Spruce Island. Die Pilger nehmen Krumen heiliger Erde aus einem Loch im Boden der Kapelle. Sie glauben, daß die Erde, in der Sankt Herman ursprünglich begraben war, Wunderheilungen vollbringen kann.

Sankt Herman kam 1794 in Kodiak an, zusammen mit neun weiteren Mönchen, die von einem Kloster im russischen Finnland entsandt worden waren. Sie waren die ersten christlichen Missionare von allen Konfessionen oder Sekten, die in den amerikanischen Nordwesten gekommen waren. Sie bauten eine Kirche in Kodiak, doch innerhalb von fünf Jahren hatte der Tod ihre Zahl auf vier reduziert. Diese kamen in Konflikt mit der Russisch-Amerikanischen Handelsgesellschaft und ihrem mächtigen Oberhaupt Alexander Baranov, weil sie gegen die brutale Behandlung der Ureinwohner durch die Handelsgesellschaft protestierten und die lockere Lebensführung Baranovs und seiner Partner mißbilligten.

Ein Erzbischof aus Rußland, der die neue Mission hätte leiten sollen, starb bei einem Schiffbruch in einiger Entfernung von Kodiak, und daraufhin wurde die Leitung der Kirche Herman übertragen. Ohne einen Erzbischof, der die Mönche schützen konnte oder sich für sie einsetzte, verfolgte Baranov sie so gnadenlos, daß, der Überlieferung zufolge, nur Herman in seiner Unterstützung der Ureinwohner standhaft blieb.

Irgendwann zwischen 1808 und 1818 floh Herman nach

Spruce Island. Er nannte die Insel New Valaam, nach dem Kloster Valamo, das ihn und seine Gefährten nach Alaska geschickt hatte. Auf der Insel lebte er in einem Loch im Boden, wahrscheinlich einem *barabara*, mit einer mit einem Hirschfell bedeckten Steinbank als Bett und zwei Ziegelsteinen als Kopfkissen. Er trug einen Kittel aus Hirschleder, und wie Gregory belastete er sich mit einem schweren Gewicht, einem eisernen Kreuz an einer Kette, das heute neben seiner Gruft ausgestellt ist. Er aß fast nichts, und was er aß, zog er sich in seinem Garten, oder es wurde ihm von Anhängern geschenkt, die Fische fingen. Er legte wildwachsende Pilze für den Winter ein und benutzte dazu Salz, das er aus Meerwasser gewonnen hatte. Er war klein, aber sehr stark.

Bis dahin scheinen Herman und Gregory fast identisch zu sein. Doch dann weichen die Geschichten voneinander ab. Herman eröffnete ein Waisenhaus für Kinder von Ureinwohnern auf Spruce Island. Er soll ein begnadeter Lehrer gewesen sein, der Kuchen und Plätzchen für die Kinder buk, denn im Kloster von Valamo war er Bäcker gewesen und hatte auch im Steinbruch gearbeitet. Keines dieser Details einschließlich der wichtigen Tatsache des Waisenhauses wird über Gregory berichtet.

Auch gibt es über Sankt Herman keine Geschichte eines phantastischen Begräbnisses und einer daran geknüpften Prophezeiung. Dafür gibt es aber einige Geschichten über Wunder auf dem Meer. Das wichtigste in den Augen der modernen Kirche war seine Errettung eines Erzbischofs und seiner Begleiter im frühen neunzehnten Jahrhundert, indem er wunderbarerweise die Wogen glättete, die fast ihr Schiff zerstört hätten. Er soll auch eine Flutwelle aufgehalten haben, indem er an einer Bucht auf Spruce Island eine Ikone in den Sand steckte. So entstand der Name Icon Bay. Es hieß überdies, er vollbringe Heilungen.

Wie Hermans Gebeine exhumiert und verwahrt wurden und wie die heutige Kapelle zu seinem Gedächtnis auf der Insel erbaut wurde, das führt nun einen Mönch in diese Geschichte ein, der sehr viel später gelebt hat.

1916 kam ein achtundzwanzigjähriger Priester, Pater Gerasim Schmaltz, aus Rußland nach Alaska und wurde als Pfarrer nach Afognak berufen. Er war der Nachfolger von Hannah Breece' Freund Pater Petellin. Pater Gerasim beabsichtigte, in ein paar Jahren nach Rußland zurückzukehren, doch durch die Kommunistische Revolution in Rußland saß er in Alaska fest. Er blieb achtzehn Jahre als Priester in Afognak. Von den russischen Geldmitteln abgeschnitten, die Pater Petellin großzügig unterhalten hatten, war er eigentlich ein Bettelpriester. Er half den Frauen und Kindern in Afognak bei ihrer Gartenarbeit und erhielt als Gegenleistung Nahrungsmittel. Er war sehr fromm, doch auch ein außergewöhnlich lieber und lustiger Mann, der gerne fröhliche Volksweisen sang und den Spaßvogel spielte, wenn er den Besen schwang. Sein Wesen war offen und kindlich, und in Afognak wurde er von allen geliebt.[28]

Während seiner Amtszeit in Afognak faszinierten ihn die Erzählungen über Herman, und er beschloß, sich künftig der Aufgabe zu widmen, seine Gebeine zu bewahren und sein Gedächtnis zu ehren. 1935 zog er ohne die Unterstützung oder Einwilligung der Kirchenleitung nach Spruce Island und lebte dort als Einsiedlermönch. Er begann, eine Kapelle für Herman zu restaurieren, die vor Jahren über dessen Grab errichtet worden war und die nun zur Ruine verfiel. Dicht neben der Kapelle baute er eine kleine Hütte für sich selbst, einfach, aber behaglich und hübsch. Seine Restaurierung und Ausschmükkung der primitiveren früheren Kapelle bildet das bezaubernde kleine Heiligtum, das die heutigen Pilger besuchen. Ein paar Eingeborene halfen Pater Gerasim, seine Hütte und die Kapelle zu bauen. Um Geld für das Baumaterial zu verdienen, fertigte er Stickereien an, eine Kunst, die er als Junge von seiner Mutter gelernt hatte.

Pater Gerasim exhumierte Hermans Gebeine aus der Erde unter der Kapelle, wusch sie und stellte sie als Reliquien in der Kapelle aus, wo sie blieben, bis sie nach Hermans Heiligsprechung in den goldenen Sarg in Kodiak gelegt wurden.

Michal E. Vionkouroff, ein Archivar russisch-amerikanischer Manuskripte in der Library of Congress, war ein zweiter, der Hermans Gedächtnis hochhielt. In Washington hörte er Gerüchte, daß ein «fanatischer Einsiedler» auf Spruce Island «ungesetzliche» Dinge mit Hermans Gebeinen tat. Er war verärgert. Er schloß sich einer Delegation an, die beauftragt war, Archivmaterial aus alten russischen Kirchen und Kapellen Alaskas zu sammeln, nur um nach Spruce Island zu kommen und dem, was immer dort vorging, ein Ende zu setzen. Doch nachdem er Pater Gerasim kennengelernt hatte, verflog sein Ärger augenblicklich. Er war tief beeindruckt von der Hingabe des Mönchs und von seiner Lebensweise. Die beiden Männer schlossen Freundschaft und führten eine Korrespondenz in dem gemeinsamen Bemühen, die Erinnerung an Herman lebendig zu erhalten und seine Überreste und seine Begräbnisstätte zu schützen.

Pater Gerasim hätte ein paar Freunde brauchen können. Kirchliche Autoritäten versuchten wiederholt, ihn von der Insel zu vertreiben. Als dies nicht gelang, probierten sie ihn zu verdrängen, indem sie Mönche dort ansiedelten, die mit ihm konkurrierten. Während des Zweiten Weltkriegs gingen Gerüchte um, daß er in Wirklichkeit Rasputin sei, der russische Mönch, der eine große Rolle am Hof des Zaren gespielt hatte und 1916 ermordet worden war. Die Gerüchte fanden in Amerika weite Verbreitung. Einem dieser Berichte zufolge hatte er dem US-Militär zu beweisen, daß er nicht Rasputin war. Man verlieh ihnen Glaubwürdigkeit durch den Umstand, daß Pater Gerasim in demselben Jahr in Alaska ankam, als Rasputin ermordet wurde, und weil Fotos der beiden Männer eine oberflächliche Ähnlichkeit aufwiesen, beide trugen sie Bärte und schwarze Kutten. Pater Gerasims Foto war später aufgenommen worden, so daß die Diskrepanz ihres Alters (Rasputin war älter) nicht zu erkennen war. Das Gerücht ließ sich auf einen einstigen Freund in Kodiak zurückverfolgen, einen Lebemann, der boshafterweise die Geschichte frei erfunden hatte, um eine Sensation heraufzubeschwören.

In seinen letzten Lebensjahren wurde Pater Gerasim wieder

Gemeindepfarrer, diesmal in dem Dorf Ouzinkie auf der anderen Seite von Spruce Island. Er sah seine Hauptaufgabe darin, unerbittlich gegen Trunkenheit und die Einführung von Alkohol zu kämpfen. Er starb 1965 mit siebenundsiebzig Jahren im Krankenhaus von Kodiak und wurde zu seinem Begräbnis in einer Trauerprozession, die ein Bischof anführte, wieder nach Monks Lagoon gebracht. Er erlebte die Heiligsprechung Hermans nicht mehr; sie fand fünf Jahre nach seinem Tode statt.

Nun wieder zu Gregory. Eine der Diskrepanzen zwischen der Geschichte von Sankt Herman und der Geschichte, die Hannah Breece erzählt wurde, waren die Todesdaten. Sankt Herman starb im Dezember 1836. Das waren nur siebzig Jahre, bevor Hannah Breece die Geschichte Gregorys von der alten Frau in Kodiak hörte, der angeblich letzten noch lebenden Person, die die Geschichte des Mönchs von seinen Anhängern erfahren hatte. Doch die alte Dame mußte zur Zeit von Hermans Tod eine erwachsene Frau gewesen sein, und 1906 hätten auch viele andere Leute die Lebensgeschichte Hermans von seinen Anhängern gehört haben können. Außerdem, so glaubten diejenigen, denen man die Geschichte Gregorys erzählt hatte, würde sein hundert Jahre altes Grab sich bald öffnen. Gregory, wenn er überhaupt existiert hat, muß demnach mindestens fünfundzwanzig Jahre vor Herman gestorben sein.

Der Reverend Peter Kreta von der Kirche der Heiligen Auferstehung in Kodiak, der mit mir das Rätsel zu lösen versuchte, erwähnte, daß Pater Gerasim das Grab eines anderen frühen Mönchs entdeckt habe, dessen Name und Geschichte nicht dokumentiert ist und dessen Gebeine sich noch auf Spruce Island befänden. Wir können vermuten, daß vielleicht ein anderer Mönch entweder vor Herman auf die Insel floh oder Herman begleitete oder sich ihm später anschloß und bald darauf starb.

Pater Peter meinte, es könnten auch noch andere Mönche auf der Insel begraben liegen, denn in den frühen Tagen der Missionierung wurde ihr Kommen und Gehen nicht aufgezeichnet. Tatsächlich könnte man aus dem Vorhandensein einer alten Ikone schließen, daß die Insel eine Zeitlang in ständiger Verbindung mit dem Kloster vom Berg Athos in Griechenland stand.

Wenn ein Mönch auf Spruce Island namens Gregory wirklich existierte, wurde sein Andenken nur in der Folklore bewahrt, in den Erzählungen, die Hannah Breece gehört hatte. Sie wären ganz vergessen, wenn Hannah Breece sie nicht in ihren Erinnerungen festgehalten hätte.

Bischof Innocent, der zu Hannahs Enttäuschung über die Geschichte von Gregory und seiner angeblichen Heiligkeit nicht die Nase rümpfte, ist heute selbst fast vergessen. Um festzustellen, daß er wirklich existierte, mußte der Klerus in Kodiak in den Kirchenbüchern nachsehen. Sie nahmen zunächst an, daß ich den Bischof, den Hannah getroffen hatte, mit einem früheren und sehr berühmten Bischof Innocent verwechselt hatte, der Sitka 1850 verlassen hatte. Er wurde Erzbischof von Sibirien und später Metropolit in Moskau, der höchste Würdenträger der Kirche, der in Rußland als Sankt Innocent, Apostel von Alaska, kanonisiert wurde.

Der Bischofssitz in Sitka, wo beide Bischöfe Innocent zu ihrer Zeit lebten, wurde zu einem Museum und als Denkmal für den kanonisierten Innocent eingerichtet und untersteht dem U. S. National Park Service. Im Museum weiß man nichts über den Bischof Innocent, den Hannah Breece kannte. Auch sagen die Kirchenurkunden von Alaska nach 1909, als er nach Rußland zurückberufen wurde, kein Wort mehr über ihn.

Wie Hannah ihn beschrieb – ein Mann, der sich offen und kindlich über Weihnachtspuppen freute, unbeschwert unter den Blicken seines düster dreinblickenden Gefolges –, erinnert er ein wenig an Pater Gerasim. Die knappe mündliche Auskunft, die Hannah Breece 1914 in Sitka bekam: «Er ist in Tibet», scheint das letzte zu sein, was von ihm bekannt ist, zumindest in Alaska. Berichte über sein späteres Leben gibt es nicht, es sei denn, sie schlummern irgendwo in einem russischen Archiv.

Hannah Breece' Wirkungsstätten in Alaska – achtzig Jahre später

Eine Vorausschau in die Zukunft ist so fragwürdig wie Sheldon Jacksons Pläne für den Rentierexpreß. Ein Erinnerungsbuch jedoch ist eine Zeitmaschine ganz anderer Art. Indem es uns in die Vergangenheit zurückversetzt, ermöglicht es uns den Vergleich mit der Gegenwart. Wenn wir Hannah Breece' Aufzeichnungen auf diese Weise betrachten, können wir uns einen Begriff davon machen, wie die Siedlungen, in welchen sie als Lehrerin wirkte, sich verändert haben. Wir beginnen mit Fort Yukon oberhalb des Polarkreises und gehen von dort aus immer weiter zurück bis zum südlichsten Punkt, ihrer ersten Lehrerstelle in Afognak.[1]

I

Zu Hannah Breece' Zeit gab es in Fort Yukon praktisch keine Regierungsvertretung. Heute herrscht das andere Extrem. Obwohl der Ort nur 220 Einwohner hat, darunter sechzig Schulkinder, und ein sehr spärlich besiedeltes Hinterland, besitzt er eine Stadtverwaltung, eine Gemeindeverwaltung des Ureinwohnerdorfes, ein staatliches Verwaltungsgebäude, ein Bundespostamt, eine Zweigstelle der University of Alaska, eine Klinik mit Ärztezentrum, eine Feuerwehrstation, einen Bauhof des Staatsamts für öffentliche Arbeiten, ein Jugend- und Gemeindezentrum, eine Bibliothek und eine Rundfunkstation, ein Seniorenzentrum, ein Bezirksschulverwaltungsgebäude, eine Grundschule mit Turnhalle, eine High-School, das wiederaufgebaute alte Hudson's Bay Company Fort und einen Flugplatz für Passagiere und Fracht.

Das alte Eingeborenendorf, das Hannah Breece kannte, ist eineinhalb Kilometer flußabwärts gezogen und hat sich zwischen diesen vielen verstreut liegenden Institutionen angesiedelt. Abgesehen von diesen ist das verpflanzte Indianerdorf tatsächlich alles, was von Fort Yukon geblieben ist. Die Episkopalische Mission ist seit langem verschwunden, als einzige Spur ist eine Grube ihres Fundaments geblieben, angefüllt mit den verbogenen, rostigen Überresten eines Brandes auf einem ansonsten leeren Feld. Die einst mächtigen Pelzhandelsgebäude sind verschwunden, bis auf das der Alaska Commercial Company, das heute einen Supermarkt beherbergt, in dem es nichts zu kaufen und verkaufen gibt als die üblichen Waren in den gleichen Regalen und Schaukästen wie in jedem anderen amerikanischen Supermarkt. Der einzig sichtbare Rest der wilden alten Tage ist ein ramponiertes und verschlafenes Café mit ein paar Fremdenzimmern darüber.

Als Erinnerungen an Erzdiakon Stuck und Dr. Burke greifbar sind einzig ihre Gräber, Seite an Seite, markiert mit einem großen Steinkreuz und zwei Plaketten auf einem kleinen, gepflegten Friedhof in einem Wäldchen in der Nähe der Fundamentgrube der alten Mission. Die Episkopalkirche, ausgeschmückt mit prächtigen perlenbestickten Altartüchern, spielt im Leben der Stadt keine wichtige Rolle mehr, und oft hatte sie über längere Zeiträume keinen Geistlichen. Eine neuere, bescheidene evangelische Kirche ist erfolgreicher.

Obgleich Fort Yukon der einzige Zwischenstopp auf den täglichen Passagierflügen zwischen Fairbanks und Nome ist, bildet der Ort keinen Anziehungspunkt. «Warum wollen Sie nach Fort Yukon? Da ist doch nichts los.»

Nichts ist mehr da von Hannah Breece' alter Schule im früheren Indianerdorf, wo die Flußdampfer anlegten und die Hunde lautstark nach Kombüsenabfällen verlangten. Die Yukon-Dampfer selbst sind verschwunden; ebenso die Schlittenhunde aus dem Stadtzentrum, außer einem einzigen gefährlichen Malamute, der an seine schwere Hundehütte gekettet ist.

Zu Hannah Breece' Zeit kehrten die Leute während des Sommers die Zeit um und machten die Nachtstunden zum Tag und den Tag zur Nacht. In Anchorage sagte man uns, daß dies nicht mehr üblich sei, denn die Regierungsangestellten müssen die konventionellen Arbeitsstunden einhalten, und so haben sich die übrigen angepaßt. Nichtsdestoweniger hat sich der alte Brauch teilweise erhalten und das aus gutem Grund: Die Abend- und Morgenbrisen vertreiben die Moskitos, und sie sind zu angenehm und frisch, als daß man sie versäumen möchte, indem man ohne Grund früh zu Bett geht! Außer einigen in ihren Büros verschanzten Regierungsangestellten schläft im Sommer ganz Fort Yukon morgens, die Fenster ihrer behaglichen Blockhäuser verhängt, die Türen verschlossen. Die ersten Einwohner, die etwa um die Mittagsstunde auftauchen, sind kleine Jungen auf Fahrrädern. Allmählich, im Laufe des Nachmittags, erscheinen Kunden im Supermarkt, jemand fährt in einem Geländewagen hinaus, und Kinder und Jugendliche drängen sich hinein. Der Taxifahrer der Stadt, der aus Montreal stammt – seine Frau wurde in Fort Yukon geboren –, ist endlich bereit, seine Arbeit aufzunehmen. Als der Morgenflug ankam, war es für ihn noch mitten in der Nacht. Es gibt nicht viel zu tun in Fort Yukon. Wenn man nicht bei der Regierung angestellt ist, sind die einzigen Jobs die bei der Feuerwehr, um die Waldbrände während der kurzen Sommer zu löschen. Männer aus Fort Yukon werden im ganzen Staat bei Waldbränden eingesetzt und überallhin geflogen, wo sie gebraucht werden.

Doch die Leute in Fort Yukon sind nicht arm. Wie alle Bürger Alaskas – Männer, Frauen und Kinder – erhalten sie jeder eine Dividende von den Ertragsanteilen der Ölvorkommen des Staates. Die Summe variiert, je nach den Ölpreisen und der verkauften Menge, doch beträgt sie durchschnittlich etwa tausend Dollar pro Person und bringt der Gemeinde etwa 220000 Dollar ein, die nach Ermessen verwendet werden können. Viele Haushalte haben Gewinnanteile von Investitionen der regionalen Genossenschaft der Ureinwohner, die gegründet wurde, als 1971 deren Landansprüche gerichtlich geklärt worden waren. Und natürlich stehen Mittel für besondere Zwecke und Notwendigkeiten zur Verfügung, wie Stipendien für die Universität, Altersrenten, subventionierte Hypotheken, Invalidenrenten, Wohlfahrtszahlungen und so weiter. Die Leute sind gut angezogen und zeigen noch immer den Elan und das Modebewußtsein, das Hannah so bewunderte. Die Häuser sehen behaglich aus, und die Tradition, einen schönen Teppich auf den Fußboden zu legen, lebt fort.

Und doch gibt es nicht viel zu tun. Einer der letzten Trapper alten Stils, mittlerweile vierundsiebzig Jahre alt und im Ruhestand, ist Fred Thomas, der älteste Bürger der Gemeinde. Die jungen Männer, sagt er, beneiden ihn um das, was sie für ein aufregendes Leben draußen bei den Fallen halten, und hören begeistert seinen Erzählungen zu. Doch sie haben keine Ahnung, wie hart dieses Leben war, meint er. «Sie finden das Leben heute langweilig, aber in der Wildnis könnten sie nicht überleben.»

Bringt man das Gespräch auf die alten Schulen, weiß jedermann eifrig zu berichten, daß das alte Schulhaus der Indianer (ein Nachfolgebau von Hannah Breece' früherer Schule) abgebrannt ist. Einige sagen, die Lehrerin habe es getan. Nein, die Schüler waren es, sagen andere. Wie dem auch sei, die interessante Brandstiftung liegt so weit zurück, daß kein Lebender sich heute mehr daran erinnern kann.

Das ziegelfarbene Grundschulgebäude würde Hannah Breece gefallen: solide, geräumig und mit vielen Fenstern, wie eine Vorstadtschule. Doch vergebens würde sie nach äußeren Anzeichen eines Schülerlebens Ausschau halten: Die Schule ist von einem hohen Maschendrahtzaun umgeben, und im Sommer ist sie geschlossen.

Wenn irgendwann Touristen kommen, übernachten sie gerne in einem einfachen, doch hinlänglich ausgestatteten Gästehaus am Stadtrand, zu dem ein bescheidenes Restaurant und eine Tanzfläche gehören und das von einer ortsansässigen Familie betrieben wird. Wenn sie am Tag ihrer Ankunft Glück haben und gut betucht sind, können sie von dem Direktor der Rundfunkanstalt, einem ernst dreinblickenden Lokalhistoriker, eine Führung bekommen. Seine Frau, sie organisiert die Führungen und vertritt ihn manchmal auch, ist eine Tochter der Familie, die das Gästehaus betreibt. Wichtigtuerisch erwähnt sie zu erwartende Subventionen, berühmte Namen, Symposien, internationale Konferenzen, Fort Yukon als künftiges kulturelles Zentrum.

Fort Yukon ist wie eine große Hinterbühne, zu der ein Impresario nach dem anderen Kulissen und Requisiten heranschleppte, doch das Programm beginnt nicht. In der Zwischenzeit kommt Fort Yukon irgendwie über die Runden.

Der Verwaltungsbezirk, dessen Zentrum Fort Yukon ist, heißt Yukon Flats, und flach ist er auch. Der Fluß wirkt erstaunlich uferlos: Im Sommer scheint er eher ein ausgedehntes stehendes Gewässer denn ein fließender Wasserlauf zu sein. Nur die großartigen Naturschönheiten um Fort Yukon sind noch unverändert so, wie Hannah Breece sie damals erlebte: die Farbenpracht und Vielfalt der wilden Gräser zu ihren Füßen, überspannt von der unendlichen Weite des Himmels.

2

Die Leute von Nondalton und Iliamna, die Hannah Breece als Kenai kannte, bevorzugen es heute, Dena'ina genannt zu werden. Das Dorf Nondalton, das Hannah Breece jeden Sommer an dem bedeutenden religiösen Feiertag besuchte, zog Mitte der vierziger Jahre etwa fünf Kilometer von dieser Stelle fort und siedelte sich am Ufer des kleinen Sees zwischen dem großen Lake Clark und dem Newhalen River an. Alles, was von dem Dorf, das Hannah sah, übriggeblieben ist, sind Friedhofskreuze und die Reste eines Blockhauses. Wenn eine Siedlung zur Geisterstadt wird, dann künden gewöhnlich ein paar Ruinen noch für lange Zeit von ihrem früheren Dasein, und oft bleiben ein paar letzte Einwohner dort ansässig. In Alaska ist das anders: Wenn Ureinwohner ihr Dorf verlassen, dann ziehen sie alle fort und nehmen alles mit, was irgendwelchen

Wert hat, wozu für gewöhnlich auch die Stämme der Blockhauswände und das Gebälk ihrer Häuser gehören.

Dörfer verschwinden aus mehreren Gründen auf diese Weise, zum Beispiel wegen Epidemien oder einfach wegen des Wunsches der Dorfbewohner, ihre Lebensqualität zu verbessern. Das Nondalton, das Hannah 1910–11 kannte, war ein neues Dorf, obwohl es ihr nicht bewußt war, wahrscheinlich, weil die Baumaterialien nicht neu waren. Seine Bewohner waren von Kijik übersiedelt, etwa 32 Kilometer weiter nördlich auf halber Länge des Lake Clark. Kijik war die Urheimat der Bevölkerung von Nondalton und der Geburtsort Zackars.[2]

Um die Mitte des neunzehnten Jahrhunderts war Kijik die größte Ansiedlung der Dena'ina gewesen, doch 1902 und 1903 wurde seine Bevölkerung von Masern- und Grippeepidemien fast ausgerottet, der Grund, weshalb sie umsiedelten. Für die Umsiedlung in den 1940ern war der Grund, daß mehr als dreißig Jahre Besiedlung den Glanz des Ortes abgenutzt hatten und außerdem Schlickablagerungen den Zugang zu den Booten schwierig machten. Die Leute wollten einen neuen Anfang.

Nach etwa fünfzig Jahren an dem neuen Standort scheint Nondalton mit seinem Dorf zufrieden zu sein. Es steht auf genossenschaftlichem Land der Ureinwohner, geschützt vor Übergriffen von außerhalb, und manche modernen Verbesserungen wurden durchgeführt. Die Dorfkirche hat ihren eigenen ortsansässigen russisch-orthodoxen Priester, selbst ein Ureinwohner aus Nondalton, und damit erwies sich Zackars Entschlossenheit, allen Schwierigkeiten zum Trotz dem Dorf die Kirche zu erhalten, als gerechtfertigt.

Anstatt das verpflanzte Dorf aufzusuchen, folgten wir den Spuren von Hannah Breece und besuchten das Fischfanglager. Von allen Ureinwohnersiedlungen, die Hannah Breece kannte, hätte man diese für die vergänglichste gehalten, doch sie erwies sich als die dauerhafteste. Nicht nur ist sie geblieben, wo sie war, ihre Sommerwiesen sind noch immer übersät mit Holzgestellen, an denen leuchtendrosa-orangefarbene Lachsfilets zum Trocknen hängen.

Nur neun Familien benutzen heutzutage das Lager. Sie fischen nur für ihren eigenen Bedarf und produzieren keine großen Bündel mehr zum Verkauf. Doch Zackars Ur-ur-ur-urenkel spielen in den Booten und sehen zu, wie ihre Mütter geschickt große silberne Fische ausnehmen und filetieren, nur Augenblicke nachdem Zackars stattliche Ur-ur-urenkel sie aus dem Wasser gezogen haben; Zackar war der Großvater der Großmutter ihrer Mutter Martha.

Das Lager ist ein fast magischer Ort. Man versteht nach nur wenigen Stunden an diesem bezaubernden, brisenumwehten Ufer, warum Hannah, nachdem sie aus dem Lager zurückgekehrt war, sich so erdrückt von ihrem Haus fühlte. Ein Teil des Zaubers ist die allgemeine Atmosphäre von Lebensfreude und Zielstrebigkeit, die die Menschen in ihrem Tun vom Ältesten bis zum Jüngsten der hier anwesenden drei Generationen beseelt. Einfache Sommerhäuser mit dazwischen liegenden Segeltuchzelten haben Radios, elektrisches Licht und Propanöfen, doch keine Installation, und man erhascht einen Schimmer des alten Lebens in ihrer Einrichtung: mit einem Ofen und einem Tisch an dem einen Ende eines großen Zimmers, Schlaf- und Sitzbänken an dem anderen und den Regalen und Kleidern, die an den Wänden aufgehängt sind.

Zackars Ur-urenkelin, Martha Trefon, ist mit dem jetzigen Dorfältesten von Nondalton, Bill Trefon, verheiratet. Er war zur Zeit unseres Besuchs nicht im Lager, sondern auswärts zu einer Besprechung. Seine Frau sagte, die Verantwortung des Dorfältesten habe sich seit Zackars Zeiten geändert. «Damals sprach der Dorfälteste immer mit den Leuten und tat alles mit ihnen zusammen. Heute ist ein Dorfältester mit so viel Schreibarbeit beschäftigt, daß er nicht mehr viel Zeit für die Leute hat. Eine Menge Papierkram und Politik, und er geht zu so vielen Besprechungen.» Bei dem Papierkram, sagte sie, handelt es sich um «Jagdrecht, Fischereirecht, Gesundheit, Gerichtsverhandlungen der Ureinwohner und lauter solche Sachen».

Die einzigen Hunde im Fischfanglager sind terrierähnliche Mischlinge, Haustiere, die mit den Kindern umhertollen. Martha Trefon nennt sie «nichtsnutzige Krachmacher». Doch im Dorf züchten die Leute immer noch die Nondalton-Rasse der scharfen Malamutes, und diese respektiert Martha. «Wenn das Schneemobil von jemandem versagt oder wenn ihm das Benzin ausgeht, dann sitzt er gewaltig in der Patsche. Mit einem Hundeschlitten kann er immer wieder nach Hause kommen.» Wenn auch die Malamutes heute im Vergleich zu Maschinen wenig zur Arbeit eingesetzt werden, hat man den Eindruck, daß die bleibende Anhänglichkeit an sie ein wichtiges Bindeglied zur Vergangenheit darstellt und, wie das angestammte Land selbst, zu dem offensichtlich stolzen Identitätsgefühl der Leute von Nondalton beiträgt.

Das Fischfanglager liegt innerhalb des Lake-Clark-Naturschutzgebiets, das an den Lake Clark National Park angrenzt, der am 1. Dezember 1978 von Präsident Carter gegründet wurde. Die beiden zusammen – Park und Naturschutzgebiet – umfassen sechzehntausend Quadratkilometer großartiges Gelände mit Schwarzbären und Grizzlys, wilden Bergschafen, Wölfen, Kojoten, Rotfüchsen, Luchsen, Vielfraßen, Mardern, Nerzen, Hermelinen, Wieseln, Murmeltieren, Bibern, Flußottern, Elchen, fast zweihundert Arten von Wasservögeln und anderen Vögeln, fünf Arten von Lachsen und fünf weiteren Arten eßbarer Fische. Er ist auch Teil des Gebiets einer der am schnellsten anwachsenden Karibuherden von Alaska: Während man zu Anfang der sechziger Jahre noch 2600 Tiere zählte, waren es im Herbst 1994 bereits mehr als 180000.

An Hannah Breece erinnert man sich in Nondalton, doch nur als einen körperlosen Namen, Miss Breece – weil sie die erste Lehrerin war, die zu ihnen ins Dorf gekommen war.

3

Das Dorf Iliamna ist verschwunden und ließ nur eine grasbewachsene Lichtung mit Spuren alter Hüttenfundamente und Kellerlöcher zurück: wieder ein Beispiel für Umsiedlung, in diesem Falle, weil die Portage vom oberen Ende der Iliamna Bay teilweise verlegt und zu einer neuen Endstation in Pile Bay am Iliamnasee ausgedehnt wurde. Die Portage ist ein paar Meilen länger als zuvor, doch bequemer, und die Endstation am See hat mehr Platz für größere Schiffe als das alte Dorf, das weiter oben am See lag.[3]

Die verlängerte Portage wurde mit einem schmalen Schotterweg versehen, auf dem während der Saison Fischerboote, Propangastanks, Baumaterial und andere schwere Fracht auf Tiefladern befördert werden können. Mit seinen Lagerhäusern, Lagerplätzen und Docks ist Pile Bay ein Depot für die Iliamna-Clark-Region und sogar bis zu einem gewissen Grade für die Bristol Bay. Etwa vierzig Kilometer westlich von ihr wurde ein schotterbedeckter Runway für Düsenflugzeuge gebaut. Dies ist der größte kommerzielle Flugplatz der Region. Die kleine Siedlung daneben trägt heute den Namen Iliamna.

Doch ist dieses Iliamna trotz seines Namens nicht das Nachfolgedorf des alten Iliamna und Pile Bay ebenfalls nicht. Als das alte Dorf in den 1930er Jahren verlassen wurde, zogen die meisten Familien zur Pedro Bay, einem Seeufer mit vielen Inlets, von Inseln geschützt, etwa zehn Kilometer westlich von Pile Bay. Die Häuser des Dorfes liegen verstreut zwischen den Inlets, so daß sie fast voreinander verborgen sind, und die Winterbevölkerung von sechzig Personen ist nur etwa halb so groß wie die Einwohnerzahl des alten Dorfes Iliamna zu Hannah Breece' Zeit. Die Bevölkerung nimmt allmählich ab, da die Leute nach und nach das Dorf verlassen und anderswo leben und arbeiten. Diejenigen, die in Pedro Bay bleiben, verdienen ihren Lebensunterhalt mit Arbeit in den Lagern, oder sie führen Touristen durch die Wildnis, sie jagen und fischen für ihren eigenen Bedarf, und manche fischen auch kommerziell.

Einige, die das Dorf verlassen haben, kommen im Sommer zurück, wie Annie und Walter Johnson, die wir besuchten. Ihr Hauptwohnsitz ist die Stadt Homer auf der Kenai-Halbinsel, wo Mr. Johnson Pfarrer ist. Ihre Urenkel aus Pedro Bay besuchen sie in ihrem Sommerhaus.[4]

Annie Johnson ist eine der beiden Frauen aus Iliamna, die bruchstückhafte Erinnerungen an Hannah Breece haben, vermittelt von ihren Müttern. Die Erinnerungen von Annies Mutter waren keine glücklichen. Als sie eine jungverheiratete Frau war, lud Miss Breece sie ein, zur Schule zu kommen, erzählte sie ihrer Tochter, doch als sie herausfand, daß dort nur Englisch gesprochen wurde, war sie so entsetzt, daß sie sich weigerte, noch einmal wiederzukommen. Die andere Erinnerung, die berichtet wurde, ist freundlicher: Die Mutter Rose Hedlands, die wir nicht kennenlernten – sie lebt jetzt in der Siedlung beim Runway, weiter unten am See –, erzählte ihr, daß Miss Breece ihr eine Porzellanpuppe schenkte.

Iliamna war das Dorf, wo die Frauen, verglichen mit einer Außenseiterin wie Hannah Breece, so gealtert aussahen. Doch weder in Pedro Bay noch in anderen Siedlungen, die ich sah, schien dies noch der Fall zu sein. Zum Beispiel waren Annie Johnson und ich im gleichen Alter, zur Zeit meines Besuchs achtundsiebzig. Doch sie war diejenige, die jünger aussah, und sie war auch beweglicher.

Wie die meisten Orte in Alaska erhält Pedro Bay die meisten Lieferungen auf dem Luftweg. Jedes bißchen Wasser – ein Hafen, ein Teich, ein ruhiges Stückchen See, eine ruhige Strecke in einem Fluß – ist als Flugplatz bereit für kleine Flugzeuge, die mit Schwimmern ausgestattet sind. Jede ebene Strecke Schnee ist ein Landeplatz für Flugzeuge, die mit Kufen versehen sind. Neben dem großen Flughafen in Anchorage für nationale und internationale Flüge befinden sich andere Felder, die sich meilenweit erstrecken und mit Tausenden dieser kleinen Flugzeuge übersät sind, die überall landen können.

Von Port Alsworth am Lake Clark nahmen wir ein Schwimmflugzeug nach Pedro Bay, das vor Johnsons Haustür landete, und dann flogen wir über die Portage, die Hannah Breece zu Fuß und zu Pferd bewältigt hatte. Das winzige Flugzeug manövrierte über einen gewundenen Luftweg zwischen ehrfurchtgebietenden Berggipfeln und Gletschern zu beiden Seiten. Das Gelände unter uns war so felsig und zerklüftet, daß es unmöglich passierbar zu sein schien. Unzählige Rinnsale stürzten in kleinen Kaskaden und durch Felsspalten von den schmelzenden Gletschern. Irgendwo dort unten war der schmale heutige Schotterweg, doch war er auf dem chaotischen Gelände bis auf ein oder zwei Stellen sehr schwer auszumachen. Kurz bevor wir an der Meeresbucht das Ende der Portage erreichten, mußten wir unseren Blick auf den Pfad aufgeben: Die Luftströmungen seien jetzt zu turbulent, um unten zwischen den Bergen sicher fliegen zu können, meinte der Pilot. Gegen den starken Wind, der vom Pazifik zum Iliamnasee hinüberblies, hatten wir keine Chance.

Dort, wo der alte A. C. Point an der Iliamna Bay im Cook Inlet lag, ist heute eine leere Küste, an der nichts mehr auf seine ehemalige Bedeutung als Treffpunkt von Dampfern für Reisende hinweist, die wie Hannah Breece von Iliamna und einem weiten Hinterland gekommen waren und dort warteten.

4

Woody Island (das Hannah als Wood Island kannte) ist nur eine Motorbootfahrt von zwanzig Minuten von der Stadt Kodiak entfernt. Die Insel ist noch immer «unvergleichlich schön» und mit ihren ausgedehnten Wildblumenwiesen und uralten moosgepolsterten, parkähnlichen Fichtenwäldern so ehrfurchtgebietend, magisch und regenfeucht, wie Hannah Breece sie sah. Doch die Seen, die sie beschrieb, haben sich durch Verschiebungen der Erdoberfläche verändert, verursacht durch das furchtbare Erdbeben von 1964.

Einige der alten grün- und cremefarbenen Gebäude der Baptistenmission stehen noch und spiegeln sich noch immer bezaubernd im Wasser, doch die Mission selbst zog nach dem Erdbeben nach Kodiak, gab die Schule und das Waisenhaus auf und wurde in eine Einrichtung für Jugendliche umgewandelt, die mit ihren Familien oder dem Gesetz in Schwierigkeiten geraten waren. Das Dorf mit seinen Gärten, das

Hannah Breece kannte, ist zugleich mit der Mission verschwunden.

Während des Zweiten Weltkriegs richtete die Armee eine Station des Fernmeldecorps auf dem höchsten Punkt einer Lichtung ein. Umgeben von Wald, ist die heute verlassene Station nur noch vom Flugzeug aus zu sehen. Einige Männer von der Station verliebten sich in diese regendurchtränkte Insel, und sie und ihre Familien bauten Häuser und begannen Vieh zu züchten, doch diese Unternehmen scheiterten. Heute lebt während des Winters niemand mehr dort. Eine der wenigen, die im Sommer dort wohnen, ist Yule Chaffin, die achtzigjährige Witwe eines der Männer von der früheren Fernmeldestation; hier wuchsen ihre Kinder auf. Sie war eine begabte Fotografin und die Autorin eines Buches über das Kodiak-Archipel und seine Menschen, und sie liebt die Insel leidenschaftlich. Die meisten der heutzutage sehr seltenen Besucher der Insel zählen zu ihren Bewunderern und kommen ausschließlich ihretwegen.[5]

Woody Island wird nur für drei Wochen im Sommer wieder von Kindern bevölkert, wenn die Baptistenkirche von Kodiak das restliche Missionsgebäude als Camp für Jungen und Mädchen benutzt. Dann leben auch die Freizeitbeschäftigungen, die Hannah Breece' Schüler begeisterten, wieder auf: Strandgut sammeln, Naturkunde, das Erforschen der Wassertümpel bei Ebbe und Fischen. Es sind die gleichen Aktivitäten wie damals, auf die heute im Camp Wert gelegt wird.

Zu Hannah Breece' Zeit war Alaska noch ein Land, das zum Luftschlösserbauen anregte, und auch Woody Island war nicht immun gegen Zukunftsphantasien dieser Art. Nachdem die Insel 1911 durch drahtlose Telegrafie mit der Außenwelt verbunden wurde, schienen sich plötzlich ungeahnte Möglichkeiten zu eröffnen, und in der Mission glaubte man ernstlich, daß Woody Island zum Handelszentrum von ganz Zentralalaska prädestiniert sei. In einer Publikation der Women's American Baptist Home Mission Society von 1912 wurde die Insel zum logischen Mittelpunkt für «Regionen, reich an Bodenschätzen und landwirtschaftlichen Aussichten» erklärt. Deshalb war die Frage, vor die sich die Gesellschaft gestellt sah: «Wird das Handelszentrum von Alaska ein christliches Zentrum sein?»[6]

Seit die vorzeitlichen Wanderer aus Asien Woody Island zuerst entdeckten und in ihren Gewässern fischten, war es vielleicht nie so spärlich besiedelt wie heute. Trotz der unzerstörbaren Schönheit würde das Wiedersehen mit der Insel Hannah Breece heute traurig stimmen. Es wäre ihr zu einsam dort.

5

Afognak wurde von der Flutwelle zerstört, die das Erdbeben von 1964 begleitete, doch die Bewohner beider Teile, des russischen wie des Ureinwohnerdorfes, waren rechtzeitig vorgewarnt, um den Wassermassen durch Flucht auf die Berge zuvorzukommen. Nur eine einzige Person, ein Mann, der in einem Boot draußen war, kam ums Leben. In dem Erdbeben schrumpfte das Kliff, auf dem das Schulhaus und Mrs. Pajomans Häuschen gestanden hatten, zu einem unscheinbaren Hügel zusammen.

Afognak wurde von der vollen Wucht der Welle getroffen, weil keine anderen Inseln den Zugang behinderten. Da die Insel auch keine richtige Bucht, geschweige denn einen Hafen hatte, war sie schon immer ein unsicherer Ankerplatz gewesen. Die Dorfbewohner beschlossen, diesen ungünstigen Standort zu verlassen, und suchten sich einen geschützteren Platz auf einem unbewohnten Teil von Kodiak Island. Sie nannten das neue Dorf Port Lions, aus Dankbarkeit für die Katastrophenhilfe des Lions Club und seine Unterstützung bei der Finanzierung ihres Umzugs.[7]

Oberflächlich ähnelt Port Lions dem alten Afognak, weil die meisten Häuser über Berghänge verstreut liegen. Jedoch besitzt selbst das bescheidenste der Häuser die wichtigsten modernen Versorgungseinrichtungen und Annehmlichkeiten und den üblichen Komfort, und alle machen einen gepflegten Eindruck. Sergai Sheratine, der betagte Großneffe von Tichon Sheratine, Afognaks Kirchenvorleser zu Hannah Breece' Zeit, vergleicht seine im Laden gekaufte Tapete mit den Dosenetiketten und dem Zeitungspapier an den Wänden der alten Häuser, und er scherzt: «Als ob man in einer Bibliothek wohnte. Man konnte die Wände lesen.»

Das gelbbraune einstöckige Schulgebäude, das wie früher ein wenig entfernt vom Dorf liegt, würde Hannah nicht nur wegen seiner Geräumigkeit und Helligkeit gefallen, sondern weil die Tradition des Schulgartens in einem offenbar selbstgebauten Gewächshaus auf dem offenen, nicht eingezäunten Gelände fortlebt. Die Nordwand des Gewächshauses ziert ein ökologisches Wandgemälde mit Land- und Meerestieren und Pflanzen, das die Kinder gemalt haben.

Wie früher haben viele Häuser ihre heiligen Ecken mit Lampen und religiösen Bildern. Und wie früher ist der Friedhof ein eingezäuntes kleines Dickicht von russischen Holzkreuzen, doch er ist etwas schwerer instand zu halten, weil umhertapsende Bären die Kreuze immer wieder umstoßen. Auf Kodiak Island leben etwa dreitausend der riesigen braunen Grizzlys – der größten Landraubtiere auf Erden –, vielleicht mehr als zu Hannah Breece' Zeit, weil sie besser geschützt sind. Bären und Menschen koexistieren vorsichtig und in gegenseitigem Respekt, doch im großen und ganzen voreinander sicher. Wenn man einem Bären begegnet, sind folgende Verhaltensregeln zu beachten: Auf absolut gar keinen Fall fortlaufen, den Bären nicht ansehen, sondern an ihm vorbei in die Ferne blicken, langsam rückwärts oder seitwärts gehen, und der Bär wird fortgehen – so sagt man jedenfalls.

Die Gemeinde ist noch immer offen für die Einheirat von Außenstehenden, doch heutzutage sind es sowohl Frauen wie Männer. Die wenigen Gemischtwarenhandlungen konnten sich nicht halten, doch ein ehemaliger Bürgermeister des Dorfes und seine aus Idaho stammende Frau planen jetzt, einen Supermarkt zu eröffnen.

Die einzige große Veränderung ist der kleine Ankerplatz mit Wellenbrechern, einer Strandpromenade und Beleuchtung, Heimathafen für etwa ein Dutzend moderner Fischerboote. Die Fischer sprechen genau wie kanadische Getreidefarmer, denn sie sorgen sich, daß sie genug Ertrag einbringen, um ihre hohen Kapitalkosten zu decken.

Keine Straße verbindet Port Lions mit der Stadt Kodiak. Die Leute sind auf Boote angewiesen oder wenn nötig auch auf Lufttaxis, die in der Stadt Kodiak stationiert sind. Die stärksten Bande zwischen den beiden Orten sind die des Blutes.

Eine Generation vor dem Erdbeben und der Flutwelle, beginnend zur Zeit des Zweiten Weltkriegs und des Booms, den dieser Kodiaks Wirtschaftsleben bescherte, waren nach und nach Leute aus Afognak nach Kodiak übergesiedelt. Als Port Lions aufgebaut wurde, entschieden sich viele Familien, sich statt dessen in Kodiak anzusiedeln, so daß heute die Nachkommen der alten Bevölkerung Afognaks etwa gleichmäßig zwischen den beiden Orten verteilt sind.

Die Stadt Kodiak bringt den Menschen aus Port Lions große Vorteile. Sie bietet ihnen Gelegenheit, am größeren Wirtschaftsleben teilzuhaben, aber auch die Möglichkeit der Rückkehr. Willie Hall, der Pilot des Lufttaxis, das wir benutzten, ist ein Enkel Afognaks. Nach Abschluß der High-School wurde er Lastwagenfahrer. Eines Tages, als ihn auf der Straße nach Oregon das Heimweh nach seinem heimatlichen Archipel überkam, entschied er, er könne ebensogut ein Flugzeug wie einen Lastwagen steuern. Manchmal parkt er sein Schwimmflugzeug im Hafen von Kodiak, manchmal zwischen Wasserrosen auf einem kleinen See am Rande seines schönen Gartens in Kodiak. Seine Frau, die zu Hause arbeitet, ist sein Dispatcher, eine häufig vorkommende Regelung bei Piloten kleiner Flugzeuge.

Für Hannah Breece war Kodiak damals so etwas wie eine Metropole, obwohl es nur etwa vierhundert Einwohner hatte, die einander alle kannten. Heute, mit einer Bevölkerung von

7600 Einwohnern, scheint in Kodiak immer noch jeder jeden zu kennen, und die Stadt hat noch immer die Atmosphäre einer kleinen kosmopolitischen Metropole.

Kodiak ist auch das Zentrum der Alutiiq-Bewegung, ein Wort, der alten Aleutensprache entnommen. Die Bewegung pflegt aleutische Rituale, Geschichte, Musik, Handwerkskunst und die Sprache. Nachkommen des alten Afognak sind dort führend. Unter den Kindern in ihren Trachten, deren Tanzvorführungen in der modifizierten Nachbildung eines alten, rasenbedeckten unterirdischen Gemeindesaals wir zuschauten, waren auch Nachkommen der Bevölkerung von Afognak. Am nächsten Tag zogen sie weiter nach Rußland, um in St. Petersburg eine Vorstellung zu geben.

Ihr Lehrer des Alutiiq hatte die gleiche Entdeckung gemacht wie Hannah Breece: Kinder lernen einen neuen Wortschatz am schnellsten durch Lieder. Sprachunterricht ist ein Teil des Programms in dem bescheidenen neuen Alutiiq-Kulturzentrum und -Museum in der Stadtmitte. Eine der dortigen Mitarbeiterinnen, Mary Patterson, stammt aus Georgia und heiratete nach Kodiak. Sie erklärte, daß das Museum von einem Bruchteil der von Exxon gezahlten Entschädigung für die Ölpest von Valdez finanziert wurde, die die Meeresressourcen gefährdete, auf die Port Lions' und Kodiaks Fischer angewiesen sind.

Jedoch der Hauptimpuls hinter dem Zentrum und dem Museum ist indirekt auf den Alaska Natives Claims Settlement Act zurückzuführen, das Gesetz von 1971, das den Ureinwohnern das Besitzrecht auf hundertsiebzigtausend Quadratkilometer (etwa 11 Prozent des Bundesstaates Alaska) zusprach. Sie erhielten ferner als Kompensation für anderes Land eine einmalige Zahlung von 962 500 000 Dollar. Zwei verschiedene Organisationen – zwölf regionale Genossenschaften und zweihundert Dorfgemeinden der Ureinwohner – erhielten vom Staat die Berechtigung, das Geld zu investieren und Entscheidungen über die Verwendung kommunalen Landes zu treffen, wie auch das Recht der Selbstbestimmung in verschiedenen anderen kommunalen Angelegenheiten.

Die Organisation, die über die Nutzung von Afognak Island, das Eigentum der Nachkommen ihrer früheren Bewohner entscheidet, war sieben Jahre lang durch lähmende Grundsatzstreitigkeiten und Gerichtsverfahren gespalten, über die heute, nachdem die bitteren Gefühle verwunden sind, niemand mehr sprechen mag. Grundsätzlich ging der Konflikt um Bewahrung versus Nutzung. Beide Seiten der Kontroverse sind heute auf Afognak Island aktiv. Die Wälder werden abgeholzt, um schnelle Bauholzprofite zu erzielen, zur stillen Empörung der Naturschützer. Doch der Partei, die die Insel schützen wollte, gelang es, ansehnliche Reservate einzurichten, mit Hütten, die das ganze Jahr über benutzt werden können, und ein paar kleinen Gästehäusern für Liebhaber der Wildnis, Fotografen, Elchjäger, Fischer, Wanderer, Schneeschuhfahrer und Archäologie-Fans. Der Archäologe des Alutiiq-Zentrums beaufsichtigt Ausgrabungen von prärussischen Siedlungen und Lagern, von welchen Hunderte schätzungsweise sechstausend Jahre oder weiter zurückreichen. Zahlende Besucher, die in Zelten an den jeweiligen Ausgrabungsstellen untergebracht sind, nehmen an den Ausgrabungen und den Laborarbeiten teil und besuchen Vorträge. Sämtliche Fundstücke kommen in das Alutiiq-Museum.

Das älteste Gebäude in Kodiak, tatsächlich das älteste existierende russische Gebäude an der Westküste Nordamerikas, wurde 1808 von Alexander Baranov erbaut. Seine Mauern unter der weißen Schindelverkleidung bestehen aus massiven Baumstämmen. Hannah Breece war dort Gast, als der Verwalter der Alaska Commercial Company in dem Haus residierte. In den 1950er Jahren war es zu einer Pension degradiert. Das Haus hatte drei Tage eines schweren Ascheregens von dem Vulkanausbruch des Katmai überstanden, dann das Erdbeben und die Flut von 1964, die in der Stadtmitte von Kodiak viel zerstörten, doch 1960 wurde es fast ein Opfer der Stadterneuerer, die es zu einem Schandfleck erklärten. Proteste der Stadtbevölkerung retteten es mit knapper Not.

Heute beherbergt Kodiak das bezaubernde Baranov-Museum der Kodiak Historical Society, das die Stadt an die Gesellschaft vermietet hat. Hannah Breece saß wohl oft in einem Salon neben der Haustür, der heutigen Museumsbibliothek, und blickte über die Veranda und den Rasen hinüber zum Hafen. Die eiserne Büste Zar Alexanders I., die Hannah Breece' Gastgeber, als sie noch den steilen Giebel über der Fassade des Hauses krönte, irrtümlich für Peter den Großen hielt, hat heute ihren Platz im Innern des Gebäudes, gleich neben der Bibliothek.

Eine Tochter Afognaks, die verstorbene Eunice von Scheele Neseth, Tochter einer Aleutin aus Afognaks Ureinwohnerdorf und eines schwedischen Einwanderers, der ein Ladengeschäft in Afognak betrieb, war die Gründerin der Historischen Gesellschaft, die erste Kuratorin ihrer Sammlungen und die Initiatorin zur Rettung des großen alten Hauses und seiner Umwandlung in ein Museum. Mrs. Neseth ließ auch die fast vergessene Kunst des Körbeflechtens aus Gräsern wiederaufleben, die von den Aleuten gepflegt wurde.[8]

Der alte A. C. Point, heute so völlig menschenleer, wurde gewissermaßen an mehrere Stellen verlegt, eine davon nach Kodiak. Männer, die einstmals auf die *Dora* oder *Bertha* warteten, kehren wieder als Typen, die Hannah Breece wohl wiedererkennen würde. Dort sitzen sie an einem Sommermorgen um halb sieben im Hotelrestaurant und überblicken den Hafen – Geologen, Zoologen, Ingenieure, Forscher, Abenteurer in zünftiger Kleidung – und warten auf ihr Schwimmflugzeug oder Schiff, während sie den Tag oder die kommende Woche bei einem riesigen Frühstück aus Schinken und Pfannkuchen planen. Sogar an den Rentiermann erinnert uns ein Blick auf die Speisekarte: Sie empfiehlt Rentierwürstchen, eine exotische Spezialität für Touristen.

Nachkommen der Leute von Afognak, die Hannah Breece unterrichtete, haben unmißverständliche Meinungen über die Erziehungsrichtlinien, die damals und noch längere Zeit danach galten. Sie sind empört und können es im nachhinein nicht fassen, daß in der Schule nur Englisch erlaubt war. Nach einem eindrucksvollen Samstagabendgottesdienst in der russischen Kirche von Kodiak brachte eine Gruppe von Frauen der mittleren und älteren Jahrgänge, die in der Vorhalle schwatzten, das Thema auf die getrennten Schulen für Weiße und Ureinwohner. An der Vorschrift hielt Washington fest von 1912, als Alaska zum Territorium erklärt wurde, bis 1959, als es ein Staat wurde. Diese Frauen waren selbst als Kinder von der Rassentrennung betroffen gewesen, einige in Schulen für Weiße, andere in solchen für Ureinwohner. Welche Kinder was waren, richtete sich nach der Herkunft ihrer Väter, die selbst manchmal gemischtrassisch waren. «War das nicht verrückt?» – «Warum haben sie das bloß getan?» – «Wir wurden überhaupt nicht gefragt!»

6

Ob in Großstädten oder Kleinstädten oder in Dörfern, wenn die Menschen nach sozialen Problemen gefragt werden, bezeichnen sie immer noch den Alkohol, Hannah Breece' «Fluch des Nordens», als das schlimmste Übel von allen. Man hat auch den Eindruck, daß jede Stadt und jedes Dorf dieses Problem bekämpft – mit Temperenzlergesellschaften, Beratung, Erziehung, religiösen Sanktionen, Anonymen Alkoholikern. In Jugendzentren und Schulen wimmelt es von Plakaten und Schildern, die ermahnen, Alkohol und illegale Drogen zu meiden. Anchorage, wo die Hälfte der Bevölkerung des Staates von 570 000 Einwohnern lebt und wo weit mehr als die Hälfte der Autos des Staates zu finden sind, kämpft erbittert gegen Trunkenheit am Steuer. Die Strafen sind langer oder ständiger Entzug des Führerscheins, und überdies werden einer städtischen Verfügung zufolge die Autos von Wiederholungstätern ohne Entschädigung beschlagnahmt und von der Gemeinde verkauft.

Das alles erstaunt einen Besucher ziemlich, weil man nirgendwo einen Beweis öffentlicher Trunkenheit sieht. Anscheinend findet das ausschweifendste Trinken eher zu Hause oder bei privaten Zusammenkünften statt als in den Straßen, Parks oder Schenken. Als Hannah Breece in Iliamna den heimlichen Genuß von Alkohol bekämpfte, brachte sie die Sucht mit Armut und der Sorge und dem Streß der Hungersnot in Verbindung. Doch es scheint, daß die wirtschaftlichen Verhältnisse wenig oder nichts damit zu tun haben. Wie ein Mann in Fort Yukon bemerkte: «Früher dachte man, die Leute fangen zu trinken an, weil sie arm sind. Heute sagt man, sie tun es, weil sie reich sind.» In Fort Yukon ist man versucht anzunehmen, daß der Mangel an Arbeit den «Fluch des Nordens» begünstigt, doch das ist eine ebenso oberflächliche Erklärung.

Andere Dinge verändern sich, und zwar radikal. Erzdiakon Stuck hatte guten Grund zu fürchten, daß die Indianer vom Aussterben bedroht seien, während Sheldon Jackson vermutete, die Eskimos seien es. Doch heute nimmt die Anzahl der Ureinwohner des Staates (klassifiziert als Aleuten, Eskimos und Indianer) ständig zu. In der Dekade zwischen 1980 und 1990 stieg sie von 64 103 auf 85 698 Einwohner an.

Wie anderswo haben sich auch in Alaska die Chancen für Frauen vergrößert, in welchem Maße, hängt natürlich davon ab, wo sie leben. Arme Mrs. Pajoman! Sie war die allererste Aleutin, die von der amerikanischen Regierung als Lehrerin angestellt wurde, was Hannah Breece allerdings nicht wußte. Die Tatsache wurde kürzlich von einem Wissenschaftler an der Universität von Alaska in Fairbanks verifiziert. 1911, nachdem Hannah nicht mehr in Afognak war, doch noch mit Mrs. Pajoman korrespondierte, wurde sie dort Postmeisterin. Vier Jahre später, im Alter von siebenundvierzig Jahren, starb sie plötzlich an einem schweren Herzanfall, als sie an ihrem Schreibtisch saß und Postgeschäfte erledigte. Sie hinterließ einen achtjährigen Sohn. Sein Vater, das höfliche «Ungeheuer», reiste in seine Heimat Estland, verheiratete sich wieder, kehrte nach Afognak zurück und wurde reich als Fuchsfarmer und Konservenfabrikbesitzer auf den Nachbarinseln. Er und seine Frau kehrten 1936 nach Estland zurück, und, wie sein Sohn berichtete, er starb 1944. Nachdem sein Vater sich zur Ruhe gesetzt hatte, übernahm der Sohn den Landbesitz seines Vaters und lebt heute in Kodiak.[9]

Mrs. Pajoman brachte nur wenig Begeisterung für den Lehrerberuf auf und wahrscheinlich noch weniger für die Arbeit bei der Post. Doch wie freudig hätte sie eine musikalische Laufbahn eingeschlagen! Im modernen Kodiak wäre sie fast mit Sicherheit wegen der Talente geschätzt worden, die zu nutzen und weiterzuentwickeln sie unter den damaligen Umständen so bedauernswert wenig Gelegenheit hatte.

Es ist unmöglich zu sagen, ob die Menschen in den Gemeinden, die Hannah Breece kannte, glücklicher waren, als ihre Nachkommen es heute sind. Selbst diese Nachkommen können das nicht beurteilen, weil sie das alte Leben nicht kannten. Jedoch die alten Leute, mit denen ich sprach, diejenigen, die an Erfahrung und weitergegebenen Erinnerungen dem alten Leben noch am nächsten waren, meinten alle, daß das Leben heute nicht nur leichter, sondern auch reicher sowohl an immateriellen Werten wie auch an materiellen Gütern sei. Hannah Breece hatte recht, so scheint es, wenn sie sagte: «Es wäre töricht, nicht die Gelegenheiten wahrzunehmen, die einem im Leben nützlich sein könnten», und daß, nachdem die Schüler geistig geweckt worden waren, «die ihrem eigenen Geist innewohnenden Kräfte sie in ihrer Entwicklung weiterführen können». Allem Anschein nach hat der kleine Beitrag, den Hannah Breece geleistet zu haben hoffte, Früchte getragen. Was mehr konnte eine Lehrerin der Pionierzeit erwarten?

Anmerkungen

Die Geschichte von Hannah Breece' Aufzeichnungen

1 «Kenai» ist als ethnische Bezeichnung für die Indianer in Südzentralalaska heute nicht mehr gebräuchlich, sie wurde durch «Dena'ina» ersetzt. «Athabasken» (oder Athapasken) und «Indianer» sind noch gebräuchlich. Die Bezeichnung «Inuit» für «Eskimo», die in Kanada zur Norm wurde, ist in Alaska zwar bekannt, doch hat sie sich weder bei den Eskimos selbst noch anderweitig durchgesetzt. Die Eskimos, die Hannah Breece kannte, sind ein Zweig der an der pazifischen Küste angesiedelten «Yupik». Um Anachronismen zu vermeiden, habe ich das zu Hannahs Zeit gebräuchliche Vokabular beibehalten, nicht nur in ihren Aufzeichnungen, sondern auch in anderen Zusammenhängen.

2 Hannah Breece wurde am 22. Juli 1859 geboren und starb am 22. April 1940 und liegt auf dem Old-Rosemont-Friedhof in Bloomsburg, Pennsylvania, begraben.

3 Der Name Breece ist schottisch, eine Variante von Bruce.

4 Die Verfasserin von «America the Beautiful» war Katherine Lee Bates, eine Professorin für Englisch am Wellesley College. Sie schrieb das Lied 1895 und überarbeitete es 1904. Sie drückte die zeittypischen patriotischen Gefühle aus, die Hannah Breece teilte. Hannah Breece kombinierte die ersten vier Zeilen der letzten (vierten) Strophe mit den letzten vier Zeilen der zweiten Strophe, und diese Version, die ich sie singen hörte, wurde hier wiedergegeben.

5 Einer der vielen, die Hannah Breece drängten, ihre Erinnerungen niederzuschreiben, und sich auch bei Verlagen für ihre Veröffentlichung einsetzte, war Ray M. Cole, Schulinspektor der Columbia Public Schools in Pennsylvania.

1 Vorgeschichte meiner Berufung

1 Jackson hatte mit Hilfe von privaten Spenden ein neues, achteckiges Betongebäude für sein Museum errichten lassen. Jacksons Biographen zufolge war es zur Zeit von Hannah Breece' erstem Besuch in Sitka bereits fertig. Doch was Gebäude betrifft, die sie besuchte, sind Hannah Breece' Angaben zuverlässig; vielleicht waren die Sammlungen, die sie gesehen hatte, noch nicht aus dem «alten russischen Gebäude» übergesiedelt worden.

2 Willkommen in Afognak

1 Valdez entstand als feste Siedlung erst mit dem Goldrausch 1898. Von hier aus führte der Valdez Trail, die «All American Route», über den Gletscher zu den Goldfeldern am Klondike. Ob Valdez 1904 noch diese zentrale Bedeutung hatte, ist fraglich. (Anm. d. Ü.)

2 Die *Dora* hatte dreizehn Kabinen auf dem unteren Deck und einunddreißig Kojen im Laderaum des Zwischendecks. Ein großer Teil ihrer Fracht wurde auf dem oberen Deck untergebracht.

3 John G. Brady war von 1897–1906 Gouverneur von Alaska.

3 Die Schule beginnt

1 Aleuten und Eskimos sind biologisch und sprachlich verwandt; man nimmt heute an, daß sie sich vor etwa vier- bis achttausend Jahren von ihren gemeinsamen Vorfahren in zwei Gruppen verzweigten. Archäologische Nachweise von Eskimokulturen auf Kodiak Island lassen sich viel weiter zurückdatieren als Spuren von Eskimos in Sibirien, dem Beringmeergebiet, in Kanada und Grönland, was zu der Vermutung führte, daß Kodiak die Wiege der Eskimos war. (Siehe dazu: *Who Are the Native People of Kodiak Island?* Kodiak, Alutiiq Studies, Kodiak Area Native Association, 1992.)

4 Die Sonntagsschulkrise

1 Bischof Innocent hatte weniger Autorität, als sein Titel vermuten läßt. 1903 war er zum Stellvertreter eines Erzbischofs in Rußland

ernannt worden. Zur Zeit seines Besuchs in Afognak war er stellvertretender Bischof einer verwaltungsmäßig nicht unabhängigen Diözese. Zum Beispiel wohnte er zwar der Ordination von Priestern bei, doch durfte er keine Priester an Gemeinden berufen. Wahrscheinlich hatte er wenig, wenn überhaupt einen Einfluß auf die Wahl des Gefolges, das ihn bei seinem Besuch in Afognak begleitete. Bevor er Bischof wurde, hatte er am russischen Priesterseminar in Sitka gelehrt. Seine Pflichten scheinen teilweise diplomatischer Natur gewesen zu sein. Er traf sich mit Präsident Theodore Roosevelt, Sheldon Jackson und anderen Erziehern aus Alaska und den USA und mit Vertretern der russischen Botschaft in Washington.

5 Die Jahreszeiten

1 Ruderboote mit spitzem Bug und schmalem Heck. (Anm. d. Ü.)

7 Kodiak, Wood Island und Seward

1 Die Büste auf dem First der alten Villa war nicht Peter der Große, sondern Alexander I., Zar von 1801–1825. Als Hannah Breece in der Villa zu Gast war, gehörte sie der Alaska Commercial Company. Später wurde der Grundbesitz dieser Gesellschaft von einem Kaufmann namens Erskine erworben, und das Gebäude wurde in Erskine House umbenannt. Es ist das heutige Baranov-Museum. Es wurde 1808 erbaut und als Lagerhaus für Pelze genutzt, bevor das viel größere Lagerhaus, von dem Hannah Breece spricht, gebaut wurde. Letzteres wurde zu Anfang des Jahrhunderts abgerissen, um den Kai zu erweitern.

2 Sechs der vornehmen Villen – immer noch in Privatbesitz – stehen heute noch. Doch die «Swell Head Row» («Parvenustraße») wird heute höflicher «Millionärsstraße» («Millionaires' Row») genannt.

3 James Russell Lowell (1819–1891), einflußreicher amerikanischer Schriftsteller, Literaturkritiker und Zeitschriftenherausgeber. (Anm. d. Ü.)

8 Irrfahrt ins Landesinnere

1 Der Treffpunkt am Cook Inlet wurde als A. C. Point bezeichnet, weil sich dort früher eine Niederlassung der Alaska Commercial Company befand. Er wurde auch scherzhaft Camp Patience genannt.

2 Das «erstaunlich große Gebäude» am A. C. Point wurde entweder von der Trans-Alaska Company erbaut, die um etwa 1900 in San Francisco gegründet wurde, um eine Straße für den Pferdeschlittenverkehr von Iliamna Bay bis Norton Sound am Beringmeer zu bauen, oder aber von der Alaska Short Line Railway & Navigation Company, die 1903 eine 650 Kilometer lange Eisenbahnlinie von der Iliamna Bay nach Anvik am Yukon plante. Beide Gesellschaften bestanden nur kurze Zeit.

9 Das Leben auf Wood Island

1 «Bulle» war in Amerika zu Hannah Breece' Zeit ein unschickliches, ans Obszöne grenzendes Wort, insbesondere wenn eine Frau es aussprach oder schrieb. Daher ihre Umschreibung des furchterregenden importierten Tieres.

2 Hannah Breece' Abschied von Wood Island im Sommer 1909 wurde von Mrs. James McWhinnie, einer Besucherin aus Cambridge, Massachusetts, in *Tidings*, dem Nachrichtenblatt der Mission, bekanntgegeben: «Wir freuten uns, Mrs. Hannah Breece, die staatlich angestellte Lehrerin kennenzulernen, die ihr Interesse an der Mission und ihre Liebe zu ihr auf mancherlei Weise bewiesen hat. Das alte Schulzimmer wurde dank ihrer Geschicklichkeit und ihres guten Geschmacks verschönert. Die weißen Tischdecken für besondere Gelegenheiten und die roten für jeden Tag sowie der neue Anstrich des Waisenhauses und der Kirche wurden alle von Miss Breece gestiftet. Vergebens bestürmten wir sie zu bleiben, doch die Pflicht rief sie auf ein schwieriges Missionsfeld nach Iliamna, und betrübt sagten wir ihr ‹Auf Wiedersehen und Gott mit Ihnen›.»

3 1909, zur Zeit des Eisenbahnausflugs der Verleger und Lektoren, waren etwa 80 Kilometer der Strecke fertiggestellt. Seward hatte damals, dem Zensus von 1910 zufolge, 534 Einwohner. 1914 autorisierte der Kongreß den Bau der Alaska Railway, die sich von

Seward bis nach Fairbanks erstreckte (noch immer eine spektakuläre Reise), von der beide Städte sich einen Aufschwung zu großen Metropolen erhofften. Doch statt dessen entwickelte sich die anfangs nur provisorische Zeltstadt der Bauarbeiter in der Wildnis am oberen Ende des Turnagain-Arms zu Anchorage, heute bei weitem die größte und bedeutendste Stadt des Staates Alaska mit 270 000 Einwohnern. Sewards Einwohnerzahl erreichte nie 3000, nähert sich heute aber dieser Anzahl.

10 Rückkehr nach Iliamna

1 Die Geburtsdaten der Brüder Rickteroff waren: Old William 1844, Kusma 1849, Epheme 1859. Old William muß um zehn oder fünfzehn Jahre jünger ausgesehen haben.
Old Matrona (Matrona Pedro) war 1859 geboren, im selben Jahr wie Hannah Breece. Beide waren zu jener Zeit fünfzig.

2 Die Dena'ina-Indianer, die Hannah Breece als Kenai kannte, waren weder getrennt noch verschieden von allen anderen. Sie sind ein Zweig der großen Gruppe der Ureinwohner Alaskas, der Athabasken oder Athapasken.

3 Um etwa 1800 zerstörten die Kenai einen kleinen Handelsposten, den die Russen in Iliamna Village gegründet hatten. Das Massaker an Kenai-Männern und halbwüchsigen Jungen muß vor 1821 stattgefunden haben, als die Russen dort aufs neue einen Posten etablierten. John Branson vermutet, daß die Balken des Fundaments, die Hannah Breece in der Umgebung des Schulgartens fand (im nächsten Kapitel), die Überreste des 1800 zerstörten Forts gewesen sein könnten.

4 Die Einstellung zu Mischehen zwischen Ureinwohnern und Weißen hat sich seit Hannah Breece' Zeit wieder geändert, damals wurden sie verurteilt. Die Frau von Jay Hammond, Gouverneur von Alaska von 1974 bis 1982, ist die Tochter eines schottischen Vaters, ihre Mutter ist eine Yupik (Südeskimo). Sie war ebenso beliebt und bewundert wie ihr Mann, im Staat New York als Sohn eines Methodistenpfarrers geboren. Ureinwohnerblut zu haben oder einen eingeborenen Ehepartner wird nicht länger als Makel betrachtet, es ist sogar oft ein Grund, stolz zu sein, obwohl ich den Eindruck gewann, daß um eine Mischehe heute kein großes Aufheben mehr gemacht wird.

11 Die Schule in Iliamna

1 Ein Stück Staatsland bzw. eine Schürfstelle, die von Goldsuchern abgesteckt und beansprucht wird. (Anm. d. Ü.)

2 Die Goldsucher für die Minengesellschaft aus Seattle könnten Mr. und Mrs. Oliver B. Millett gewesen sein. Mrs. Millett war jedoch im Zensus von 1910 als fünfzigjährig aufgeführt, was nicht mit Hannahs Bezeichnung einer «jungen Frau» übereinstimmt. Ihr Mann war fünfundvierzig.

12 Überleben in der Kälte

1 Tatsächlich bedeutet der Name auf Kenai «See der Inseln». Hannahs Version könnte ein Spitzname gewesen sein.

2 Fast unmittelbar nachdem sie in Iliamna angekommen war, tat Hannah sich mit den führenden Persönlichkeiten des Dorfes und den Geschäftsleuten zusammen, um in Washington ein Postamt zu beantragen. Doch sie hatten keinen Erfolg. Im Winter 1910/11 war Iliamna für mehr als sieben Monate vollkommen von jeglichem Postverkehr per Dampfschiff abgeschnitten.

13 Das Fischfanglager von Nondalton

1 Ein «Schleppweg» zwischen zwei Gewässern, über den Boote und Gepäck getragen werden mußten. (Anm. d. Ü.)

2 Olga (Agafia Sava) Anderson war eine Ureinwohnerin aus Iliamna; ihr Mann Pete war ein schwedischer Einwanderer. 1911 begab sich das Ehepaar auf Goldsuche. 1917 zogen sie nach Bristol Bay, wo Mr. Anderson in einer Konservenfabrik arbeitete. Dort starb Olga 1925 an Tuberkulose. Mr. Anderson übersiedelte mit einigen seiner Kinder in die Umgebung der San Francisco Bay. (Siehe «Das Rentierprojekt», S. 240, über den vermutlichen Grund für den Umzug der Andersons von Iliamna nach Nondalton.)

3 Zackar Evanoff wurde 1852 geboren und blieb bis zu den frühen 1930er Jahren Dorfältester von Nondalton. Er starb 1935.

4 Nondalton hatte bei Hannahs Ankunft vierundvierzig Einwohner. Die kleinere Gruppe vom Stony River dürfte sich zu der Zeit, als beide Gruppen ihren Stammsitz Kijik verließen, abgespalten ha-

ben. Stony River liegt etwa 120 Kilometer von Nondalton entfernt, keine schwierige Reise mit dem Hundeschlitten oder heutzutage mit dem Schneemobil.

5 Hannah glaubte, die Fischknappheit sei durch Fallen verursacht worden, die Konservenfabriken anlegten und damit die Flußmündungen praktisch «verkorkten», so daß nahezu keine Fische hindurchkommen konnten, um zu laichen. Diese Fallen waren illegal. Hannah schrieb im Spätsommer 1910 nach Washington und gab die Lage einiger dieser Fallen an.
Zweifellos waren Fallen mitverantwortlich für den Fischmangel. Jedoch waren die Hungersnöte von 1910 und 1911 weit verbreitet. Heute nimmt man an, daß auch eine Laune der Natur mit im Spiel gewesen sein wird – wie etwa veränderte Wassertemperaturen oder das Verströmen von Gasen aus den Tiefen des Meeres. In den späten 1920ern brach wieder eine Hungersnot weit über Alaska herein, so extrem, daß die Leute aus Nondalton achtzig Kilometer weit fahren mußten, um überhaupt Lachse zu fangen, und auch dann nur wenige. Die älteren Bewohner von Nondalton behaupten, daß die Konservenfabriken auch damals den Fluß «verkorkt» hatten.

6 Der erste Russe, der die Gegend von Nondalton besucht haben soll, war angeblich Vasilii Gregorevich Medvednikov. Er errichtete 1772 ein Kreuz beim Zusammenfluß von Newhalen River und Lake Clark, in unmittelbarer Nähe des Fischfanglagers von Nondalton.

7 «Warren» Smith aus Seattle, meint John Branson, könnte Warriner E. Smith aus Seattle gewesen sein, der Chefingenieur der Alaska Short Line Railway Navigation Company. Er war mit Sicherheit 1904–05 in der Gegend von Lake Clark. 1910 war die Gesellschaft bankrott, wenn er also wieder in der Gegend war, dann in anderen Geschäften für einen anderen Arbeitgeber, als Hannah berichtet. Der gefährliche Fluß war möglicherweise der Kijik, der in den Lake Clark mündet; im Sommer 1994 gelang es zum ersten Mal, ihn erfolgreich mit dem Kajak zu befahren.

8 Die *bidarkas* haben zwei oder drei Sitzlöcher, was sie von Kajaks unterscheidet, die nur eines haben. Da Mr. Smith ein *bidarka* besaß, nahm sein Hund offensichtlich ein Sitzloch ein, wie ein Mensch.

9 Falls Hannahs *kamleika* einer anderen glich, die ebenfalls von

Mary Evanoff aus Bärendärmen genäht worden war und heute im Resurrection Bay Historical Museum ausgestellt ist, dann war sie lustig und hübsch mit kleinen Quasten aus blauem und rotem Garn verziert.

14 Fischmangel und Hungersnot

1 Hannah Breece und die Nielsens waren an den berüchtigten eineinhalb Kilometer breiten Kaskanek Flats, Sandbänken des Kvichak River, auf Grund gelaufen, die noch immer als Alptraum eines Schiffers gelten, wie John Branson mir mitteilte.
2 Zur Zeit ihrer Heirat war Daluska sechzehn und Kusma sechzig Jahre alt.
3 Siehe Foto auf dem Frontispiz.

15 Das zweite Hungerjahr

1 Die für die Autorin ungewöhnliche Metapher stammt offensichtlich von R. W. Emerson: «Now that is the wisdom of a man, in every instance of his labor, to hitch his wagon to a star, and see his chore done by the gods themselves.» In: «Society and Solitude», *Emerson's Complete Works,* New and Rev. Edition, Boston 1892, Vol. VII, p. 32. (Anm. d. Ü.)

16 Warten auf den Dampfer

1 Der Herbergbesitzer, der Hannah Breece' Reise über den winterlichen Pfad zur Iliamna Bay arrangierte, war Frank Brown, ein Goldsucher, der in New York geboren und zur betreffenden Zeit sechsunddreißig Jahre alt war.
2 Der Vulkanausbruch des Katmai verursachte die vielen Eruptionskanäle, aus denen in dem heute so benannten Valley of Ten Thousand Smokes heißes Gas ausströmte. Die Asche des Katmai verdunkelte drei Tage lang den Himmel über Afognak, Kodiak und Wood Island, so daß niemand sich hinauswagen konnte; die Gärten waren zugeschüttet und die Dächer in Gefahr einzustürzen. Das nahe am Vulkan gelegene Dorf Katami verschwand vollständig.

19 Erfahrungen in Südost-Alaska

1 In jüngster Zeit wurde das Granatbergwerk von Wrangell von den amerikanischen Pfadfindern, den Boy Scouts, als Fundraising-Projekt betrieben und die Granaten an Touristen verkauft.

2 Walter Harper war ein Mitglied des aus vier Mann bestehenden Bergsteigerteams, angeführt von Hudson Stuck, das als erstes den Gipfel des Denali (Mt. McKinley) erklomm.

3 Douglas und Juneau gelten heute als einziges Großstadtgebiet. In Douglas heißt es Douglas-Juneau, in Juneau hingegen Juneau-Douglas.

4 In einem Volksentscheid, der Washington ihre Einstellung signalisieren sollte, stimmten die Einwohner Alaskas fast zwei zu eins für das Verbot alkoholischer Getränke; dies war für Hannah Breece, als sie Alaska verließ, eine besondere Ermutigung. Diese Volksabstimmung veranlaßte den Kongreß, das sogenannte «Bone Dry Law» zu verabschieden, mit dem 1918 die Prohibition in Alaska in Kraft trat, bevor eine Gesetzesänderung sie landesweit einführte.

Was in Hannah Breece' Aufzeichnungen unerwähnt bleibt

1 Sofern nicht anderweitig vermerkt, befinden sich die Briefe, aus welchen zitiert oder auf die verwiesen wird, in einer Akte mit der Bezeichnung Commissioner of Education, Washington D. C., Dept. of Interior RG 75, Microfilm Roll 10, in der Abteilung Archives and Manuscripts, Consortium Library, University of Alaska, Anchorage.

2 Die Zitate über Erziehungspolitik sind dem Bericht Sheldon Jacksons *Education in Alaska, 1886*, Washington, Government Printing Office, entnommen.

3 Für biographische Informationen über Sheldon Jackson bin ich J. Arthur Lazell, *Alaskan Apostle: The Life Story of Sheldon Jackson*; New York, Harper and Brothers, 1960, zu besonderem Dank verpflichtet.

4 Sheldon Jacksons Buch *Alaska* erschien 1880 in New York bei Dodd, Mead and Co.

5 Sheldon Jackson, aus seinem Bericht von 1886.

6 Die Aufteilung der Missionsfelder von 1880 wurde J. A. Lazells Buch entnommen und wird so auch anderweitig bestätigt. Doch achtzehn Jahre später gibt Reverend Dr. Curtis Coe, der Verfasser des Artikels im *Baptist Home Mission Monthly,* eine etwas abweichende Darstellung. Er fügt hinzu, daß der schwedisch-evangelischen und der römisch-katholischen Kirche Teile der Westküste zugewiesen wurden und daß sie «erfolgreiche Missionsarbeit leisten». Andere Bemerkungen C. Coes in demselben Artikel schildern die Einwände der protestantischen Missionare gegen die russische Kirche und ihre Geistlichkeit. C. Coe verurteilte sie aus doktrinären Gründen, und zwar wegen grober Unmoral, wegen Trunksucht, Ausschweifungen, Fluchen, Glücksspielen und weil sie die Bevölkerung daran hindern würden, amerikanische Ideen in sich aufzunehmen, und sie statt dessen in dem Glauben bestärkten, daß «der Zar schließlich Alaska wieder regieren würde».

7 Ein Bericht über die Vormundschaftsprozesse in Sitka und andere Konflikte zwischen den zivilen Behörden einerseits und der Sitka-Schule und der Person Sheldon Jacksons andererseits findet sich in Jacksons Bericht von 1886 und auch in J. A. Lazells Buch. Die vier Zivilbeamten, die auf Druck von Sheldon Jackson hin entlassen wurden, waren: der Gouverneur John H. Kinkead, der Bundesrichter Ward McAllister Jr., der Staatsanwalt E. W. Haskett und der Bezirkspolizeichef M. C. Hiller. Alle waren von Präsident Chester Arthur ernannt worden, nachdem der Kongreß 1884 die erste Zivilgesetzgebung für Alaska verabschiedet hatte. In seinem Bericht von 1886 äußerte S. Jackson sich mit selbstgerechter Schadenfreude über ihre Entfernung. (Unter der Zivilverwaltung und auch später unter der Territorialregierung konnten Bundesrichter unter dem Mandat der Verfassung entfernt werden, ohne eines Amtsvergehens angeklagt zu sein.)

8 Der Brief befindet sich in meinem Besitz. Jane Jacobs.

9 Es handelt sich um die Wahl Theodore Roosevelts zum Präsidenten am 4. November 1904. Hannah Breece bewunderte Roosevelt als Umweltschützer.

10 S. Jacksons eigene Beschreibung des Rentierprojekts mit der grandios übertriebenen Versicherung seines Wertes sowie die genauen Einzelheiten der Rentierhaltung finden sich in seinem Bericht *Education in Alaska 1892–93*, Washington, Government Printing Office, 1895.

11 Jackson verabscheute sibirische Herdenaufseher nicht nur als hin-

terhältig und grausam, sondern als «leidenschaftlich, starrsinnig, eifersüchtig und eingebildet», ironischerweise ganz ähnliche Eigenschaften, wie sie seine Feinde S. Jackson vorwarfen.

12 Die Gründe für die Nutzlosigkeit und das sich daraus ergebende Scheitern des Projekts wurden mir von dem Historiker John Branson, Mitarbeiter des Lake Clark National Park and Preserve, in einem persönlichen Gespräch auseinandergesetzt.

13 Ein jährlich stattfindendes, aufregendes Ereignis in Alaska ist das Hundeschlittenrennen auf dem Iditarod Trail von Anchorage nach Nome, zur Erinnerung an einen historischen Akt der Nächstenliebe: Diphtherieserum wurde per Hundeschlitten auf schnellstem Wege von Seward nach Nome befördert, wo im Goldgräberlager eine Epidemie ausgebrochen war. Sprint-Hundeschlittenrennen (30 und 50 Kilometer) sind beliebt. Das jährliche Yukon Quest, das in Fairbanks startet, halten die Einwohner Alaskas für das wahrscheinlich härteste Rennen irgendwelcher Art auf der ganzen Welt.

Einige Hundeschlitten werden auch heute noch als Beförderungsmittel eingesetzt und den Schneemobilen vorgezogen.

14 A. J. Lazell führt an, daß dieser Hochmut den Menschen, die nicht mit ihm übereinstimmten, und selbst einigen, die auf seiner Seite standen, die Sprache verschlug. Laut Lazell hatte Jackson entweder Anhänger oder Feinde: Es gab kaum Möglichkeiten für Kompromisse, Verständigung oder einen Mittelweg.

15 Dieses Material ist fast vollständig der in Anmerkung 1 erwähnten Akte entnommen.

16 Das knappe biographische Material über William Lopp stammt von A. J. Lazell.

17 Dr. Henry O. Schaleben wurde 1881 in Minnesota geboren; er war demnach zu der Zeit, als er Hannahs Schulinspektor wurde, neunundzwanzig oder dreißig Jahre alt. 1949 verstarb er in Texas.

18 Robert Service' «The Low Down White» ist aus *The Spell of the Yukon*, New York, Dodd, Mead and Co., 1907; neu veröffentlicht in R. Service, *Best Tales of the Yukon*, Philadelphia, Running Press Book Publishers, 1983.

19 Die Gerichtsverhandlung in Fairbanks und die Ereignisse, die dazu führten, berichtet David M. Dean, *Breaking Trail: Hudson Stuck of Texas and Alaska,* Ohio University Press, 1988; ebenso ein Artikel in der *New York Evening Post,* «Saving Alaskan Indians» von Hudson Stuck, 14. Febr. 1914.

20 A. J. Lazell weist darauf hin, daß nur eine sehr kleine Minderheit von Goldgräbern es schaffte, sich ihren Lebensunterhalt zu verdienen; die meisten «liefen jedem Regenbogen nach bis dort, wo er die Erde berührte, nur um festzustellen, daß andere zuerst angelangt waren und den Schatz hoben ... ein verdreckter Haufen ... oft verzweifelt und hungerleidend». Gescheiterte Goldsucher und arbeitslose Minenarbeiter im Yukongebiet nahmen Zuflucht zum Pelzhandel. Sie vergifteten massenweise Tiere mit Strychnin und griffen damit die ökonomische Grundlage der Indianer des hohen Nordens an.

21 Gouverneur Brady meinte, daß die Wurzeln der Korrumpierung der Indianer durch weiße Amerikaner in der anfänglichen Militärregierung zu suchen sei, als Soldaten die Indianer mit Alkohol versorgten und ungestraft sowohl russische wie indianische Frauen vergewaltigten; er sagte, Soldaten nach Alaska zu schicken sei das Unklügste gewesen, was eine Regierung tun konnte. S. Jackson neigte dazu, die Schuld für die Verkommenheit der Ureinwohner den weißen Händlern und Minenarbeitern zuzuschieben; Erzdiakon Stuck beschuldigte pauschal die Amerikaner und anderen Weißen mit Ausnahme der Missionare und der Lehrer.

22 Unter Hannah Breece' Briefen (in meinem Besitz, Jane Jacobs) befanden sich einige von Stuck, die sich auf Klagen über sie bezogen. 10. März 1913 aus Fairbanks: «Es freut mich zu hören, daß keine Absicht besteht, Sie aus Fort Yukon zu versetzen, das wurde mir sowohl von Washington wie auch von Seattle versichert. Es ist gut zu wissen, daß jemand dort die Stellung hält.» – 10. Februar 1914 aus New York: «Ich traf Ihre hohen Vorgesetzten in Washington und sprach sehr offen und frei über Ihren bewundernswerten Mut in Fort Yukon.» – 28. Mai 1914 aus New York: «Obwohl ich es für ganz unnötig hielt, habe ich gerade an Dr. Claxton geschrieben und ihm geraten, die Klagen der übelwollenden Menschen in Fort Yukon nicht zu beachten: Ich denke, er versteht die Situation recht gut, und seit meinem persönlichen Gespräch mit ihm bin ich über die Schulsituation in Alaska viel besser informiert als zuvor.»

23 Hudson Stuck ist in Alaska heute hauptsächlich als der Bergsteiger in Erinnerung, der 1913 als erster den Gipfel des Denali (Mt. McKinley) erklomm. In dem oben zitierten Brief über seine Vorträge schrieb er Hannah Breece, daß Tiffany & Co. (die Juweliere in New York) ihr «eine kleine Filigrannadel schicken werden – in

die ein Steinchen vom höchsten Felsen des Denali eingearbeitet ist. Aber bitte erzählen Sie niemand, daß dieser Stein vom Gipfel des Berges stammt, denn dort oben gibt es keine Felsen. Die letzten 450 Meter des Berges bestehen aus permanentem Eis und Schnee. Der Felsen, von dem dieses Steinchen abgeschlagen wurde, liegt etwa 5800 Meter hoch und ist deshalb sehr wahrscheinlich der höchste Felsen von ganz Nordamerika. Die Gestaltung der Nadel gefiel mir, deshalb ließ ich für Sie und Mrs. Burke die gleichen anfertigen.»

24 Bezüglich Erzdiakon Stucks namentlicher Erwähnung von Hannah Breece in den Vorträgen, die er hielt, folgender Brief an sie vom 10. Februar 1914 aus New York: «In meinen Vorlesungen und Reden über unsere Angelegenheiten habe ich immer ein Lichtbild gezeigt, das ich von einer Fotografie, die ich von Ihnen und Ihrer ganzen Schule aufgenommen hatte, machen ließ, und ich habe von Ihrem festen Widerstand gegen die allgemeine Verderbnis und Verkommenheit gesprochen, und von der stillschweigenden Billigung dieser Verderbnis von seiten der Elemente, deren Profit sie dient.»

25 Reverend Dr. Coe (der Missionar, der in der Anmerkung 6, S. 314, im Hinblick auf die protestantische Einstellung zur russischen Kirche und Geistlichkeit zitiert wurde) war in McMinnville Professor am Baptistischen Lehrerseminar (dem heutigen säkularisierten Linfield College) und Pastor einer Kirche einige Kilometer außerhalb der Stadt.

26 McMinnville liegt im Willamette Valley, südwestlich von Portland.

27 Die Informationen über St. Herman sind aus Afonsky, Bischof Gregory, *A History of the Orthodox Church in Alaska 1794–1917*, Kodiak, Saint Herman's Theological Seminary, 1977; ferner aus einem Artikel zur Feier des zwanzigsten Jahrestages von St. Hermans Kanonisierung im *Kodiak Daily Mirror*, 17. August 1990.

28 Die Informationen über Pater Gerasim stammen von Eliel, R. Monk Gerasim, *Father Gerasim of New Valaam*, Ouzinkie, St. Herman's Press, 1989, und *Alaska History*, Bd. 4.2, «Rasputin Is Alive and Well and Living in Kodiak» – ein süffisanter Titel – von Gary Stevens, Anchorage, Alaska Historical Society, 1989.

Hannah Breece' Wirkungsstätten in Alaska – achtzig Jahre später

1 Vieles von diesem Material ist das Ergebnis persönlicher Beobachtungen im Juli 1994.

2 Gründe für eine Dorfmobilität, abgesehen von Epidemien und dem Wunsch nach besserer Lebensqualität mit einem neuen Anfang an einem anderen Standort, sind folgende: veränderte Flußläufe oder Veränderungen der Küstenhöhe; das Vorhandensein von Wild und Fischen; der Abbau anderer Ressourcen wie etwa Holz; die Veränderung des Wirtschaftszyklus aufgrund kultureller Veränderungen; Naturkatastrophen; Niederlagen in Kriegen oder Tod durch Überfälle. Ellanna und Balluta, *The People of Nondalton and Nuvendaltin Quht'ana,* Washington, Smithsonian Institution Press, 1992.
Hannah Breece war anscheinend die historische Tatsache nicht bekannt, daß Dörfer mobil waren und Dorfbewohner durchaus fähig, ihren Wohnort zu verlegen, wenn sie es für wünschenswert oder notwendig hielten. Bei ihrer Ankunft in Iliamna war sie so entsetzt, daß sie nach Washington schrieb (zu ihrem Mißkredit, meiner Meinung nach): «Die einzige Möglichkeit, die Verhältnisse dieser Menschen zu bessern, ist, neue Häuser zu bauen – und diese alten, ungezieferverseuchten, schmutzigen Behausungen niederzubrennen. Dann muß man es *obligatorisch* machen, daß die Menschen sich selbst und ihre Häuser sauber halten.» Hannah würde wenig oder nichts an dem neuen, umgesiedelten Iliamna auszusetzen haben, das nach der Verlängerung der Portage 1937 entstand.

3 Die Geschichte der Portage wird in einem Artikel in *The Bristol Bay Times*, «Iliamna Portage Long Used by Bears, Humans» von John Branson vom 10. Dezember 1993 berichtet. Sie wurde zuerst für Pferdegespanne in den 1920ern passierbar gemacht; um 1932 wurde sie von kleinen Lastern benutzt; fünf Jahre danach wurde sie bis Pile Bay verlängert.

4 Homer auf der Kenai-Halbinsel, wo Annie und Walter Johnson im Winter leben, war ein kleines Fischerdorf, das in den 1960ern ein Anziehungspunkt für Hippies wurde und das heute das bekanntere Seward an Einwohnerzahl sowie an Umfang seines Wirtschaftslebens knapp überholt hat. Sowohl Homer wie Seward sind durch Intercitybusse (Seltenheiten in Alaska) mit Anchorage verbunden.

5 Yule Chaffins Buch, in Zusammenarbeit mit Trisha Hampton Krieger und Michael Rostad entstanden, heißt *Alaska's Konyag Country*, Woody Island, Chaffin, Inc., 1993.

6 Die Erwartung eines künftigen Wirtschaftsbooms für Woody Island wurde dargestellt von Mrs. James McWhinnie in *History of Kadiac* (sic) *Orphanage*, Chicago, Women's American Baptist Home Mission Society, 1912.

7 Afognak war eine prärussische Siedlung, viel älter als Kodiak und um die Jahrhundertwende auch größer. Weshalb ihre Vorfahren eine so ungeschützte und unpraktische Lage gewählt hatten, war den Nachfahren ein Rätsel. Bis vor kurzem lautete die am häufigsten gehörte Erklärung, daß ein steifer Seewind günstig für die Fischverarbeitung sei. Doch um solcher Vorteile willen wurden Fischfanglager gewählt, nicht aber die Lage von Dörfern, und Afognak betrieb ein Fischfanglager an anderer Stelle. Heute neigt man zu der einleuchtenderen Erklärung, daß die offene Lage der Insel mit ihrer langen breiten Küstenstrecke einen Schutz vor Überraschungsangriffen bot, denn zu prärussischen Zeiten überfielen Gruppen von Ureinwohnern ständig die Dörfer der anderen.

8 Die Lebensgeschichte von Mrs. Neseth und noch vieles anderes über Afognak und seine Bewohner erzählt Lola Harvey, *Derevnia's Daughters: Saga of an Alaskan Village*, Manhattan, Kansas, Sunflower University Press, 1991; eine detaillierte Geschichte einer vermischten schwedisch-eingeborenen Familie mit tiefen lokalen Wurzeln und überraschend kosmopolitischen Verbindungen.

9 Die Informationen über Mrs. Pajoman (Matrena Salamatov) stammen aus einer Monographie von Lydia Black vom Department of Anthropology, University of Alaska in Fairbanks, und von einem Interview mit Mrs. Pajomans Sohn Carl, von Gary L. Stevens, im *Kodiak Daily Mirror* vom 7. August 1991.